СНАРЯЖЁН

Твоё путешествие в Божье Царство

Питер Цукахира

СНАРЯЖЁН – Твое путешествие в Божье Царство
Питер Цукахира

Издано на английском языке под названием:
EQUIP – Your Personal Journey to the Kingdom
by Peter Tsukahira

Первое издание на английском языке – 2020 год
Первое издание на русском языке – 2024 год

Перевод на русский язык: Владимир Цапар
Редакторы русского издания: Андрей Кмит, Алла Калмыкова

Издано Питером Цукахирой
P. O. Box 7231
Haifa, 31073 Israel
www.petertsukahira.com

ISBN: 978-965-598-666-2

Если не указано иначе, все цитаты из Библии приводятся по русскому Синодальному переводу Библии.

Оформление обложки вдохновлено Стивом Карпентером
Дизайн обложки: Джордан Сильвер, Элиэль Фос
Подготовка к печати: Владимир Цапар

Благодарность

Я безмерно благодарен Богу за мою семью, за всех её членов и за многих дорогих мне друзей, которые внесли свой вклад в написание этой книги и помогали мне на протяжении многих лет развивать изложенное в ней учение. Да будет Господь милостив к вам, да осветит Он светом Своего лица каждого из вас. Молюсь о том, чтобы эта книга была полезна каждому читателю в его путешествии по пути ученичества, чтобы все мы стали соучастниками в Его воздаянии за наши усилия.

Питер Цукахира
Гора Кармель,
Декабрь 2020 года

Содержание

Мой путь 11

Введение 19

Часть 1 - Ученики Божьего Царства

1. **Органический рост** 24

   Царство Божье растёт через ученичество – постепенно, по одному человеку

2. **Кто такой ученик** 30

   Ученики обладают особым благочестием и характеристиками, необходимыми для роста Божьего Царства

3. **Выходя из толпы** 35

   Между теми, кто просто сидит в толпе, и теми, кто сидит у ног Иисуса – огромная пропасть

4. **Судьба ученика** 42

   Судьба ученика приводится в действие и направляется вдохновенными словами, сказанными Господом

5. **Уникальная личность ученика** 49

   Бог развивает нашу вечную личность, когда мы откликаемся на Его призыв к ученичеству

6. **Носки и обувь ученика** 56

   Это призыв к ученичеству, которое ориентировано на конкретный род деятельности и выходит за рамки основ хождения с Господом

7. **Отказаться, чтобы получить больше** 65

   Развитие дисциплин даяния, молитвы и поста

8. **Золотые сердца** 73

   Ценность и сила чистого сердца ученика

Часть 2 - Восстанавливая основания

9. Восстановление всего 82

Исполняя библейские обетования, Бог восстанавливает Своё Царство на земле в наши дни

10. Контекстуализация "временного сдвига" 88

Возвращение Евангелия в современный Израиль влияет на то, как мы читаем и понимаем Библию

11. "Вынос Греции" из дома Божьего 93

Библия призывает нас оставить западный, грекоримский образ мышления и вернуться к еврейскому мировоззрению её авторов

12. Новая архитектура Церкви 101

Соответствие Божьим планам в Писании означает, что в последние времена церкви необходимо изменить свою форму

13. Восстановление целостности Библии 108

Библия – это целостная и вдохновленная книга от Бытия до Откровения!

14. Толкование Библии 116

Как христиане без специальной подготовки могут читать и понимать слова Писания?

15. Израиль и Царство Бога 124

Израиль был избран Богом, чтобы стать образом и примером Его Царства на благо всех народов

16. Царство Бога отвергнуто 133

Израиль отверг Божье Царство с катастрофическими для себя последствиями

17. Последний вопрос учеников 138

В последние минуты своего общения с Иисусом на земле ученики спросили Его, когда Царство Божье будет восстановлено в Израиле

Часть 3 - Вера и дела

18. Вера + Дела = Спасение 148

Невозможно разделить веру в Бога и проистекающие из неё добрые дела

19. Евангелие для евреев 156

Обращённые к народу Израиля стихи Нового Завета подчёркивают важность добрых дел

20. Три учения о конце времен 163

Учения Иисуса о суде и Его возвращении сосредоточены на поведении, которое приводит к спасению и награде

21. Чудный Божий план для нашей жизни 171

Основываясь на Своей любви и совершенном знании будущего, Бог имеет планы для каждого человека ещё до его рождения

22. Услышать Его призыв 179

Слышание Бога и реакция на Его призыв определяют направление нашей жизни

23. Путь к Его плану 185

Как я могу начать следовать Божьему плану и познать Его волю для своей жизни?

24. Твой дар - твоё помазание 192

Бог создал каждого человека с духовным даром и потенциалом для помазанного служения

25. Где же мои плоды? 200

Каждый человек несёт ответственность за оказание благочестивого влияния и духовного воздействия на своё окружение

26. Вниз - значит вверх 205

Можно найти большие возможности в Божьем Царстве, если смотреть вниз, чтобы послужить, а не стремиться возвыситься в глазах других

27. Свобода от стремления к успеху 212

Истинное смирение проявляется в последователь-ности важных для нас решений, которые могут дать нам свободу и утвердить в Божьем Царстве
28. Ключи в руках других людей 220
Мудрость заключается в признании необходимости сотрудничества с другими людьми для достижения полноты вашей плодотворности в Божьем призвании

Часть 4 - Закон и Благодать

29. Ценность закона 228
Доказательства природы Бога как Того, Кто правит всем Своим творением по закону, можно найти в нашем мире повсюду
30. Закон или беззаконие 235
Справедливость и милость Царства Божьего противостоят беззаконию нашего времени
31. Закон Иисуса 241
Как Иисус истолковывал Божьи законы и учил людей Своего времени?
32. Удивительная Благодать 252
Наряду со Своей посвящённостью закону Бог удивительно милостив по Своей природе
33. Закон и свобода 260
Божий закон определяет и защищает свободу личности и общества
34. Является ли свобода независимостью? 266
Означает ли свобода простой отказ от всех ограничений?
35. Закон Духа 273
В чём разница между духом и буквой Божьего закона?
36. Сыновья спашивают: "Почему?" 283
Простой вопрос из одного слова становится нашим

ключом к постижению духа Божьих законов

37. Любовь превыше всего..288

Любовь – величайший закон и наивысшая ценность в Божьем Царстве

38. Божьи законы о питании..295

Как мы истолковываем законы о питании в Торе?

39. Праздники Господни 301

В чем ценность «праздников Господних» и библейского календаря для современных христиан?

40. Свобода Павла 313

Павел предложил Господу послушание раба и нашёл в этом такую свободу, которой мало кто достиг с тех пор

Часть 5 - По всему миру

41. Всемирное Царство 322

Сегодняшним ученикам нужно иметь глобальное видение, потому что Бог действует локально, но имеет глобальные планы

42. Что такое нация? 328

Нации формируются, когда «племена» и этнические группы объединяются под единым органом власти

43. Двойное гражданство 337

Как понять наше двойное призвание граждан земли и неба

44. Евреи и язычники равны...345

Через жертву Иисуса Бог исцелил раны разделения между Израилем и другими народами

45. Мужчины и женщины равны 351

Величайшее разделение всего человечества находит своё разрешение в Божьем Царстве

46. Учимся на примере Израиля 356

Израиль преткнулся, получив призвание выйти за рамки

простой расовой терпимости – к проявлению неподдельной любви
47. Пересекая границы культур......................................366
Обученные небесной культуре ученики всегда будут выходить за границы одной культуры
48. Аутсайдеры приносят изменения 372
Бог даёт каждому человеку уникальный жизненный опыт и использует то, что отличает нас от других, чтобы совершать необходимые изменения
49. Малые группы - сильные группы...................................379
Церковь будет расти и завоёвывать мир через эффективное сотрудничество сетевых сообществ, объединяющих широко рассредоточенные группы, занятые подготовкой учеников
50. Люби своего соседа 389
Новозаветная Церковь начиналась как сеть объединённых в духе соседей, и таким же образом она победоносно придёт к концу времён
51. Иисус о знамениях конца времен 398
В 24-й главе Евангелия от Матфея Иисус рассказывает ученикам о Своём возвращении и точно предсказывает знамения нашего времени
52. Дни пророка Илии..407
Чтобы противостоять трудностям и испытаниям последних дней, сегодняшние ученики нуждаются в тех же духе и силе, которые были даны Илии

Источники 415

Мой путь

После того как в 1973 году, вынырнув из круговорота бунтарской контркультуры, я пришёл к вере в Господа, стало ясно: мне необходимо полное «переобучение» во всём, что связано с новообретённой верой. Не прошло и года с момента моего покаяния, как я начал изучать основополагающие истины Священного Писания в библейской школе в Далласе, а позже поступил в семинарию, связанную с большой харизматической церковью в Калифорнии.

Ещё в первые месяцы своей жизни в вере я услышал призыв Господа служить Ему сначала в Японии, а затем в Израиле, но не имел ни малейшего представления о том, как это может произойти. Я учился в семинарии и одновременно работал в зарождавшейся компьютерной индустрии. В 1982 году я получил степень магистра богословия, и мы с женой уехали в Японию, где я стал сотрудником крупной высокотехнологичной компании в Токио.

Это было время беспрецедентного экономического роста и начала духовного обновления в Японии. Я был благословлён возможностью нести в этой стране пасторское служение вместе с братом, который уже много лет помогал укреплять общину, состоявшую как из иностранцев, так и из коренных жителей.

В 1987 году Господь открыл для нас с женой двери в Израиль, и мы с нашей двухлетней дочерью отправились туда. Поселились на севере страны, в Хайфе, расположенной на горе Кармель. Мы видели, что мессианским верующим в нашем городе необходима ведомая Духом община. В начале 1991 года, как только окончилась война в Персидском заливе, мы связались с Дэвидом и Карен Дэвис, приехавшими из Нью-Йорка, чтобы открыть первый в Израиле центр реабилитации наркозависимых, работа которого будет строиться на библейских принципах.

Вместе с ними мы основали общину Кармель, которая служит как евреям, так и арабам, а также предоставляет гуманитарную помощь и убежище многим нуждающимся и отчаявшимся людям. Сеть служений общины Кармель продолжает расти по сей день, и молодое поколение лидеров, наших учеников, ведёт её вперёд, следуя своему призванию и используя свои дары. Сегодня все мы являемся свидетелями начала великих духовных изменений в Израиле.

Почти половину своей жизни я прожил здесь. Когда мы, новые иммигранты, приехали сюда, этой стране было менее сорока лет, и она продолжала бороться за своё выживание в окружении множества враждебно настроенных соседей. Израилю только предстояло заявить о себе благодаря огромным достижениям в области инноваций и технологий, а тогда для большинства людей это было просто ещё одно крошечное государство на Ближнем Востоке. В те годы мир, включая евангельские церкви, практически ничего не знал о происходившем в нашей стране.

В начале девяностых годов я начал ездить по всему миру, чтобы учить о библейском и пророческом значении восстановления Израиля как современной нации и связанного с этим возрождения израильских мессианских общин. Радостное волнение от того, что Божьи пророческие слова воплощаются в жизнь, было чем-то бо́льшим, чем просто эмоции. Я осознавал, что мы были участниками исторических событий и небесного откровения, которым необходимо делиться. Участие в богослужениях, где Иисус (или *Ешу́а* – так Его имя звучит на иврите) впервые за две тысячи лет превозносится как Мессия и Царь, – на Его земле, Его собственным народом, на Его родном еврейском языке, – было и остаётся одним из величайших событий нашего времени. Я хотел, чтобы все христиане увидели в этой истине исполнение библейских обетований, и пророческую реальность наших дней. Когда во время поездок я делился этим вѝдением, то чувствовал насколько христианам каждой нации жизненно важно осознать, что Бог никогда не отказывался от Своего завета с Авраамом и народом Израиля, несмотря на их неверность.

Со временем я начал осознавать, что в существовании Израиля есть нечто большее, чем можно увидеть на первый взгляд, даже если смотреть на это глазами веры.

Бог вовсе не «заместил» Израиль Церковью, как учили на протяжении многих веков христианские богословы. Выживание евреев после стольких скитаний и преследований, а также их возвращение в ту самую землю, которую Бог обещал их отцам, было убедительным доказательством Божьей верности Израилю на протяжении всех поколений. Я видел в этом важное свидетельство того, что Бог непременно сдержит и Свои обещания, данные христианам через завет и жертву Своего Единородного Сына Иисуса. Со временем я начал осознавать, что в существовании Израиля есть нечто большее, чем можно увидеть на первый взгляд, даже если смотреть на это глазами веры. К концу девяностых влияние «воскресения» Израиля как современной нации и возрождения израильских мессианских общин уже распространялось по церквам во всем мире, изменяя сердца и умы многих людей. Несмотря на это, казалось, что бóльшая часть церкви не была готова двигаться вперёд в том, что задумал Бог, осуществляя это огромное историческое событие.

Мне вспомнилась трагедия, произошедшая во время Гражданской войны в США. Весной и летом 1864 года, когда война между Севером и Югом была на завершающей стадии, противоборствующие армии зашли в тупик возле стратегически важного города Питерсберга в Вирджинии. Если бы Север смог прорвать здесь линию фронта, южная столица Ричмонд пала бы и война закончилась.

После долгих боев северяне разработали план: вырыть туннель под линиями обороны врага, взорвать там мощный заряд тротила и, прорвав оборону, захватить город, положив тем самым конец войне. Когда настал день атаки, подземный взрыв сработал, как и было запланировано, но атакующие войска не были ни обучены, ни проинструктированы должным образом, чтобы ворваться в образовавшуюся брешь и захватить Питерсберг. В замешательстве они так долго слонялись вокруг огромной воронки, что дали войскам южан оправиться от неожиданности, перегруппироваться и отбросить их назад с большими потерями. Война затянулась почти на год и унесла ещё много жизней.

Теперь мне ясно, что и в наши дни произошёл возвещённый пророками «взрыв» библейских масштабов. Но, подобно армии северян, которые были настолько поражены огромной воронкой, что не ринулись в бой к своей цели, Церковь также продолжает смотреть на «чудо» возрождения Израиля, не понимая, что же нам нужно делать дальше. Значимость восстановления государства Израиль и обращения израильтян к вере в Иисуса является – беспрецедентным пророческим действием Бога в истории. Именно об этом восстановлении спрашивали Иисуса Его ученики в последние минуты, проведённые с Ним на земле (Деян 1:6).

Однако, этот прорыв следует рассматривать не как самоцель, а скорее как средство достижения ещё большей цели. Божья цель состоит не в восстановлении Израиля ради него самого. Его цель – восстановление Царства Божьего таким, каким Он его задумал. Иисус никогда не говорил, что конечной целью Бога является воссоединение народа Израиля, или даже спасение всего Израиля. Напротив, Он учил молиться таким образом: «да придёт Царствие Твоё; да будет воля Твоя и на земле, как на небе» (Мф 6:10).

Он сделал акцент на Царстве Божьем, как на высшем земном приоритете для Его учеников такими словами: «Ищите же прежде Царства Божия и правды Его» (Мф 6:33). Иисус предсказал, что Его весть о Божьем Царстве будет влиять на весь мир до Его возвращения. Он сказал: «И проповедано будет сие Евангелие Царствия по всей вселенной, во свидетельство всем народам; и тогда придёт конец» (Мф 24:14). Со временем я начал понимать, что уникальный вклад Израиля заключается в том, чтобы нести Благую весть о Божьем мессианском Царстве всем другим народам. Израиль был избран Богом как Его орудие, чтобы стать «благословением для всех племён земных» (Быт 12:3) и «светом для народов», как сказано в Книге пророка Исаии (60:1-3). Но обращённый внутрь себя свет, который светит только себе, – это тьма или «чёрная дыра».

Предназначение Израиля состоит в том, чтобы быть для Бога народом-слугой, Его нацией-инструментом и моделью Царства Божьего для всего мира. По мере того как я рос в этом понимании, мои проповеди начали переходить от учения *об* Израиле к учению, исходящему *из* Израиля. Выходя за рамки простого объяснения истинного значения Израиля для христиан, я начал учить о Царстве Божьем и о призыве Иисуса готовить учеников Царства в каждом народе. Это повеление нашего Господа (известное как *Великое Поручение* из Евангелия от Матфея 28:18-20), которое Он дал Своим израильским ученикам два тысячелетия назад, вновь выходит «из Сиона» в наши дни.

О замысле Бога относительно этой парадигмы последних дней и о повторном обращении внимания на Израиль сказано в книгах двух пророков – Исаии и Михея:

> *И будет в последние дни, гора дома Господня будет поставлена во главу гор и возвысится над холмами, и потекут к ней все народы. И пойдут многие народы и скажут: придите, и взойдём на гору Господню, в дом Бога Иакова, и научит Он нас Своим путям, и будем ходить по стезям Его; ибо от Сиона выйдет закон, и слово Господне из Иерусалима (Ис 2:2-3 и Мих 4:1-2).*

Следующие пятьдесят две главы данной книги раскрывают учение, которое сформировалось за годы моего путешествия веры. Более глубокое понимание Божьих целей для

Своего народа Израиля, раскрытых для нас через древние еврейские Писания, освещает наш путь к Царству Божьему и утверждает в необходимости приносить плоды, достойные высокого звания учеников Иисуса. Я хочу поделиться с вами тем, что Господь показал мне о призвании готовить учеников Его Царства, и тем, что Он вкладывал в мою жизнь на протяжении многих лет.

Введение

Так говорит Господь: остановитесь на путях ваших, и рассмотрите, и расспросите о путях древних, где путь добрый, и идите по нему, и найдёте покой душам вашим (Иер 6:16).

Эта книга представляет собой руководство к совершению следующего шага в ученичестве – шага, выходящего за рамки базовых духовных наставлений, преподаваемых многими уважаемыми церквами и служениями. Современное восстановление Израиля как нации подтолкнуло и параллельный процесс – восстановление еврейских корней христианской веры. В книге представлен современный подход к ученичеству, основанный на тех самых «древних путях». Она состоит из пяти частей, каждая из которых посвящена основным элементам, необходимым для снаряжения духовно плодотворных учеников Иисуса последних дней. Детальная информация о цитируемых в следующих главах книгах или материалах, приведена в конце книги, в разделе «Источники».

Данную книгу можно использовать в качестве руководства для изучения несколькими способами. Изучив оглавле ние, вы сможете выбрать темы, представляющие для вас особый интерес, а соответствующие главы послужат материалом для отдельных уроков. В конце каждой из пятидесяти двух глав приведены несколько коротких вопросов для обсуждения и примеры молитвы. Поскольку отдельные темы книги тесно связаны и выстроены в определённой последовательности, в качестве альтернативного подхода, можно читать и изучать главы одну за другой. При таком подходе главы могут стать основой еженедельного изучения и обсуждения на протяжении одного года. Со временем будут доступны дополнительные учебные материалы по каждой теме, включая видеоуроки и другие онлайн-ресурсы.

> Самым важным фактором, сдерживающим приход Его Царства на землю, следует признать отсутствие учеников.

Предлагаемый мною материал не является академическим курсом. Он призван передать библейское вдохновение христианам, призванным трудиться в самых разных профессиональных сферах современного рынка труда, а также пасторам и лидерам церковных служений.

***

Бог избрал народ Израиля и поручил ему принять, записать и сохранить уникальное откровение, известное миру как Библия. Бо́льшая часть её книг повествует о представителях израильского народа и о событиях, происходивших в земле Израиля. Божья история, согласно Его замыслу, неразрывно переплетается с историей Израиля. Даже сегодня, спустя тысячи лет после того, как сформировалось Священное Писание, вы не можете искренне вникать в то, что в нём говорится о народе Израиля и его земле, и не пережить изменений в своей жизни.

Все главы настоящей книги родились как результат моего многолетнего опыта обучения христиан в Израиле и других странах. Некоторые из представленных здесь положений я уже раскрывал в своих предыдущих книгах, но теперь все они собраны в единое учение. Я рассматриваю этот процесс как восстановление «Евангелия Царства», утраченного Церковью много веков назад.

Сегодня из проповеди Царства Божьего вытекает одна ясная истина: самым важным фактором, сдерживающим приход Его Царства на землю, следует признать отсутствие учеников. Хотя мы должны молиться всегда и молитв нужно всё больше, сама по себе молитва не принесёт Божье Царство на землю. Его приходу также не препятствует отсутствие у нас стратегии завоевания мира или недостаток материальных ресурсов, необходимых для массовых евангелизационных кампаний. Ограничивающим фактором является нехватка настоящих учеников Божьего Царства, знающих Бога и понимающих, что делать со своими дарами и своим призванием.

Нам пока ещё не удалось подготовить большинство людей в церкви и мобилизовать их на дело Царства. Нам нужны более зрелые, одарённые и помазанные Богом лидеры, способные эффективно действовать в одном или нескольких призваниях, о которых Павел пишет в 4-й главе Послания к Ефесянам:

И Он поставил одних Апостолами, других – пророками, иных – Евангелистами, иных – пастырями и учителями, к снаряжению[1] *святых, на дело служения, для созидания Тела Христова, доколе все придём в единство веры и познания Сына Божия, в мужа совершенного, в меру полного возраста Христова (Еф 4:11-13).*

Ключевые слова в приведённом выше вдохновенном отрывке это «снаряжение» и «все». Когда наиболее выдающиеся лидеры наших дней станут слугами, подобными Иисусу, Который пожертвовал Собой, чтобы снарядить на дело служения остальных, тогда великое Тело Христа снова устремится вперёд, чтобы завоёвывать и наставлять народы.

Данная книга – мой маленький вклад в это великое дело. Я молюсь о том, чтобы, читая её главы и применяя в своей жизни содержащиеся в них истины, вы смогли получить вдохновение, ободрение и необходимое оснащение для исполнения своего призвания.

---

[1] Греческое слово "*katartismós*", переведённое на русский язык как *совершение*, означает процесс *подготовки* или *снаряжения* для определённой миссии. *(Здесь и далее примечания переводчика).*

Часть 1

Ученики Божьего Царства

Итак идите, научите все народы, крестя их во имя Отца и Сына и Святого Духа, уча их соблюдать всё, что Я повелел вам; и се, Я с вами во все дни до скончания века (Мф 28:19-20)

Глава 1

Органический рост

Спустя почти пятнадцать лет после того, как я в молитве попросил Иисуса стать Господом моей жизни и начала моего следования за Ним, я переехал в Израиль и стал одним из основателей и пастором новой мессианской общины, которая одновременно служит евреям, арабам и представителями других национальностей. К тому времени я отучился два года в библейской школе в Соединённых Штатах и ещё несколько лет в семинарии, где получил учёную степень. Кроме того, я пять лет служил пастором растущей церкви в Японии и наивно полагал, что у меня достаточно опыта, чтобы быть эффективным в служении!

В нашей новой израильской общине мы, пасторы, хотели привлечь ещё одного человека – Рувена Росса, чтобы он служил бок о бок с нами. Однако у него было одно условие: сначала он должен провести с нами курс из десяти занятий под названием «Вѝдение ученичества». Первой моей мыслью было: «*Да ладно! Мы уже зрелые ученики. Мы ведь ли-*

деры служений!» Несмотря на мои колебания, Рувен не отступал, и мы согласились. К третьей встрече моё мнение полностью изменилось, и я подумал: «*Для Господа очень важно именно личное и целеустремлённое ученичество. Как я мог это упустить?*».

На протяжении многих лет книги Рувена и его жены Янит «Иди и подготавливай учеников!» и «Призыв к радикальному ученичеству» стали стандартными курсами в наших учебных программах для верующих и лидеров. Эти книги переведены на несколько языков, и мы продолжаем их регулярно использовать. Рувен и Янит писали: «Каждый живой вид должен каким-то образом воспроизводиться, чтобы выжить. Любая успешная армия должна производить обученных солдат. Производитель должен создавать качественные товары, чтобы оставаться в бизнесе. Точно так же и Церковь должна «производить» дисциплинированную и освящённую жизнь, чтобы расти и воспроизводиться подобно здоровому организму.

Как только мы улавливаем смысл такого вѝдения и осознаём значение ученичества, нам становится ясно, что для роста Божьего Царства необходима подготовка учеников. Объединение людей в церкви и деноминации само по себе не приводит к качественно новому росту ее членов. Проекты по строительству церквей, евангелизационные собрания, богослужения, молитвенные собрания и эффективное управление – всё это может способствовать росту, но лишь *способствовать*, а не *производить* сам рост. Большие публичные собрания, отмеченное присутствием Святого Духа поклонение и активная молитва – вот некоторые из внешних признаков роста. Но воспитание учеников – это Божий метод созидания Его Царства. Затраты времени и ресурсов, необходимые для любой церковной деятельности или проекта, следует соизмерять с их эффективностью в обеспечении главного – процесса ученичества. Если Церковь не производит новых учеников, она на самом деле умирает, даже если численно растёт.

Если Церковь не производит новых учеников, она на самом деле умирает, даже если численно растёт.

Роберт Э. Коулман в своей сильной книге «Генеральный план евангелизации» (включающей предисловие евангелиста Билли Грэма и в основном посвящённой ученичеству, как главному методу проповеди Евангелия) пишет: «Всё началось с того, что Иисус призвал нескольких человек следовать за Собой. Это сразу показало направление, в котором будет развиваться его евангелизационная стратегия. Его заботили не программы, нацеленные на то, чтобы достичь масс, а люди, за которыми массы последуют. Как это ни странно, Иисус начал собирать этих людей ещё до того, как организовал первую евангелизационную кампанию или произнёс первую публичную проповедь. Люди должны были стать Его методом завоевания мира для Бога».

Если вы подобно мне не являетесь биологом, вы можете подумать, что рост растений это в первую очередь обильная листва, увеличение стебля или ствола в высоту или появление цветов и семян. Но тот, кто знаком с происходящими внутри растений процессами, знает, что их рост – это органический процесс, включающий фотосинтез, то есть способность листьев превращать солнечный свет в химическую энергию. Параллельно с этим корни поглощают влагу вместе с жизненно важными питательными веществами, а клеточная структура преобразует энергию и питательные вещества в производство большего количества клеток. ДНК растений направляет их рост, руководя производством новых клеток в нужных частях растения. В конечном итоге здоровое растение даёт плоды с семенами, содержащими ДНК и другой материал, из которого рождаются новые растения в соответствии с их видом.

Рост растений и других живых организмов – это всегда внутренний процесс, направленный на производство новых клеток. Одна и та же базовая конструкция наблюдается и у животных, и у людей. Именно клетки являются основными строительными блоками всех живых организмов. Каждая клетка содержит ДНК (идентичность) тела, и каждая размножается делением, чтобы произвести новые клетки. Органический рост всегда происходит на клеточном уровне, и именно туда направлены атаки смертельных болезней, таких как рак и вирусные инфекции. И если вы подумаете об учениках как о живых «клетках» Царства Божьего, станет понятно, почему воспроизведение того, что Бог по благодати совершил в людях в процессе ученичества, есть центральная истина Библии. У великих лидеров и пророков были ученики. Учеником Моисея был Иисус Навин, который ввёл Израиль в Землю Обетованную. Учеником Илии был Елисей, получивший от Бога вдвое больше духа, чем у его наставника. У Иисуса было двенадцать апостолов, которые изменили мир после того, как Он вознёсся на небо.

Новый рост в Царстве Божьем также органичен по своей сути, поскольку верующие люди соединены в живой организм – в тело, а не в организацию. Организация растёт, разрабатывая новые планы, программы, проекты, и вовлекает людей в свою структуру. Конечно, и в теле Мессии нам нужны хорошая организация и планирование, чтобы наши проекты воплощались в жизнь. Но достижение поставленных целей и завершение проектов – это не то, за счёт чего растёт тело Господа. Церковь как тело всегда растёт в результате производства «клеток» – новых и здоровых учеников, чей рост направляется «ДНК» Божьих целей и ведет к полноте зрелости всё тело.

> *Но истинною любовью всё возвращали в Того, Который есть глава Христос, из Которого всё тело, составляемое и совокупляемое посредством всяких взаимно скрепляющих связей, при действии в свою меру каждого члена, получает приращение для созидания самого себя в любви (Еф 4:15-16).*

В могущественных промышленных корпорациях понимают, что, при всей необходимости хорошего организационного планирования, в долгосрочной перспективе важнейший фактор роста – это подбор нужных людей. У самых успешных компаний есть эффективные методы найма и развития работников, которые приносят реальный и долгосрочный рост. В бестселлере о бизнесе в Америке «От хорошего к великому» его автор Джим Коллинз пишет:

> *Сначала – «кто», потом – «что». Мы ожидали, что лидеры, достигшие выдающихся результатов, начнут с определения нового видения и стратегии. Вместо этого мы обнаружили, что они сначала посадили в свой автобус нужных людей, высадили из автобуса людей ненужных, по-*

садили нужных людей на правильные места и только тогда занялись тем, куда направлять движение автобуса. Старая пословица «Люди – ваш самый важный актив» оказывается ошибочной. Люди – не самый главный ваш актив. Правильные люди – да.

Божий процесс развития обычных людей в «правильных» людей и направление их в нужное место в Его Царстве называется ученичеством.

Вопросы для обсуждения:

1. Чем ученики в Божьем Царстве похожи на клетки растения?
2. Почему церковные программы и другие проекты сами по себе не способствуют росту Божьего Царства?
3. Почему в Библии Царство Бога описывается как «тело»?

Молитва:

Господи, покажи мне, что значит быть учеником, и помоги мне стать духовно зрелым, чтобы я мог выполнять свою роль в Твоём теле.

Глава 2

Кто такой ученик?

Ученик – это тот, кто научен Господом учиться и способен научить других. Ученик – это тот, кто воспитан в послушании и непрестанно совершенствует образ жизни следования за Господом. Вот что говорит об этом великий пророк Исаия: «Господь Бог дал Мне язык мудрых, чтобы Я мог словом подкреплять изнемогающего; каждое утро Он пробуждает, пробуждает ухо Моё, чтобы Я слушал, подобно учащимся. Господь Бог открыл Мне ухо, и Я не воспротивился, не отступил назад» (Ис 50:4-5).

Исаия дважды употребил в этих стихах слово *лимудим*, что означает тех, кто учится и слышит Божий голос. Несколько лет назад я узнал, что в Израиль ненадолго приехал известный служитель из другой страны. Этот человек имел репутацию лидера, который воспитал многих учеников, основал церкви и оказал влияние на свой регион.

Около часа ехал я к Галилейскому морю только для того, чтобы встретиться с ним и поужинать вместе в гостинице. После ужина я попросил его открыть секрет его плодотворности в служении. Ответ был примерно таким: «Если я сумею сделать так, чтобы большинство людей вокруг меня просто ежедневно слышали голос Бога, всё остальное будет слегко!»

Не думаю, что когда-нибудь смогу забыть его слова. Если ученик начинает слышать Господа без посредников, то Бог может совершить важную работу в его или её жизни.

Ученик – это тот, кто воспитан в послушании и непрестанно совершенствует образ жизни следования за Господом.

Ученик – это тот, кто находится под духовной властью Господа и полностью отождествляется с Ним, тот, кто учится у Бога. Иисус сказал: «Ученик не выше учителя, и слуга не выше господина своего: довольно для ученика, чтобы он был, как учитель его, и для слуги, чтобы он был, как господин его. Если хозяина дома назвали веельзевулом, не тем ли более домашних его?» (Мф 10:24-25).

Конечно, препятствия и противодействие будут всегда. Ученики непременно столкнутся с непониманием, с испытаниями и трудностями в своей жизни, но истинные ученики Иисуса в конечном итоге обретут мощную духовную власть. Вот часть разговора между Иисусом и семьюдесятью людьми, которых Он наставлял как Своих учеников: «Слушающий вас Меня слушает, и отвергающийся вас Меня отвергается; а отвергающийся Меня отвергается Пославшего Меня. Семьдесят учеников возвратились с радостью и говорили: Господи! и бесы повинуются нам о имени Твоём» (Лк 10:16-17).

Ученики призваны создавать других учеников. Напомню стихи, которые стали известны как Великое поручение Иисуса:

> *И, приблизившись, Иисус сказал им: дана Мне всякая власть на небе и на земле. Итак, идите, научите все народы, крестя их во имя Отца и Сына и Святого Духа, уча их соблюдать всё, что Я повелел вам; и се, Я с вами во все дни до скончания века (Мф 28:18-20).*

Семнадцатую главу Евангелия от Иоанна нередко называют Первосвященнической молитвой Иисуса. Я предпочитаю называть её Последним отчётом Иисуса о проделанной Им работе перед Его Небесным Отцом. Здесь Иисус говорит Богу, что Его основное дело на земле завершено, потому что ученики готовы продолжать Его служение. Вся молитва почти полностью сосредоточена на Его учениках. Обращаясь к Отцу, Иисус говорит: «Я прославил Тебя на земле, совершил дело, которое Ты поручил Мне исполнить. И ныне прославь Меня Ты, Отче, у Тебя Самого славою, которую Я имел у Тебя прежде бытия мира» (Ин 17:4-5).

Какое же дело уже совершил Иисус, когда Он обращается к Отцу с этой молитвой? Дело спасения и искупления грехов мира было совершено на кресте, а также через Его воскресение из мёртвых. Всё это случится позже. Молясь в кругу Своих последователей, как об этом свидетельствует Иоанн, Он имел в виду Свою работу по взращиванию учеников, которых дал Ему Бог. Вот слова из молитвы Иисуса:

Я открыл имя Твоё человекам, которых Ты дал Мне от мира; они были Твои, и Ты дал их Мне, и они сохранили слово Твоё. Ныне уразумели они, что всё, что Ты дал Мне, от Тебя есть, ибо слова, которые Ты дал Мне, Я передал им, и они приняли, и уразумели истинно, что Я исшёл от Тебя, и уверовали, что Ты послал Меня. Я о них молю: не о всём мире молю, но о тех, которых Ты дал Мне, потому что они Твои. И всё Моё – Твоё, и Твоё – Моё; и Я прославился в них (Ин 17:6-10).

Затем Иисус помолился и за всех нас – людей из каждого народа и этнической группы, которые на протяжении последующих веков будут следовать примеру Его учеников. «Не о них же только молю, но и о верующих в Меня по слову их, да будут все едино, как Ты, Отче, во Мне, и Я в Тебе, так и они да будут в Нас едино, – да уверует мир, что Ты послал Меня» (Ин 17:20-21).

Вопросы для обсуждения:

1. Как бы я описал ученика Иисуса?
2. Давайте прочитаем 17-ю главу Евангелия Иоанна. Сосредоточена ли она на учениках Иисуса?
3. Могу ли я теперь назвать себя одним из учеников Иисуса? Почему да или почему нет?

Молитва:

Господи, пожалуйста, открой глаза моего сердца, чтобы увидеть, почему ученики так важны для Тебя. Помоги мне быть одним из тех, кто постоянно слышит Твой голос.

Глава 3

Выходя из толпы

Одно библейское событие, записанное Матфеем, хорошо иллюстрирует разрыв между учениками Иисуса и теми многими, кто довольствуется простым наблюдением за происходящим из толпы. Эта история произошла в городе Капернауме, где Иисус устроил Свою штаб-квартиру в годы служения в Галилее. Он часто бывал в этом городе, процветающем рыболовном и торговом центре на северном берегу Галилейского моря, недалеко от главной римской дороги.

Именно там, в Капернауме, Иисус встретил пятерых Своих учеников, а почти все остальные были из близлежащих городов в северной Галилее. Мы знаем, что тёща Петра жила в Капернауме, и считается, что Иисус часто останавливался в том самом доме, где однажды исцелил её от болезни (Мф 8:14-15).

На протяжении многих лет я неоднократно посещал то место, где находился древний Капернаум. Сегодня этот город восстановлен после археологических раскопок, и, когда вы идёте среди его древних камней, вам легко представить описанную Матфеем сцену. Берег Галилейского моря находится менее чем в двух минутах ходьбы от окраины города, в котором во времена Иисуса проживало, возможно, не более двух тысяч человек. Прямо за несколькими небольшими домами, построенными из камней, находится усыпанный галькой пляж, куда, согласно Библии, в тот день отправился Иисус.

> *Выйдя же в день тот из дома, Иисус сел у моря. И собралось к Нему множество народа, так что Он вошёл в лодку и сел; а весь народ стоял на берегу. И поучал их много притчами, говоря: Вот, вышел сеятель сеять; и когда он сеял, иное упало при дороге, и налетели птицы и поклевали то; иное упало на места каменистые, где немного было земли, и скоро взошло, потому что земля была неглубока. Когда же взошло солнце, увяло и, как не имело корня, засохло; иное упало в терние, и выросло терние и заглушило его; иное упало на добрую землю и принесло плод: одно во сто крат, а другое в шестьдесят, иное же в тридцать. Кто имеет уши слышать, да слышит! (Мф 13:1-9)*

Послушать Господа собралось так много людей, что им пришлось посадить Его в одну из своих маленьких рыбацких лодок и отплыть от берега, чтобы все могли Его видеть. Расстояние не могло быть больше десяти или пятнадцати метров, так как им нужно было не только видеть, но и слышать Иисуса. С Ним в лодке должен был находиться ещё кто-то, кто удерживал бы её на месте; а, судя по размеру пляжа, там могло собраться не менее трёхсот или четырёхсот человек.

Иисус говорил с ними притчами, и та, что записана Матфеем, называется притчей о сеятеле. После этого Иисус, должно быть, подал сигнал человеку, находившемуся с Ним в лодке, чтобы тот вытащил её на берег. Толпа начала расходиться, а Иисус со Своими учениками пошёл в другом направлении. В тот момент, когда они остались наедине со своим Учителем, у учеников возник к Нему вопрос: «Для чего притчами говоришь им?» (Мф 13:10).

Я уверен, что ученики задали этот простой вопрос вежливо и уважительно. Однако, если я не ошибаюсь, в их сердцах были смятение, досада и даже раздражение. Думаю, на самом деле они имели в виду: «Господи, почему Ты *так* с ними разговаривал?». Ведь было очевидно, что люди не проявили никакого энтузиазма в ответ на то, что сказал Иисус из лодки. Толпа разошлась не впечатлённая и неубеждённая.

А кто же был в этой толпе? Это были друзья учеников Иисуса, члены их семей, бывшие работодатели и многие другие, кого ученики знали всю свою жизнь! Кроме того, стоит задаться вопросом: почему так много местных жителей ожидали на пляже прибытия Иисуса? Скорее всего, кто-то сказал им, что Он будет говорить с ними в тот день. Кто-то должен был их пригласить – и наверняка это были те самые ученики. Скорее всего, они пошли накануне в город и убедили всех, кого знали, прийти и послушать Господа. Если это так, то они, несомненно, хотели услышать наиболее убедительную Его проповедь. Одно или два чуда тоже не помешали бы! Но вместо этого Иисус рассказал толпе рыбаков и торговцев историю о земледелии. Неудивительно, что Его ученики были разочарованы и сбиты с толку.

Иисус объяснял им, что существует огромная пропасть между людьми, которые просто сидят в толпе, и людьми, которые сидят у ног Учителя.

Понимая их недоумение и зная их мысли, Учитель дал им глубокий и поразительный ответ, когда они остались с Ним наедине: «Иисус отвечал им: вам дано знать тайны Царствия Небесного, а им не дано» (стих 11). Если раньше ученики были в замешательстве, то теперь они должны были испытать потрясение. Скорее всего, они думали: «*Ты имеешь в виду, что нарочно с ними так говорил? Ты знал, что они останутся неубеждёнными и равнодушными, что бы Ты ни сказал*?».

Но Иисус имел в виду нечто большее. «Ибо кто имеет, тому дано будет и приумножится, а кто не имеет, у того отнимется и то, что имеет; потому говорю им притчами, что они видя не видят, и слыша не слышат, и не разумеют» (Мф 13:12-13).

Иисус объяснял им, что существует огромная пропасть между людьми, которые просто сидят в толпе, и людьми, которые сидят у ног Учителя. Ученики приняли для себя решение всегда оставаться с Господом. Когда толпа зевак разойдётся по домам, истинные ученики всё ещё будут ждать слов Господа и пытаться следовать Его указаниям.

Господь знал, что в большинстве своём жители Капернаума считали, что у них есть заботы поважнее, чем слушать Его и повиноваться Ему. Им нужно вести свой семейный бизнес, растить детей, готовить еду, делиться сплетнями и ходить за покупками. Они пришли поглядеть на Иисуса из праздного любопытства или чтобы проявить уважение к своему другу, к члену семьи, который их пригласил, но не из желания обрести новую жизнь с Богом.

Вот почему, когда все ушли, Наставник повернулся к двенадцати мужчинам, которые становились Его учениками, и сказал: «Ваши же блаженны очи, что видят, и уши ваши, что слышат, ибо истинно говорю вам, что многие пророки и праведники желали видеть, что вы видите, и не видели, и слышать, что вы слышите, и не слышали. Вы же выслушайте значение притчи о сеятеле» (Мф 13:16-17).

Иисус объяснил Свою притчу из проповеди в тот день только Своим ученикам, а не толпе. Он сказал им, что сеятель – это Бог, семена – слова Божьего Царства, а почва – состояние человеческих сердец. Некоторые люди слышат Слово Божье и не понимают его. Их сердца подобны утоптанной почве на обочине дороги, где семя никогда не всходит: через несколько минут прилетают птицы и уносят его. Это образ дьявола, крадущего Божье Слово. Сердца других людей подобны каменистой почве, где Слово Божие принимается с радостью, но никогда не имеет крепкого корня, так что, когда возникают трудности или гонения, оно засыхает. Сердца третьих подобны хорошей почве, заросшей тернием, поэтому, хотя семя Слова Божьего и прорастает там, его заглушают ежедневные заботы, ложные обещания богатства и славы, и как результат, жизнь таких людей остаётся духовно бесплодной.

Но некоторые драгоценные слова Царства Божьего падают на сердца, подобные доброй почве. Это сердца мягкие и открытые, готовые к росту чего-то нового и прекрасного. В людях с такими сердцами Божье Слово начинает расцветать и со временем приносит плод, который в конечном итоге более чем восполняет потерю всех других семян.

Я думаю, в этот момент объяснения притчи ученики не могли не понять, что Иисус говорил о них. Они были избраны стать хорошей почвой и призваны приносить обильные духовные плоды!

Однако кто-то из них мог бы спросить: «Господи, если мы, Твои ученики, являемся “доброй почвой” и должны приносить плоды для Царства Божьего, почему Ты не сказал нам об этом вчера, прежде чем мы пошли приглашать всех, кого знали, чтобы они пришли и послушали Тебя? Почему Ты просто не сказал: “Ребята, завтра будет ученический ретрит. Только Я и двенадцать вас. Не планируйте ничего другого!»

Но если ученики хотели узнать, зачем Иисусу вообще понадобилось говорить с толпой, то разве ответ не очевиден? Он учил толпу исключительно ради наглядного примера для учеников!

Они только что сами видели, как Божий Сеятель вышел и сеял семя Его Слова. Они отлично знали людей в толпе. Они знали, кто из них вряд ли сможет вспомнить услышанное через несколько минут после того, как закончится урок. Они знали, кто из них сможет какое-то время проявлять энтузиазм, но затем вернётся к прежней жизни. Они знали многих, кто был просто слишком занят другими делами, чтобы заботиться об изменении своей жизни. Они увидели огромную пропасть между тем, чтобы пребывать в толпе и просто слушать Божье Слово, и тем, чтобы быть настоящим учеником. Они также начали осознавать особую природу и предназначение своего призвания.

Вопросы для обсуждения:

1. Почему Иисус всегда сосредоточивал Своё внимание на учениках?
2. Чувствую ли я себя одним из людей в толпе или одним из учеников Иисуса?
3. Сосредоточены ли сегодня христианские служения на воспитании учеников?

Молитва:

Господи, помоги мне выйти из толпы, собравшейся только для того, чтобы послушать о Тебе. Я хочу слышать Твой голос и следовать за Тобой, куда бы Ты ни пошёл. Пожалуйста, помоги мне стать Твоим учеником.

Глава 4

Судьба ученика

Ученичество – это процесс преобразования всей личности человека, приведение его характера в соответствие с его вечной сутью. Сегодня во всём мире уделяется большое внимание личной идентичности. Состоит ли она в том, как вы одеваетесь? Насколько хорошо выглядите? Какого вы пола или расы, какой религии придерживаетесь? Я верю, что каждый человек рождается с данным ему Богом предназначением, которое любящий Отец определяет ещё до нашего рождения. Затем Он с верой выпускает нас в пораженный грехом и опасный мир, в котором доминирует свободная воля человека.

Библия говорит о каждом из людей, как о триедином творении, состоящем из духа, души и тела. Наш дух – это вместилище наших внутренних намерений и мотивов. Наш дух – это место, где обитает Святой Дух и где Он начинает править, когда мы становимся верующими. Человеческий дух – это самое личное, тайное, сокровенное место в жизни любого мужчины или женщины. Наш дух может быть мёртвым или живым, полным тьмы или света. В Притчах 20:27 говорится: «Светильник Господень – дух человека, испытывающий все глубины сердца». Можно сказать, что каждый человек есть дух, он имеет душу и живёт в теле.

Человеческая душа отличается от нашего духа, и состоит из разума, то есть мыслей, воли и эмоций. Новозаветное греческое слово, обозначающее душу, – *psuche*, от которого образовано слово «психология» (буквально: «наука о душе»). Душа очень сильна, и многие люди идут по жизни, находясь под контролем своей души и руководствуясь её устремлениями. Они пытаются иметь интеллигентные и правильные мысли, самодисциплинированную волю и позитивные, полные любви чувства. Всё это полезно для лучшей жизни, но в этом есть и свои проблемы, которые связаны с неизбежно возникающими в жизни каждого человека конфликтами, болью и страхами. Когда нас обижают, предают, ложно обвиняют, физически ранят или когда мы болеем, наши праведные мысли, дисциплинированная воля и положительные эмоции часто просто покидают нас. Каждому наверняка знакома борьба с мрачными мыслями и водоворотом негативных эмоций. К сожалению, душа может даже стать дверью, открытой для демонического влияния, цель которого – привести человека к эмоциональному расстройству, совершению преступления или даже самоубийству.

Тело человека неразрывно связывает воедино нашу физическую плоть и её базовые потребности, инстинкты и влечения. Наше поведение, слова и поступки являются действиями нашего тела. В современной массовой культуре телу уделяется так много внимания, что некоторые люди могут подумать, будто наличие «хорошего» или сексуально привлекательного тела – это самая важная часть личности человека!

Наш внешний вид, телосложение, то, как мы одеваемся, что едим, в хорошей ли мы физической форме – всё это стало предметом бесчисленных книг и видео. Молодые знаменитости часто задают некий минимальный общепринятый физический стандарт человека. Результатом несоблюдения этих культурно обусловленных физических требований стал «бодишейминг»[2], или дискриминация, унижение и насмешки из-за несоответствия человека «общепринятым» стандартам красоты.

Хотя нам может быть интересно и даже поучительно пытаться анализировать различные компоненты чьей-то личности и характера, истина в том, что все люди созданы быть целостными. В жизни каждого из нас есть разные составляющие, но Божий план заключается в том, чтобы эти сложные элементы были приведены в соответствие с Его благой целью и Его первоначальным замыслом. Лучшее слово для этого мировоззрения – *целостность*. Целостность – больше чем прямота. Она подразумевает внутреннюю гармонию всех составных частей, их нераздельность и интегральное слияние в единеное целое, подобно как разрозненные дроби складываются в целое число.

Инженеры-строители считают, что хорошо спроектированные здания обладают структурной целостностью. Все части выстраиваются в единую конструкцию, и в результате достигаются стабильность и прочность. Божий план состоит в том, чтобы тело, душа и дух ученика интегрировались и согласовывались с Божьим замыслом. Результатом этого

---

[2] От *Body shaming (англ.)*, что буквально означает «стыдить за тело».

становится мир в нашей жизни. Еврейское слово *мир – шалом*, означает больше, чем просто отсутствие конфликта. В иврите слово *шалом* тесно связано с такими понятиями, как «целое» (*шалем*) и «совершенное» (*мушлам*).

Путь начинается с осознания силы Слова Божьего, говорящего в наш дух.

Апостол Павел, воспитавший много учеников из числа первых верующих, писал: «Сам же Бог мира да освятит вас во всей полноте, и ваш дух и душа и тело во всей *целости* да сохранится без порока в пришествие Господа нашего Иисуса Христа» (1 Фес 5:23).

Как ученики Иисуса развивают свою прямоту и целостность? Этот путь начинается с осознания силы Слова Божьего, говорящего в наш дух. Иисус сказал: «Дух животворит; плоть не пользует нимало. Слова, которые говорю Я вам, суть дух и жизнь» (Ин 6:63).

Прежде всего, мы должны устранить путаницу и научиться видеть разницу между словами Иисуса, питающими наш дух, и другими словами, которые касаются только наших мыслей и эмоций. Божьи слова – это не просто библейские стихи. Голос Божий – Его Дух истины, Который проникает в самую сокровенную глубь нашего естества и производит в нас убеждения. Библия иногда использует слово *плоть* для обозначения как тела, так и души. Голос Божий подобен мечу, который пронзает нашу плотскую, внешнюю жизнь и обнаруживает, что сокрыто внутри нас и кем мы являемся в действительности. «Ибо слово Божие живо и действенно и острее всякого меча обоюдоострого: оно проникает до разделения души и духа, составов и мозгов, и судит помышления и намерения сердечные» (Евр 4:12).

Истины, укоренившиеся в нашем духе, становятся убеждениями, определяющими наши сокровенные мысли и мотивы. Они, в свою очередь, начинают контролировать наши эмоции и волю. Конечным результатом этого становится формирование поведения, соответствующего Божьей воле. Новая манера говорить, новые поступки становятся заметными для окружающих. Ученичество – это изменение, которое зарождается внутри и неизменно выходит наружу! Это личная трансформация, которая начинается с призыва, исходящего от Бога.

Давайте проследим, как происходил этот процесс в жизни одного из учеников Иисуса – человека по имени Симон, которого также звали Петром. Его путь ученичества начался с повеления Господа: «Следуй за Мною!» «Проходя же близ моря Галилейского, Он увидел двух братьев: Симона, называемого Петром, и Андрея, брата его, закидывающих сети в море, ибо они были рыболовы, и говорит им: идите за Мною, и Я сделаю вас ловцами человеков. И они тотчас, оставив сети, последовали за Ним» (Мф 4:18-20).

Симон следовал за Иисусом уже более года, когда голос Божий начал проникать глубоко в его дух. И он, и другие ученики понимали, что Иисус был кем-то бóльшим, чем просто человек, бóльшим, чем великий учитель и чудотворец. В этот решающий и поворотный момент Иисус взял двенадцать учеников из Нижней Галилеи, где была сосредоточена основная часть их служения, и ушёл с ними на север, на расстояние в несколько дней пешего пути, чтобы провести с учениками время вдали от толпы. Они пришли в окрестности Кесарии Филипповой, где у них состоялась важная беседа наедине.

> *Придя же в страны Кесарии Филипповой, Иисус спрашивал учеников Своих: за кого люди почитают Меня, Сына Человеческого? Они сказали: одни за Иоанна Крестителя, другие за Илию, а иные за Иеремию, или за одного из пророков. Он говорит им: а вы за кого почитаете Меня? Симон же Пётр, отвечая, сказал: Ты – Христос, Сын Бога Живого (Мф 16:13-16).*

Симон был прирождённым лидером, и любил Иисуса, но были у него и другие стороны характера: ненадёжность, импульсивность, хвастливость и трусость. Я уверен, что там, в Кесарии Филипповой, в следующий же момент после того, как Иисус задал этот важный вопрос, первым заговорил именно Симон. Вероятно, он хотел ответить первым – раньше Иакова, раньше своего брата Андрея, раньше всех остальных. Симон выпалил то, что думал и носил в своём сердце относительно скрытой от глаз истинной идентичности Иисуса. Он сказал, что Иисус был больше чем человек – Он был избранным и долгожданным Мессией Израиля, единородным вечным Сыном Божьим!

Возможно, после ответа Симона воцарилась минутная тишина. Все ждали, не зная, правильно ли он ответил. И тут Иисус с благословением подтвердил истину, которую Бог открыл и глубоко вложил в дух Симона. Однако уже в следующий момент Иисус воспользовался возможностью, чтобы сказать слова Божьего Духа прямо внутреннему человеку Симона. Это были слова о личности Симона и Божьем плане для него.

Иисус предсказал судьбу этого ученика. Божье Слово глубоко вошло в его сердце. Но этому предсказанию ещё только предстояло исполниться в жизни Симона. «Тогда Иисус сказал ему в ответ: блажен ты, Симон, сын Ионин, потому что не плоть и кровь открыли тебе это, но Отец Мой, Сущий на небесах; и Я говорю тебе: ты – Пётр, и на сем камне Я создам Церковь Мою, и врата ада не одолеют её; и дам тебе ключи Царства Небесного: и что свяжешь на земле, то будет связано на небесах, и что разрешишь на земле, то будет разрешено на небесах» (Мф 16:17-19).

Вопросы для обсуждения:

1. В чём разница между духом, душой и телом?
2. Слышал ли я когда-нибудь, как Бог говорит к моему духу? Как я узнал, что это был Бог и что Он мне сказал?
3. Почему целостность означает цельность, а не просто прямоту?

Молитва:

Господи, Ты есть живое Божье Слово. Пожалуйста, скажи мне слово жизни и правды в глубину моего сердца. Позови меня по имени и покажи, что Ты запланировал для меня.

Глава 5

Уникальная личность ученика

Знание отличительных черт собственной личности – жизненно важная часть понятия «быть учеником Иисуса». Пробуждение образа Бога в нас происходит, когда Бог изрекает Своё Слово в наш дух. В Кесарии Филипповой Иисус фактически сказал Симону: «Через откровение от Бога ты правильно идентифицировал Меня. Теперь позволь Мне правильно идентифицировать тебя!» А затем Иисус открыл этому импульсивному, ненадёжному человеку, что он призван быть скалой стабильности и не только станет лидером среди верующих, но и будет обладать поразительной духовной властью. Это были слова Духа, освобождающие слова истины, но несмотря на это, как мы знаем, Симон, теперь называемый Петром, продолжал бороться в стремлении войти в полноту своего призвания.

Даже после той вдохновенной беседы с Господом в Кесарии Филипповой Симон Пётр продолжал, как по шаблону, противоречить Господу и пытаться Его корректировать. Это было особенно заметно, когда Господь говорил о Своей грядущей смерти. Выяснилось, что Симон Пётр глубоко внутри себя верил, что Иисус ошибается в отношении будущего и до такой степени слаб, что нуждается в защите. Гордость Симона Петра выражалась в непреодолимом желании доказать, что он знает о земных реалиях больше, чем Сам Господь, и как истинный ученик будет тем, кто защитит Учителя от зла. В конце концов Иисусу пришлось обличить его за приверженность этим благонамеренным, но ошибочным мыслям и чувствам, которые исходили из души этого ученика, а не из его духа.

> *С того времени Иисус начал открывать ученикам Своим, что Ему должно идти в Иерусалим, и много пострадать от старейшин и первосвященников и книжников, и быть убиту, и в третий день воскреснуть. И, отозвав Его, Пётр начал прекословить Ему: будь милостив к Себе, Господи! да не будет этого с Тобою! Он же, обратившись, сказал Петру: отойди от Меня, сатана! ты Мне соблазн! потому что думаешь не о том, что Божие, но что человеческое (Мф 16:21-23).*

Несколько месяцев спустя, когда стремительно приближался конец Его земной жизни, Иисус с учениками отправился в Иерусалим на Пасху. На их последнем совместной вечере Иисус взял опресноки и чашу вина и заключил с ними Новый завет, скреплённый жертвой Его собственного тела и крови. Позже, по пути в Гефсиманию, на Елеонской горе, Он рассказал им о сложном, но совершенном плане Бога, который разворачивался той ночью. Нам нужно рассматривать это как часть процесса ученичества Петра и других.

> *Тогда говорит им Иисус: все вы соблазнитесь о*

Мне в эту ночь, ибо написано: «поражу пастыря, и рассеются овцы стада»; по воскресении же Моём предварю вас в Галилее. Пётр сказал Ему в ответ: если и все соблазнятся о Тебе, я никогда не соблазнюсь. Иисус сказал ему: истинно говорю тебе, что в эту ночь, прежде нежели пропоёт петух, трижды отречёшься от Меня. Говорит Ему Пётр: хотя бы надлежало мне и умереть с Тобою, не отрекусь от Тебя. Подобное говорили и все ученики (Мф 26:31-35).

Как мы знаем, слова Иисуса были пророческими: все ученики утратили мужество и бросились спасать свою жизнь бегством. Когда Пётр столкнулся лицом к лицу с таким кризисом, он с клятвами отрёкся от того, что знает Господа. Но потом, когда пропел петух, он понял, что потерпел полный провал в том, чем ранее так гордился. Иисус, как *всегда*, оказался прав, а это означало, что Пётр всегда ошибался. Он не разбирался в людях и обстоятельствах лучше, чем Господь, и был не в состоянии защитить Его. Пётр вышел и горько заплакал не только из-за участи своего друга, но и из-за собственного, теперь уже вдребезги разбитого, представления о себе.

После распятия Иисуса и позорной неспособности Петра встать рядом с Ним весь мир Петра был разрушен. Его блаженный сон, начавшийся тремя годами ранее со слов Иисуса «Следуй за Мной», закончился. Мало того, что Иисус был мёртв, – сам Пётр теперь знал, что он уже не тот самоуверенный молодой человек, каким был тогда, в начале пути. Что ему ещё оставалось делать, кроме как с унижением вернуться в родной город и взяться за свою прежнюю работу?

Иоанн в своём Евангелии пишет, что после воскресения верный Своему слову Иисус ожидал Своих учеников на берегу Галилейского моря, недалеко от того места, где они встретились впервые:

> *Когда же они обедали, Иисус говорит Симону Петру: Симон Ионин! любишь ли ты Меня больше, нежели они? [Пётр] говорит Ему: так, Господи! Ты знаешь, что я люблю Тебя. [Иисус] говорит ему: паси агнцев Моих. Ещё говорит ему в другой раз: Симон Ионин! любишь ли ты Меня? [Пётр] говорит Ему: так, Господи! Ты знаешь, что я люблю Тебя. [Иисус] говорит ему: паси овец Моих. Говорит ему в третий раз: Симон Ионин! любишь ли ты Меня? Пётр опечалился, что в третий раз спросил его: «любишь ли Меня?», и сказал Ему: Господи! Ты всё знаешь; Ты знаешь, что я люблю Тебя. Иисус говорит ему: паси овец Моих. Истинно, истинно говорю тебе: когда ты был молод, то препоясывался сам и ходил, куда хотел; а когда состаришься, то прострёшь руки твои, и другой препояшет тебя и поведёт, куда не хочешь. Сказал же это, давая разуметь, какою смертью [Пётр] прославит Бога. И, сказав сие, говорит ему: иди за Мною (Ин 21:15-19).*

Трижды Иисус спросил Своего ученика: «Любишь ли ты Меня?», и трижды Пётр отвечал Ему утвердительно, словно изо всех сил пытаясь сказать: «Конечно, я люблю Тебя. Я всегда Тебя любил. Но я уже не тот человек, которым был раньше. Я думал, с Тобой мы сможем изменить весь мир. Я собирался быть с Тобой, возвращая Царство Божье Израилю. Теперь я знаю, что никогда бы не смог достичь этого.

Это был просто мой глупый сон».

Однако мне кажется, что к тому времени, когда Господь задал тот же вопрос в третий раз, Пётр понял, что Иисус просил его не изменить мир, а лишь позаботиться о небольшом стаде оставшихся учеников. Пётр теперь уже другой. Он готов поверить в совершенное знание Господа и просто доверять Ему и повиноваться Ему верой. Иисус сказал несколько очень глубоких слов о будущей жертве жизни Петра, а затем повелел ему: «Следуй за Мной!».

У каждого из нас есть имя и наша уникальная индивидуальность ученика Иисуса, которые известны только Богу.

Между двумя призывами «Следуй за мной!», обращёнными к одному и тому же человеку практически на том же месте, было три года Божьей работы по формированию настоящего ученика из обычного человека. Об этом процессе духовного роста на пути к зрелости написано множество книг. Наш внешний человек тела и души должен смириться и уступить, чтобы внутренний человек духа мог жить. Уроки прежней жизни нужно забыть, чтобы новая истина смогла найти себе место в сердце истинного ученика. Евангелия предлагают нам серию картин этой трансформации, словно отдельные кадры кинофильма.

Соединённые вместе, они создают движущийся образ того, чего Бог хочет от каждого из нас и в чём сегодня нуждается наш мир. Шотландский теолог XIX века преподобный А.Б. Брюс в своём классическом труде об ученичестве

«Обучение Двенадцати» писал: «Тщательное, кропотливое воспитание учеников гарантировало, что влияние Учителя на мир будет постоянным, что Его Царство должно быть основано на скале глубоких и нерушимых убеждений в умах немногих, а не на зыбучих песках поверхностных мимолётных впечатлений в умах многих».

В книге Деяний Пётр предстаёт как подобный скале муж веры. Он проповедует со смелостью и силой перед лицом врагов Благой вести. Его тень, падающая на брусчатку, обладала силой исцелять больных. Он воскресил благочестивую женщину из мёртвых и открыл дверь Божьего Царства евреям в Пятидесятницу. То же самое он сделал с язычниками в доме Корнилия, римского сотника. Иногда трудно осознать, что этот апостол и есть тот самый дерзкий и заносчивый молодой рыбак, которого Иисус первоначально призвал следовать за Ним в Галилее – настолько полное преображение произошло в его жизни. Тем не менее, это картина того, что Бог предназначил для всех нас. У каждого из нас есть имя и наша уникальная индивидуальность ученика Иисуса, которые известны только Богу. У каждого из нас есть предназначение, определённое для нас ещё до нашего рождения. Подобно Петру, нам нужно лишь ответить на призыв Учителя «Следуй за Мной!» и подчиниться процессу трансформации в Его ученика.

Вопросы для обсуждения:

1. Почему Симону Петру пришлось измениться?
2. Является ли ученичество процессом в моей жизни или некогда принятым мною однажды разовым решением?
3. Чувствовал ли я когда-нибудь, что подвёл Бога? Чему я научился на этом опыте?

Молитва:

Господи, пожалуйста, помоги мне через мои слабости и неудачи обрести ту идентичность, которая принадлежит мне навсегда. Я доверяю Тебе одному, потому что никто другой не понимает меня так, как Ты!

Глава 6

Носки и обувь ученичества

Ученичество можно условно разделить на две категории – на носки и обувь. Всем нужны носки, и это описывает ученичество начального уровня, в котором нуждается каждый верующий. Базовое ученичество даёт ответ на такие вопросы, как «Кто такой Бог? Что такое Писание? Как поклоняться и молиться? Как начать жить святой жизнью?».

Очень много церквей и служителей делают хорошую или даже превосходную работу в этих областях. Однако вы не отправляете своих детей в школу в одних носках. Им нужна обувь. Людям всех возрастов нужна разная обувь в зависимости от их работы, любимого вида спорта, отдыха или другой деятельности, которой они собираются заниматься. Молодому человеку, который учится танцевать, нужна обувь, отличная от той, что требуется рабочему на стройке. По-настоящему эффективное ученичество должно обеспечивать жителей Царства и носками, и обувью. «Ученичество обуви» ориентировано на призвание в рамках конкретной профессиональной деятельности и предназначено для того, чтобы помочь каждому верующему найти свое призвание и, войдя в него, стать эффективным и плодотворным последователем Иисуса. Зрелые христиане как подготовленные ученики должны быть полностью оснащены для результативной профессиональной работы.

Подавляющее большинство народа Божьего не призвано быть профессиональными служителями в церкви. Используя библейский Израиль в качестве Божьей модели общественного устройства, мы видим, что только одно из двенадцати колен получило от Бога роль священника. Это означало, что менее 10 процентов людей в Божьем Царстве были полностью заняты в сфере религиозной деятельности. Исходя из своего опыта служителя, могу сказать, что в целом такое же соотношение сохраняется в церкви и сегодня. Большинство библейских школ и семинарий предназначены для подготовки различных профессиональных служителей. А что у нас существует для ученического наставления остального народа Божьего? Каждому в Божьем Царстве должна быть предоставлена возможность найти своё, Богом данное призвание и быть наставленным в *этом* призвании, чтобы стать эффективными свидетелями Бога в обществе. Ошибочно ожидать, что *НЕ*-служители будут просто зрителями или спонсорами, в то время как несколько обученных служителей будут выполнять всю работу по расширению Божьего Царства!

Нового расширения Божьего Царства не произойдёт в рамках уже существующих церквей, так как посещающие церковь люди уже являются частью Царства и должны идти по пути ученичества и своего духовного развития. Новое расширение всегда будет приходить со стороны окружаю-

Ученики наделены силой, чтобы своей жизнью свидетельствовать о Царстве Божьем, куда бы они ни пошли.

щего Церковь общества, где полно неверующих, которые ещё не являются частью какой-либо церковной общины!

Если 90 процентов Божьих людей, которые ежедневно работают среди неверующих, не будут обучены для того, чтобы стать настоящими примерами, агентами или посланниками Божьего Царства в этом мире, цель распространения Евангелия по всему миру не будет достигнута никогда. Мы должны найти способ исполнить слова Иисуса в Евангелии от Матфея 24:14: «И проповедано будет сие Евангелие Царствия по всей вселенной, во свидетельство всем народам; и тогда придёт конец».

Ключевое слово в этом отрывке – *свидетельство*. Новозаветное греческое слово в тексте, переведённое как свидетельство, – это *мартурион*, которое означает *«быть мучеником»*. Свидетельствовать – это больше, чем просто проповедовать евангельскую Благую весть. Смысл, скорее, в том, чтобы, жертвенно смирив себя перед Богом, стать живым примером действия Евангелия. То же самое слово во множественном числе встречается в книге Деяний 1:8, когда Иисус предсказывает излияние Божьего Духа в Пятидесятницу и его цель, говоря: «Но вы примете силу, когда сойдёт на вас Дух Святой; и будете Мне *свидетелями* в Иерусалиме и во всей Иудее и Самарии и даже до края земли».

В этом стихе Иисус обращается к Своим ученикам, говоря о них самих. Ученики наделены силой, чтобы своей жизнью свидетельствовать о Царстве Божьем, куда бы они ни пошли.

По всему миру существует множество организаций и ассоциаций, которые поддерживают, обучают и помогают тем, кто, не будучи служителями церкви, работают в различных профессиональных сферах современного рынка труда. Медицинские работники и юристы создали несколько очень эффективных христианских групп поддержки и обучения. Христиане-бизнесмены объединились в многочисленные и эффективные сообщества, а множество различных внецерковных ассоциаций активно работают в разных странах и на международном уровне. Однако, несмотря на недавний рост так называемого «рыночного движения веры», большинство этих групп проявляют свою активность вне рамок основной деятельности существующих церквей.

Христианским служителям проще всего сосредоточиться на религиозной практике как на самоцели. Именно в церковном служении форма нашего поклонения несёт в себе риск отделиться от записанных в Библии Божьих целей. Первый вопрос Вестминстерского краткого катехизиса, одного из основополагающих документов протестантской Реформации, звучит следующим образом: «Какова главная цель человека?» Ответ же звучит так: «Главная цель человека – прославлять Бога и вечно наслаждаться Им».

Хотя эти слова прекрасны и благочестивы, они не соответствуют примеру служения Иисуса и Его повелению сосредоточиться на воспитании учеников. Он ожидал, что эта работа будет проводиться во всём мире до Его возвращения. Ученики Иисуса обладают почти бесконечным разнообразием даров и призваний. Однако то, что Бог даёт каждому человеку лично, имеет вечную цель. Никакая человеческая деятельность, будь то религиозная или нерелигиозная, не должна считаться достойной просто сама по себе.

В этом заключалась ошибка фарисеев в дни земного служения Господа. Они были так сосредоточены на внешней *форме* своей религии, что упустили из виду её *цель*. Они, как и мы, были убеждены, что их верования даны им Богом, и подтверждали это ссылками на Писание. Бог свят, и Он достоин наших лучших церковных служений, молитв и песен, но вместе с тем Он чрезвычайно практичен. У Бога есть цели для окружающего нас мира, которые Он непременно осуществит. Бог страстно любит людей из любого народа и повелел нам растить из них учеников.

Конфликт между Богом и Израилем во время служения Иисуса заключался не в том, что иудеи не верили в Бога, патриархов или богодухновенные Писания. Проблема была в другом: они не приносили ожидаемых Богом результатов – плодов своих убеждений. Отказываясь быть светом для других народов, Израиль отказывался от роли, для которой был избран и наделён уникальным даром. С божественной точки зрения, Израиль стал недееспособным, непригодным, и Бог говорил к нему через Своего Сына Иисуса: «Измени свои пути, или Я отодвину тебя в сторону, пока буду осуществлять Свой план через другие народы».

Теперь, 2000 лет спустя, основанная Иисусом Церковь достигла поворотного момента, подобного тому, которого ранее достиг Израиль. Продолжим ли мы расставлять приоритеты в привычных для нас формах служения или же наконец сосредоточимся на том, что Господь прямо назвал нашей главной задачей? Для многих это означает крутой поворот – поворот к восстановлению Царства Божьего на земле.

Доктор Джордж Элдон Лэдд, много лет преподававший в Фуллеровской теологической семинарии, в своей небольшой, но весьма полезной книге «Евангелие Царства» пишет: «…Церковь – это не Царство Божье. Царство Божие творит Церковь и действует в мире через Церковь». Церкви, которые не ставят во главу угла цели Божьего Царства, в частности – взращивание эффективных учеников, рискуют быть отвергнутыми Богом, который неотступно совершает Свою работу в этом веке.

Во времена Иисуса фарисеи были доминирующей религиозной группой в Израиле. Они гордились тем, что чтут Писание и поддерживают пламя светильника еврейской жизни в условиях римской оккупации. Иисус, конечно же, не ненавидел фарисеев, хотя Его часто огорчала или возмущала их реакция на Евангелие Царства. Он видел будущее и надежду для всех фарисеев, даже для книжников, которые были их учителями и богословами. В Евангелии от Матфея 13:52 мы читаем: «Он же сказал им: поэтому всякий книжник, наученный Царству Небесному, подобен хозяину, который выносит из сокровищницы своей новое и старое».

Есть старинная духовная песня, написанная неизвестным автором, которую много поколений назад пели афроамериканские рабы, а впоследствии записали многие известные певцы и музыканты. Она называется «У всех Божьих детей есть туфли». Рабов в Америке часто заставляли жить и работать без обуви, но они надеялись, что Бог даст им обувь на небесах. В этой песне есть такие слова: «У меня есть туфли, у тебя есть туфли, у всех Божьих детей есть туфли. Когда я попаду в рай, я надену туфли и пройдусь по всему Божьему небу!».

Сегодня мы уже не рабы, и нам не нужно ждать прихода на небеса, чтобы обуться. И всё же всем Божьим детям нужна обувь. Пришло время перестать посылать учеников Иисуса, Его паству, выполнять работу для Бога в одних только носках. Для каждого ученика быть обутым означает знать, как действовать, молиться, поклоняться, верить, расти духовно, делиться ободрением и верой и в то же время быть эффективным профессионалом в нашем обществе.

Обуви нужно так много и она должна быть такой разнообразной, что эта задача требует участия всех жителей Царства. Развивая эту метафору, можно сказать, что сегодня некоторые служения наставляют верующих, помогая им надеть лишь пластиковые шлёпанцы. Такие верующие духовно подготовлены только для того, чтобы посетить ближайший торговый центр или пойти на пляж! С другой стороны, если они пойдут в торговый центр или на пляж как дисциплинированные и обученные служители Бога, живущие на благо других, не будет ли это ценным для Божьего Царства? Истина в том, что всем христианам пора «обуться» и идти на работу, в школу или на любое другое задание, данное нам Богом. «Ибо дал нам Бог духа не боязни, но силы и любви и целомудрия» (2 Тим 1:7).

Одним из терминов, используемых для того, чтобы убедиться, что все ученики надели и носки, и обувь, является «целостная миссия». Доктор Ким Тан – председатель SpringHill Management, частной компании по управлению фондами, специализирующейся на биотехнологических и социальных венчурных инвестициях, а также соучредитель Transformational Business Network, – написал: «В последние годы заметно развилось движение под названием “Бизнес как миссия", хотя оно имеет своих предшественников в первоначальных целях многих более ранних компаний, таких как, например, Boots (аптечная сеть) и Guinness (пивоваренный завод). Однако я утверждаю, что для призванных и одарённых в этой сфере учеников бизнес и *есть* их миссия. Для тех, кто призван в политику, политика – *это* миссия. Кто призван в искусство, искусство – *это* миссия, парикмахерское искусство – *это* миссия, банковское дело – *это* миссия… Целостная миссия заключается в том, чтобы воплощать в жизнь наше ученичество во всех сферах жизни, к которым мы были призваны».

Вопросы для обсуждения:

1. В чём разница между носками и обувью, когда речь идёт об ученичестве?
2. Как много христиан ходят на работу в одних носках, уже будучи учениками Иисуса?
3. Как мы можем помочь каждому в Божьем Царстве получить *и* носки, *и* обувь?

Молитва:

Господи, пожалуйста, научи меня и развивай мою способность жить как Твой ученик во всех сферах моей жизни. Дома, на работе, в церкви, во время отдыха, с моей семьёй и с моими друзьями пусть вся моя жизнь будет полным благодати выражением Твоего Господства в моей жизни.

Глава 7

Отказаться, чтобы получить больше

Тогда как внутренние мотивы наших сердец безусловно важны в следовании за Господом, есть три значимых составляющих нашего поведения, которые как ничто другое определяют образ жизни ученика. Каждая из этих составляющих связана с отказом от чего-либо в стремлении получить благословение и одобрение от Бога. Все они содержатся в учении Иисуса, переданном в Нагорной проповеди, и раскрывают нам практическую мудрость того, что Бог считает нормальным поведением в Своём Царстве. Говоря о даянии бедным, молитве и посте в 6-й главе Евангелия от Матфея Иисус, каждую из тем начинает со слова *когда*. Значит, Он ожидал, что Его ученики сделают это частью своей повседневной жизни.

> *Итак, когда творишь милостыню, не труби перед собою, как делают лицемеры в синагогах и на улицах, чтобы прославляли их люди. Истинно говорю вам: они уже получают награду свою. У*

тебя же, когда творишь милостыню, пусть левая рука твоя не знает, что делает правая, чтобы милостыня твоя была втайне; и Отец твой, видящий тайное, воздаст тебе явно (Мф 6:2-4).

Жертвовать другим людям, у которых есть финансовые нужды или долги, превышающие их возможности, – это благочестивое дело, потому что Бог заботится о каждом человеке и проявляет особое сострадание к бедным. В Притчах 19:17 мы читаем: «Благотворящий бедному даёт взаймы Господу, и Он воздаст ему за благодеяние его». Это означает, что вы становитесь соработниками Бога, когда помогаете бедным людям, и Он обещает вам воздать за это! Великие мужи Божьи прошлых поколений открыли эту истину. Так, например, Джону Уэсли принадлежит известное высказывание: «Зарабатывай всё что можешь, копи всё что можешь, отдавай всё что можешь!» Добровольно дающие ученики открывают для себя, что в щедрости Бога превзойти невозможно. Когда мы щедро даём бедным людям, то непременно обнаруживаем, что Бог щедр и к нам.

Однако суть даяния не во взаиморасчёте с Богом, как при выплате по страховому полису, и не в надежде на удачу, вроде бросания монетки в игровой автомат. Даяние бедным – это стиль жизни, который со временем развивает благочестивую и угодную Богу щедрость сердца, неизменно получающую воздаяние от Бога. Продолжая Свою проповедь, Иисус говорит, что мы не должны давать в надежде вернуть отданное или получить похвалу от других людей. Как ученики мы будем счастливы и благословлены самим познанием и применением истины. Апостол Павел сказал об этом ученикам, которых наставлял в Ефесе: «Во всём показал я вам, что, так трудясь, надобно поддерживать слабых и памятовать слова Господа Иисуса, ибо Он Сам сказал: 'блаженнее давать, нежели принимать'» (Деян 20:35).

Вторая составляющая обычной жизни учеников – это молитва. Иисус говорит: «Ты же, когда молишься, войди в комнату твою и, затворив дверь твою, помолись Отцу твоему, Который втайне; и Отец твой, видящий тайное, воздаст тебе явно» (Мф 6:6). Хотя во время служения нередко требуется помолиться публично и совместная молитва, безусловно, важна, Иисус ясно дал понять, что именно *навык* личной молитвы приносит наилучшие результаты – ответ от Бога (Ин 15:7). Он также сказал, что Бог предпочитает личное общение с нами использованию заученных или чтение написанных кем-то другим молитв.

Регулярная практика молитвы означает осознание необходимости пожертвовать временем и нашим представлением о собственной важности, чтобы смиренно войти в присутствие нашего суверенного Господа, и вести с Ним содержательную беседу. Наградой за это становятся духовный рост и зрелость.

Секрет эффективной молитвы заключается в развитии постоянного диалога с Богом, который является вашим любящим Небесным Отцом. Как только вы начнёте искренне доверять Ему, вы начнёте учиться говорить Ему правду. Иисус сказал, что Бог ищет людей, которые будут поклоняться Ему в Духе и истине (Ин 4:23).

У некоторых людей в жизни нет никого, кому они могли бы глубоко и чистосердечно довериться. Другие сопротивляются или эмоционально закрываются, отказываясь говорить правду кому-либо, а третьи даже себе не признаются в том, что на самом деле происходит у них внутри. Из-за того что мир вокруг нас так часто обманчив и жесток, мы учимся закрывать своё сердце уже в раннем возрасте. Вот почему каждому требуется некоторое усилие, чтобы начать честный и открытый разговор с Богом. Однако, как только этот разговор начнётся, вы уже никогда не захотите, чтобы он заканчивался! Для многих учеников познание Бога как нашего всезнающего и терпеливо любящего Отца открывает дверь к тайной и мощной молитве.

Эндрю Мюррей, один из выдающихся авторов предыдущего поколения, немало писавший на тему молитвы, сказал: «Возлюбленный соученик! Мы начинаем понимать, почему так мало знаем о ежедневных ответах на молитву и какой главный урок Господь преподносит нам в Своей школе. Вся суть – в имени Отца. Мы думали о новом и более глубоком проникновении в некоторые тайны мира молитвы как о том, что должны получить в школе Христа. Он же говорит нам, что первый и самый ценный урок состоит в необходимости научиться говорить: 'Авва, Отче!'».

Регулярное обсуждение интересующих нас вопросов с нашим небесным Отцом решает все виды человеческих проблем. Павел писал Фессалоникийцам о важности непрестанной молитвы (1 Фес 5:17). Это означает молиться, несмотря на загруженность нашими ежедневными делами. Непрестанная молитва для ученика, подобна рации для солдата на поле боя, поддерживающего связь со штабом в режиме реального времени! Способность молиться, в любое время и в любых обстоятельствах, является неотъемлемой частью духовного снаряжения, необходимого каждому ученику для выполнения работы Божьего Царства.

Третья непременная составляющая поведения учеников – это пост. Иисус сказал: «Также, когда поститесь, не будьте унылы, как лицемеры, ибо они принимают на себя мрачные лица, чтобы показаться людям постящимися. Истинно говорю вам, что они уже получают награду свою. А ты, когда постишься, помажь голову твою и умой лице твоё, чтобы явиться постящимся не пред людьми, но пред Отцом твоим, Который втайне; и Отец твой, видящий тайное, воздаст тебе явно» (Мф 6:16-18).

Пост – это преднамеренный отказ от еды на короткий или длительный период времени. Воздерживаться даже от одного или двух приёмов пищи может быть непросто, потому что еда очень важна для всех нас. Помимо питания, необходимого нашему телу для здоровья и выживания, совместная трапеза занимает центральное место в наших семьях и культуре. Мы все привыкли есть в определённое время в течение дня, и наш организм начинает требовать пищу независимо от того, нужны нам калории или нет. У многих из нас также есть специальные «утешительные продукты», которые часто приносят нам личное чувство успокоения или благополучия. Пост разрушает всё это.

Так для чего же поститься? Пост – это дисциплина целенаправленного физического и эмоционального ослабления себя, с целью позволить внутреннему человеку, нашему духовному мужчине или женщине, расти в силе. В определённый момент жизни каждого ученика внутренний человек должен утвердить свою власть над плотскими желаниями человека физического. Павел молился о своих учениках так: «Для сего преклоняю колени мои пред Отцом Господа нашего Иисуса Христа, от Которого именуется всякое отечество на небесах и на земле, да даст вам, по богатству славы Своей, крепко утвердиться Духом Его во внутреннем человеке» (Еф 3:14-16).

Верой мы взаимодействуем с невидимой сферой духов-

> Осознанный отказ от принадлежащего нам по праву – это путь к духовной свободе.

ной реальности. Бог невидим, и Его голос редко слышен человеческому уху. Но мы воспринимаем невидимое и слышим голос Божий в своём духе. Пост ослабляет нашу хватку за физическое, улучшая способность крепко взяться за руку Бога и «увидеть» истину Божьего Слова через откровение. Обращаясь к Ефесянам и продолжая молиться о них, Павел просит Бога, чтобы Он помог «верою вселиться Христу в сердца ваши, чтобы вы, укоренённые и утверждённые в любви, могли постигнуть со всеми святыми, что́ широта и долгота, и глубина и высота, и уразуметь превосходящую разумение любовь Христову, дабы вам исполниться всею полнотою Божиею» (Еф 3:17-19).

В своей полезной для каждого ученика Иисуса книге «Торжество дисциплины» Ричард Фостер объясняет, как различные элементы духовной дисциплины открывают путь к свободе тем верующим, которые их применяют. Его размышления поучительны и практичны, а книга известна и рекомендуется во всём мире. В главе о посте он пишет: «Пост напоминает нам, что мы черпаем свои силы и живем "всяким словом, исходящим из уст Божиих" (Мф 4:4). Не еда наш источник жизни, но Бог. «Всё стоит» только во Христе (Кол 1:17). Поэтому в практике поста мы не столько воздерживаемся от пищи, сколько насыщаемся словом Божьим. Пост есть пир!».

Лично я очень рад, что в моём духовном снаряжении ученика Господа есть дисциплина поста. Когда я сталкиваюсь с тяжёлым кризисом или у меня есть проблема, которую мне не решить своими силами, я могу обратиться к молитве с постом, чтобы улучшить свою «хватку» за Господа. Божья благодать изливается на меня проще и обильнее, когда я намеренно отказываюсь от пищи и сосредотачиваюсь на Нём. Духовные прорывы часто приходили в мою жизнь именно в результате личной и совмещённой с постом молитвы. Библия содержит много историй о людях, которые постились и получили от Бога благословение и избавление: Моисей, Давид, Илия, Эсфирь, Даниил, Анна, Павел и Иисус постились с впечатляющими результатами. Такие книги, как упомянутая работа Фостера, также дают полезные рекомендации по выбору типа и продолжительности поста, когда для этого приходит время.

Три фундаментальных аспекта духовной дисциплины, – даяние бедным, молитва и пост, – показывают нам, что осознанный отказ от принадлежащего нам по праву – это путь к духовной свободе. Когда мы сеем жертвенные семена времени, денег и усилий, чтобы укрепить наше хождение с Богом, мы в результате получаем обильный урожай. Бог хочет, чтобы все Его дети были свободны от нужды и «богаты на всякое доброе дело» (2 Кор 9:8). Эти и другие духовные дисциплины жизненно необходимы в процессе снаряжения Божьего народа для плодотворного служения в Его Царстве!

Вопросы для обсуждения:

1. Каким трём составляющим поведения ученика Иисус учил в Нагорной проповеди (6-я глава Евангелия от Матфея)?
2. Нужна ли мне духовная дисциплина, чтобы возрастать с Богом в качестве Его ученика?
3. Улучшит ли пост с молитвой мою духовную жизнь? Каких результатов я добиваюсь?

Молитва:

Господи, пожалуйста, помоги мне научиться духовной дисциплине, чтобы я всегда мог быть максимально полезным для Тебя. Покажи мне, во что нужно вложить мою жизнь, чтобы умножить Твои благословения, и дай мне непрестанно жаждать бо́льшего Твоего присутствия в моей жизни!

Глава 8

Золотые сердца

С древних времён золото использовалось как мерило и символ богатства. Золото упоминается в Библии более четырёхсот раз. В Бытие 13:2 говорится: «И был Аврам очень богат скотом, и серебром, и золотом». Согласно книге Откровения, улицы сходящего с неба Нового Иерусалима сделаны из чистого золота (Откр 21:21). Определяющим фактором ценности золота является его чистота. Как правило, ювелирные изделия представляют собой сплав золота и других металлов, например, меди или серебра. Сегодня золотом торгуют в виде различных ювелирных изделий, монет и слитков для инвестиций, ценность которых определяется чистотой металла. Наиболее распространённая мера чистоты – это *Карат*. Золото с чистотой в один карат означает, что в этом сплаве присутствует одна двадцать четвёртая часть чистого золота, а двадцать три части – это другой металл. Таким образом, 24-каратное золото означает стопроцентное, или чистое, золото.

Существует много способов добычи и обработки золотой руды, но способ удаления примесей из золота путём высокотемпературного аффинажа (очистки) практически не изменился на протяжении веков. Расплавленное в печи до жидкого состояния золото отделяется от присутствующих в нём примесей, которые затем легко удаляются. Этот процесс, называемый переплавкой, стал в Библии иллюстрацией того, как Бог действует в человеческих жизнях, чтобы произвести в них чистое и не разделённое в себе самом сердце. Прочитайте следующие стихи пророка Малахии, написанные более чем за четыреста лет до прихода Иисуса:

> *Вот, Я посылаю Ангела Моего, и он приготовит путь предо Мною, и внезапно придёт в храм Свой Господь, Которого вы ищете, и Ангел завета, Которого вы желаете; вот, Он идёт, говорит Господь Саваоф. И кто выдержит день пришествия Его, и кто устоит, когда Он явится? Ибо Он – как огонь расплавляющий и как щёлок очищающий, и сядет переплавлять и очищать серебро, и очистит сынов Левия, и переплавит их, как золото и как серебро, чтобы приносили жертву Господу в правде (Мал 3:1-3).*

Раньше я думал, что у Бога есть много видов огня, соответствующих Его целям: огонь возрождения, огонь суда, огонь испытаний и невзгод, огонь благочестивой страсти, огонь Святого Духа и многое другое. Теперь я верю, что у Бога нет огня – Он Сам *есть* огонь. Говоря словами Библии, «Бог наш есть огнь поядающий» (Евр 12:29). Стремясь приблизиться к Нему, мы приближаемся к святому, невидимому пламени Духа, которое начинает очищать наши сердца подобно плавильщику, следящему за тем, как сильный жар в печи постепенно отделяет чистое золото от примесей. Бесполезный шлак снимается и выбрасывается, а драгоценное золото остаётся.

> Теперь я верю, что у Бога нет огня – Он Сам есть огонь.

Основная сфера, в которой наши сердца нуждаются в очищающем духовном Божьем огне, – это обретение свободы от бунта. Восстание против Бога есть зло, и оно инспирировано дьяволом. Сатана пал с высоты своего положения в служении Богу из-за бунта и, согласно Библии, он искушал Адама и Еву сделать то же самое. Со времени грехопадения первых мужчины и женщины природа всего человечества – это природа бунтарей. В каждом человеческом сердце дух противления воздвиг «твердыни» бунта против Бога, которые необходимо выявить, разрушить и убрать из жизни ученика. Твердыня – это сфера упорного противления воле Бога, которая разрастается там, где наша бунтарская природа и личные слабости используются духовным злом. В таких сферах наши грехи и дурные привычки укрепляются и укореняются, становясь чертами личности. Различные формы неадекватного поведения и пагубные пристрастия свидетельствуют о наличии твердынь зла в жизни человека.

Шахтёры и охотники за сокровищами знают, что слитки золота крайне редко можно найти прямо на поверхности земли. Золото нужно добывать из её недр, а за сокровищем – охотиться. Это требует времени, усилий и определённых вложений. Из-за сопутствующих сложностей не у всех получается добиться успеха. Люди устают и сдаются, или у них заканчиваются ресурсы, и они вынужденно останавливаются.

Подобное можно сказать и о «добыче» золотого сердца для Господа в ходе которой необходимо не сдаваться в духовной борьбе и оставаться в тепле и свете Божьего присутствия достаточно долго, чтобы глубоко скрытые примеси нечистоты в нашей жизни были обнаружены и удалены. Выносить компромисс или заражённые грехом сферы жизни из тёмных уголков наших сердец на свет Божий нелегко и неприятно. Это может оказаться очень тяжёлой работой. Однако когда мы полностью вверяем себя в руки Бога, присутствие Его Духа противостоит духовным твердыням, эффективно разрушая их и освобождая нас от этих твердынь.

У всех нас есть внутренние проблемы, как следствие наших прошлых обид, горечи, вины и непрощения. Исцеление этих ран начинается с необходимости признать наличие у нас внутреннего неустройства, с разговора о них в обстановке Божьей любви и благодати. Всё это является частью Божьего процесса очищения. Он ищет сердца, сделанные целиком из чистого золота, а не только позолоченные снаружи. Честность в отношении своих истинных мотивов обнажает наши внутренние помыслы для Божьего огня в Его очистительной печи.

Чтобы прийти к состоянию полной искренности в отношении собственных мотивов, нам требуется божественная помощь. И слова, которые говорит нам Бог, достигают сокровенных глубин нашего сердца вернее, чем руки самого искусного хирурга. «Ибо слово Божие живо и действенно и острее всякого меча обоюдоострого: оно проникает до разделения души и духа, составов и мозгов, и судит помышления и намерения сердечные» (Евр 4:12).

Любой, кто действительно жаждет чистоты своего сердца, может уже сейчас начать учиться жить в соответствии с прекрасными вечными ценностями. Обретение сердца, которое в глазах Бога подобно золоту, – это и поиск, и путешествие, требующие усилий и посвящённости. Под любящим руководством нашего небесного Отца мы учимся брать на себя ответственность за свои мысли и действия. Наши усилия – это наш вклад в вечную жизнь и грядущее воздаяние. Как и все правильные инвестиции, со временем они многократно вырастут в цене. «Тёплой» Лаодикийской церкви книги Откровения Дух Господень сказал: «Советую тебе купить у Меня золото, огнём очищенное, чтобы тебе обогатиться, и белую одежду, чтобы одеться и чтобы не видна была срамота наготы твоей, и глазною мазью помажь глаза твои, чтобы видеть. Кого Я люблю, тех обличаю и наказываю. Итак, будь ревностен и покайся. Се, стою у двери и стучу: если кто услышит голос Мой и отворит дверь, войду к нему и буду вечерять с ним, и он со Мною. Побеждающему дам сесть со Мною на престоле Моём, как и Я победил и сел с Отцом Моим на престоле Его» (Откр 3:18-21).

Стратегическим полем битвы в борьбе за наполненную духовными ценностями жизнь ученика является обретение и сохранение сексуальной чистоты. Секс – это мощное, данное Богом влечение, часть благого замысла Бога для людей. Стремление к сексуальной близости сравнивают с рекой, которую нельзя остановить, но необходимо направлять и удерживать в берегах, иначе её животворный поток станет разрушительным и опасным. Слова Павла, обращённые к

Нам нужно терпеть неприятный для нашей плоти жар Божьего присутствия до тех пор, пока наши сердца не засияют Его светом и не станут походить на чистое золото.

Ефесянам, утверждают нормы морали для учеников Божьего Царства: «А блуд и всякая нечистота и любостяжание не должны даже именоваться у вас, как прилично святым» (Еф 5:3). В стремлении к сексуальной чистоте как образу жизни ученика важно выделить две стороны или двух участников: Бога и вас самих. Иисус – единственный абсолютно чистый человек, поэтому Его духовное присутствие в вашем сердце всегда будет необходимо. Поклонение и хвала Господу – это один из способов войти в Его присутствие. Мы ощущаем чистоту в присутствии Господа, когда Он окружает нас, как щит. Чем настойчивее мы учимся культивировать постоянство образа жизни, в центре которой находится Иисус, тем больше преображаемся Божьим Духом в Его подобие. Иисус – единственный совершенный человек, и Его Дух, действующий в нас, является верным признаком вечного совершенства в нашей жизни.

Другой участник в процессе стремления к чистоте – это мы сами, а значит, мы ни в коем случае не должны отказываться от борьбы со своей плотью. Мы не можем быть святыми без Божьего присутствия, но и сами никогда не должны переставать сопротивляться искушению и собственным греховным желаниям. В книге «Битва каждого мужчины» христианские авторы Стивен Артерберн и Фред

Стокер пишут: «Святость – это не что-то туманное. Это последовательность правильных решений. Вам не нужно ждать, пока вокруг вас сформируется святое облако. Вы будете святы, когда решите не грешить. Вы уже освободились от *власти* сексуальной безнравственности; однако вы ещё не свободны от *привычки* к сексуальной безнравственности, пока не выберете святость, пока не скажете: "Довольно! Я выбираю жить в чистоте!"»

Чтобы идти по пути чистоты, нужно уметь жить, поддерживая правильный баланс между ответственностью Бога и вашей личной ответственностью. Успешное поддержание баланса между Божьим Духом и вашей плотью требует усилий и концентрации, но когда у нас есть вера в Бога, наша слабость подкрепляется и балансируется Его силой. Павел открыл этот тайный ключ к Божьей силе. Он писал: «Бог избрал немощное мира, чтобы посрамить сильное» и «когда я немощен, тогда силен» (1 Кор 1:27 и 2 Кор 12:10). Нам нужно терпеть неприятный для нашей плоти жар Божьего присутствия до тех пор, пока наши сердца не засияют Его светом и не станут походить на чистое золото.

Оставайтесь на этом пути! Не спешите выпрыгивать из огненного присутствия Бога, когда становится жарко! Ученики Царства учатся не позволять разочарованиям и неудачам отвлекать их от своего призвания и вечного предназначения. Мы хотим приготовить для Господа сердца из чистого золота.

Вопросы для обсуждения:

1. Что значит иметь чистое сердце?
2. Желает ли Бог чистоты во всех сферах моей жизни и поощряет ли её?
3. Ответит ли Бог на мои молитвы о чистоте? Есть ли что-то, что я сам должен делать?

Молитва:

Господи, я знаю, что Ты призвал меня к жизни в святости. Пожалуйста, помоги мне очищать мое сердце и вести благочестивый образ жизни, прославляя Тебя каждый день.

Часть 2

Восстанавливая основания

Ибо он ожидал города, имеющего основание, которого художник и строитель – Бог (Евр 11:10).

Глава 9

Восстановление всего

Слово *восстановление* в библейском контексте указывает на изначальный и совершенный Божий план для всего творения. В Библии недвусмысленно говорится о Божьих намерениях в отношении Израиля – народа, который Он создал и избрал для Своих вечных целей в служении всему человечеству. Израиль должен был стать великим народом, который принесёт благословение всем остальным народам мира (Быт 12:1-3). Израиль унаследует обетованную Богом землю, ослушается и будет рассеян по миру для того, чтобы вновь быть собранным в соответствии с Божьим планом (Иез 36:22-24).

Современная история указывает на то, что мы живём в эпоху глубоких процессов восстановления в христианстве. Создание современного государства Израиль демонстрирует, что народ Израиля возвращается в Землю обетованную после почти двухтысячелетних скитаний. В то же время, наблюдая за возрождением еврейских мессианских общин, мы видим, как Благая весть о Божьем Царстве, проповеданная Иисусом, возвращается к народу, который первым понёс эту весть по всему миру. Всё это – пророческие вехи, указывающие на восстановление, или «совершение всего», предсказанное апостолом Петром.

Восстановление означает возобновление того, что уже было, или возвращение к истокам.

Вскоре после смерти и воскресения Иисуса Пётр и Иоанн у одного из главных входов в великий храм в Иерусалиме встретили хромого чсловска. Исцслив сго именем Иисуса, Пётр начал проповедовать иудеям, собравшимся вокруг него на территории храма: «Итак покайтесь и обратитесь, чтобы загладились грехи ваши, да придут времена отрады от лица Господа, и да пошлёт Он предназначенного вам Иисуса Христа, Которого небо должно было принять до времён совершения всего, что говорил Бог устами всех святых Своих пророков от века» (Деяния 3:19-21).

Восстановление означает возобновление того, что уже было, или возвращение к истокам. Божьи пророки нередко говорили о восстановлении. Вот лишь два из многих важных примеров в Библии, которые исполняются в наши дни. Первый – это обещание Бога, данное народу Израиля, вернуть их на землю, данную их отцам. Второй пример относится к восстановлению духа и силы Илии в конце времён.

Ибо вот, наступают дни, говорит Господь, ко-

гда Я возвращу из плена народ Мой, Израиля и Иуду, говорит Господь; и приведу их опять в ту землю, которую дал отцам их, и они будут владеть ею. И вот те слова, которые сказал Господь об Израиле и Иуде (Иер 30:3-4).

Вот, Я пошлю к вам Илию пророка пред наступлением дня Господня, великого и страшного. И он обратит сердца отцов к детям и сердца детей к отцам их, чтобы Я, придя, не поразил земли проклятием (Мал 4:5-6).

Пророк Малахия сказал, что Илия принесёт восстановление запланированного Богом единения между Божьими детьми и их отцами. В Библии, особенно в посланиях апостола Павла, слово *отцы* относится непосредственно к патриархам Израиля. Один из ключей к пониманию этих стихов состоит в признании современных христиан во всех народах детьми Авраама по вере (Гал 3:7-9). Дух и сила Илии действуют в наши дни, чтобы вернуть христианским сердцам мировоззрение и веру их библейских отцов: Авраама, Исаака и Иакова. Это не просто возврат к древним христианским традициям, а нечто гораздо более радикальное.

Первоначальное значение английского слова *радикал* восходит к фразе *формирование корня*. Восстановление еврейских корней христианской веры можно назвать радикальным только потому, что оно связано с воссоединением с нашими еврейскими корнями, о чём писал Павел в письме к римлянам. «Если же некоторые из ветвей отломились, а ты, дикая маслина, привился на место их и стал общником корня и сока маслины, то не превозносись перед ветвями. Если же превозносишься, то вспомни, что не ты корень держишь, но корень тебя» (Рим 11:17-18).

Как это связано со служением Илии? В 3 Царств 18:30 записано: «Тогда Илия сказал всему народу: подойдите ко мне. И подошёл весь народ к нему. Он восстановил разрушенный жертвенник Господень». «Весь народ» Израиля – это младшее поколение, которое больше не поклонялось Богу своих отцов и не следовало Его заповедям. Когда Илия впервые предстал перед своим народом и спросил: «Долго ли вы будете хромать на оба колена, колебаться между двумя мнениями?» (ср. 3 Цар 18:21), никто из молодых лидеров не ответил ему и не проявил уважения к его авторитету. В этом можно усмотреть картину развития христианского мира на протяжении столетий, пока он не пришёл к отказу от своих библейских и древнееврейских корней.

Когда Илия восстановил разрушенный жертвенник Господень (что на иврите описано словом *рафа*, которое означает «исцелил»), он призвал новое поколение вернуться к вере их отцов. Раньше в Израиле ставили жертвенники Господу, но теперь они оказались разрушены или заброшены. Когда Илия молился у восстановленного им жертвенника, с неба сошёл огонь Господень, и молодые лидеры наконец-то поклонились Богу. Сердца следующего поколения обратились к их отцам, которые дали им пример веры. Они вернулись к Аврааму, который поверил Богу, к Моисею, который провёл их через пустыню, к вере Иисуса Навина и судей. Вера в живого Бога Израиля была восстановлена.

Служение Илии являет собой прообраз восстановления Израиля и церкви в конце времён. Возвещённое пророками восстановление это не только библейская истина, оно должно стать личным опытом в жизни всех верующих и учеников Господа. Каждый, кто избран Господом, призван обратиться и вернуться к первоначальному Божьему замыслу. Иисус сказал: «Илия должен прийти… и устроить всё» (Мф 17:10-13), но затем добавил, что Илия уже пришёл в лице Иоанна Крестителя. Эти слова напоминают нам, что Царство Божие, уже находится здесь, но одновременно и грядёт в будущем. В пророчестве Малахии говорится, что Илия придёт ещё до «великого и страшного» дня Господня (Мал 4:5), то есть, до дня возвращения Иисуса.

Это окончательное восстановление Царства Божьего было центральной темой последнего вопроса, который ученики задали Иисусу перед тем, как Он вознёсся на небо: «Не в сие ли время, Господи, восстановляешь Ты царство Израилю?» (Деян 1:6). Сегодня Бог начал восстановление Своего Царства в Израиле и активно работает над расширением Своего законного правления через личное ученичество и отеческое наставничество в каждом народе мира.

Вопросы для обсуждения:

1. Почему современное восстановление Израиля важно для христиан как часть Божьего плана для последних времён?
2. Каким образом и почему Церковь нуждается в восстановлении?
3. На что будет похоже личное восстановление в моей жизни?

Молитва:

Господи, пожалуйста, восстанови библейские корни моей веры и позволь мне в своё время принять участие в восстановлении Твоего Царства на земле.

Глава 10

Контекстуализация «временного сдвига»

Контекстуализация библейского послания – это поиск способов передать его суть и смысл в культурном контексте разных времён и народов. Например, если вас пригласили донести библейское послание до племени в далёких джунглях, которое никогда раньше не видело овец, контекстуализация будет проблемой. Возможно, сначала вы решите организовать вводный библейский урок, объясняющий, кто такие овцы, агнцы и пастыри, чтобы затем можно было рассказать им об Иисусе – Агнце Божьем и Добром Пастыре. Альтернативой может быть использование знакомого им «животного-заменителя». Как насчёт «свиньи Божьей» или «змеи Божьей»? Сработают ли образы этих животных? Конечно же, нет!

Представленная в Писании истина о Боге неподвластна времени, духовна по сути и выходит за рамки любой земной культуры. И всё же она была передана нам в контексте определённого народа и его культуры. Это народ Израиля.

От одного этого народа мы получили практически всё, что достоверно знаем о Боге. Народ Израиля получил откровение от Бога и написал Библию – как Ветхий, так и Новый Завет. От них произошли почти все отцы и герои нашей веры: Авраам, Исаак, Иаков, Иосиф, Моисей, Иисус Навин, Давид, Илия, Исаия, Иеремия, Иезекииль, Даниил, Иисус, Пётр и Павел. Вся Библия пришла к нам в контексте уникальной культуры Израиля. Задача же христианства, распространившегося по миру в течение последних двух тысяч лет, заключалась в том, чтобы сделать вечную библейскую истину культурно актуальной для людей, не принадлежащих к израильскому народу, то есть контекстуализировать её для разных времён и народов.

Представленная в Писании истина о Боге неподвластна времени, духовна по сути и выходит за рамки любой земной культуры. И всё же она была передана нам в контексте определённого народа и его культуры.

Теперь, после почти двухтысячелетних скитаний, народ Израиля вернулся в свою землю и снова стал единой нацией. Когда мы пытаемся донести послание всей Библии, – как Ветхого, так и Нового Завета, – до современного народа Израиля и контекстуализировать значение этого послания для современных израильтян, мы попадаем в странный «временной сдвиг». Мы словно ступаем своими ногами по местам, кажущимся нам довольно странными, поскольку попадаем в исторический контекст, в котором Библия была написана изначально. Такое возвращение можно назвать не иначе как великим восстановлением. По мере того как мы продвигаемся дальше, по мере того как расширяется наше понимание библейского откровения, на свет выходит могучее, подлинное Евангелие. Восстанавливается первозданное значение слов библейского текста, а их древний свет вспыхивает с новой силой, чтобы осветить наш путь к дому Божьему.

Мы понимаем, что на протяжении почти двух тысяч лет верующие в Библию язычники из земель, лежащих за пределами Израиля, абстрагировали библейскую весть, то есть, уводили её от первоначального значения, чтобы вписать в другие культурные и исторические контексты. Например, Иерусалимом считали любой главный или значимый город, где в тот момент находились христиане, или же и вовсе чисто небесную, почти мифическую реальность. Песах стал Пасхой, а пришествие Царства Божия далёким событием, грядущей вечности.

Такое «одухотворение» божественного послания со временем утвердилось в церковных традициях и общепринятых доктринах. Теперь же многие из этих абстракций, культурных искажений и религиозных традиций развеиваются благодаря поразительным событиям наших дней. Израиль снова нация! Мессианские евреи в Израиле поклоняются Иисусу как своему еврейскому Мессии и вновь используют для этого возрождённый иврит. В стране делается акцент на создании мессианских общин и распространении Евангелия среди всех слоёв общества, чтобы «спасся весь Израиль» (Рим 11:26). Да и во всём мире христианские церкви также начинают серьёзную корректировку курса, великую переориентацию на библейскую истину и возвращение к своим древним еврейским корням.

Когда я был молодым пастором, я верил, что Царство Божье – это моя церковь. Моя пастырская работа заключалась в том, чтобы служить Богу, убеждая как можно больше людей присоединиться к моей церкви. Они присоединялись к нам, поверив тем доктринам, которым я учил, и помолившись определёнными молитвами, но большей частью благодаря посещению еженедельных собраний. Если число людей, посещающих собрания, росло, то я твёрдо знал, что вношу свой вклад в распространение Божьего Царства на земле.

Вместе с другими членами пасторской команды я проводил часы, а иногда и целые дни, готовясь к очередному собранию. Когда же оно заканчивалось, я мог расслабиться… и начать готовиться к следующему. То, что люди из моей церкви делали со своей жизнью в течение недели, было для меня значительно менее важным, чем то, что они делали на собрании. Если они поклонялись, слушали и молились во время собрания, я чувствовал, что всё делаю и говорю правильно. Теперь, по прошествии многих лет, я понимаю, что акцент в служении Иисуса был полностью противоположен моему пониманию. Когда мы видим Иисуса в реальном контексте библейского повествования, становится ясно, что, служа людям в публичных собраниях, Он делал это, чтобы принести изменения в их повседневную жизнь за пределами собрания. То, какой была их жизнь после возвращения домой, было важнее самой встречи!

Многие церковные собрания сосредоточены на том, чтобы создать атмосферу некоего религиозного переживания, которое должно помочь людям почувствовать себя лучше, но это не может принести существенных изменений в их жизнь. Вера приходит от слышания слова Божьего, и Библия действительно так говорит. Но мы должны научиться слышать Его слова в их оригинальном контексте, а не то, что решили услышать, присваивая стихам из Писания выгодное для нас значение. Богодухновенность Библии скрыта в том, что имел в виду или какой смысл вкладывал в Свои слова Господь, когда говорил с теми, кто их записал, а не в том, как мы прочитываем эти слова сегодня. Именно поэтому правильное понимание исходного контекста всегда подскажет нам, что же на самом деле означают Его слова, и что Он говорит нам через Своё Слово сегодня.

Вопросы для обсуждения:

1. Как библейская весть была адаптирована к моей культуре?
2. Назовите некоторые различия между тем, как служили Иисус и Его ученики, и как сегодня функционируют христианские служения.
3. Заинтересован ли я в посещении Израиля? Почему да или почему нет?

Молитва:

Господи, помоги мне лучше понять первоначальный смысл Твоих слов и более эффективно контекстуализировать Твоё неподвластное времени послание для культуры моей страны.

Глава 11

«Вынос Греции» из дома Божьего

Учитель Библии Дэвид Поусон (David Pawson) придумал термин «de-Greecing» (буквально: «дегрецизация»), суть которого сводится к необходимости освобождения от влияния греческого мышления на христианство. На протяжении многих лет Поусон показывал, как раннее влияние греческого мировоззрения на христианство породило в нём небиблейское мышление и поведение, которые сохраняются в церкви и по сей день. Он утверждает: «Ошибаются те, кто думает, что у западной цивилизации иудео-христианская основа. Она гораздо более греко-римская». Поусон называет в качестве примера четыре сферы, в которых древнегреческое мировоззрение самым очевидным образом оказала доминирующее влияние на формирование западной культуры: это архитектура (многие общественные здания выглядят как греческие храмы), политика (демократическое устройство общества), спорт (культ Олимпийских игр) и развлечения (восхваление досуга и красоты человеческого тела).

Чтобы восстановить первоначальный смысл Библии, мы должны увидеть, как видоизменялось библейское послание по мере развития христианства на Западе.

Однако, прежде всего Поусон сосредоточен на том, как повлияло греческое мышление на Церковь и как это влияние устранить. Он пишет: «Корни христианства вовсе не в Греции, они совсем в другом мире. Библия ясно говорит, где эти корни. Наши корни – в еврейском мире. Этот мир был почти во всех отношениях противоположностью Древней Греции. Ветхий Завет полностью написан на иврите и был фактически завершён ещё до того, как на исторической сцене появились греки».

Чтобы восстановить первоначальный смысл Библии, мы должны увидеть, как видоизменялось библейское послание по мере развития христианства на Западе. Практически все авторы Библии и её главные герои – евреи. Но Павел и другие апостолы Нового Завета понесли Благую весть еврейской Библии на Запад, в грекоязычный мир. Иисус и Его ученики говорили и молились на иврите, однако весь Новый Завет, и в частности послания Павла, были написаны на греческом языке. Это было больше, чем простая смена языка. Это означало изменение мировоззрения.

Ранняя история христианства хорошо изучена и задокументирована, как и труды Августина, епископа Гиппона (354–430), оказавшего глубокое и продолжительное влияние на христианское богословие – и католическое, и протестантское. Августин изучал греческую философию и немало сделал для слияния еврейского понимания Библии и мышления христиан, обращённых из язычников и говоривших на греческом и латыни.

Фома Аквинский (1225–1274), итальянский философ и теолог, также «скрещивал» греческую философию с Библией, что оказало глубокое влияние на Церковь на многие столетия. Постепенно греческие идеи стали доминировать в христианском мышлении и богословии.

Когда в XVI веке на сцену вышли протестантские реформаторы, они многое сделали для того, чтобы вернуть Церковь к Библии как единственному авторитету в вопросах веры и доктрины. Однако реформаторам не удалось восстановить уважение к Израилю, евреям и еврейскому пониманию Писания. Греческое мышление продолжало главенствовать и в протестантизме.

Греческий разум дуалистичен, он проводит резкое разграничение между земным и небесным, между физическим и духовным. Еврейское же мышление более целостно. Бог един, и Он Господь неба и земли. Люди созданы по Его образу, поэтому всю человеческую жизнь, включая её земные и вечные аспекты, необходимо прожить в гармонии с Божьим творением. Греческое мышление – это мышление логики, анализа и систематического подхода, что, безусловно, оказало сильное влияние на развитие современного научного мышления. Еврейское же мышление больше озабочено ценностями, которые проистекают из характера Бога и того значения, которое эти ценности придают жизни и обществу.

Раввин Лорд Джонатан Сакс, который был главным раввином Объединенной еврейской общины Великобритании, писал: «Западная цивилизация родилась из синтеза Афин и Иерусалима, чему способствовали христианская проповедь

Павла и обращение императора Константина в 312 году, и что превратило вероучение небольшой и часто преследуемой секты в официальную религию Римской империи. Это было удивительное, невероятное событие, которое в конечном итоге изменило мир. Христианство почерпнуло свою философию, науку и искусство из Греции, а свою религию – из Израиля».

На протяжении веков греческое мышление формировало христианское мировоззрение в синтезе, о котором упоминает рабби Сакс. Европейские христиане верили, что Бог создал вселенную, и это дало им веру в то, что её можно исследовать с помощью науки, которой научились у греков.

Поначалу это казалось огромным успехом. Это привело к впечатляющему росту влияния науки на нашу жизнь сегодня, влияния, которое, к сожалению, вытеснило библейскую веру на обочину общественной жизни. Успехи современной науки сделали Запад могущественным и богатым, но в то же время холодным, замкнутым на себе и потерявшим смысл своего существования. Раввин Сакс писал: «Наука разбирает вещи, чтобы увидеть, как они работают, [библейская] религия соединяет вещи, чтобы понять, что они означают».

Сегодня Израиль вернулся в свою землю, и еврейские ученики Иисуса работают над тем, чтобы восстановить Его истину в её первоначальном еврейском контексте. Пришло время большой реставрации. Христианство отворачивается от Афин и Рима и вновь обращается к Иерусалиму!

Это восстановление начинает влиять не только на то, как современные христиане читают Ветхий Завет, но и на то, как мы понимаем слова Нового Завета. Самые ранние Отцы Церкви, писавшие до четвертого века нашей эры, утверждают, что Матфей написал своё Евангелие на еврейском языке и лишь позже оно было переведено на греческий. С момента обнаружения свитков Мёртвого моря в 1947 году современные учёные находят всё больше свидетельств того, что самое раннее Евангелие было написано на иврите, а затем переведено на греческий язык, который и послужил основой для современных переводов.

Книга христианских учёных Дэвида Бивина и Роя Близзарда «Понимание трудных высказываний Иисуса» проливает важный свет на древнееврейское происхождение Нового Завета. Они пишут: «Предположение будто весь Новый Завет изначально был написан по-гречески, привело к значительному числу ошибочных толкований, как со стороны учёных, так и со стороны простых верующих. Сегодня, имея результаты недавних исследований, мы знаем, что ключом к пониманию этого материала является иврит».

Бивин и Близзард приводят убедительные доказательства того, что повседневным языком евреев во времена Иисуса был иврит, а не арамейский и уж точно не греческий. Они демонстрируют удивительные примеры того, как древний иврит и древнееврейское мышление, лежащие в основе греческого текста Нового Завета, проясняют его смысл. Например, в Нагорной проповеди Иисус сказал: «Не собирайте себе сокровищ на земле, где моль и ржа истребляют и где воры подкапывают и крадут, но собирайте себе сокровища на небе, где ни моль, ни ржа не истребляют и где воры не подкапывают и не крадут, ибо где сокровище ваше, там будет и сердце ваше» (Мф 6:19-21).

В следующих двух стихах говорится: «Светильник для тела есть око. Итак, если око твоё будет чисто, то всё тело твоё будет светло; если же око твоё будет худо [греч. *poneros*, что означает «зло»], то всё тело твоё будет темно.

Итак, если свет, который в тебе, – тьма, то какова же тьма?» (Мф 6:22–23). И затем Иисус заключает: «Никто не может служить двум господам: ибо или одного будет ненавидеть, а другого любить; или одному станет усердствовать, а о другом нерадеть. Не можете служить Богу и мамоне» (Мф 6:24).

На протяжении веков многие христиане задавались вопросом, почему Иисус вставил утверждение о зрении в середину Своего учения о правильном отношении к деньгам. Но это лишь свидетельство того, как еврейский язык и культура «пробиваются» сквозь греческий текст Нового Завета! Иметь «плохой глаз» или «дурной глаз» (на иврите *áин раá*) – это известная еврейская идиома, означающая скупость. Её можно легко найти во Второзаконии 15:9 и Притчах 28:22.

Противоположностью является «добрый глаз» (на иврите *áин тoвá*), что означает «быть щедрым», и об этом говорится в Притчах 22:9[3]. Иисус использовал еврейскую идиому в Своей притче о работниках в винограднике в 20-й главе Евангелия от Матфея. В этой притче хозяин виноградника спрашивает ропщущих работников, почему они возмущены тем, что он щедро вознаградил других, которые пришли на работу в тот день позже. «Возьми своё и пойди; я же хочу дать этому последнему то же, что и тебе; разве я не властен в своём делать, что хочу? или *глаз твой завистлив* [*poneros*] от того, что я добр?» (Мф 20:14-15).

Для говорящих на иврите евреев всё учение Нагорной проповеди имело совершенно понятный смысл: поскольку Бог – ваш Отец и Он даёт вам всё необходимое для вашей жизни, ваше истинное сокровище действительно находится на небесах. Тогда, если вы будете проявлять свою веру через

---

[3] В притчах 28:22 и 22:9 на иврите слова *завистливый* – это имеющий *áин раá,* т.е. дурной глаз, а *милосердный* – это имеющий *áин тoвá,* добрый глаз.

щедрость, вы обнаружите, что ваша повседневная жизнь пронизана Божьим присутствием! Современные читатели английской Библии могут подумать, что иметь «ясный глаз» или «хороший глаз» означает хорошее зрение или целенаправленность в нашем стремлении к Богу. Но две тысячи лет назад переводчики на греческий язык дословно скопировали богодухновенную еврейскую историю, а вслед за ними сделали то же самое и переводчики на другие языки. Так мы получили правильные слова, но потеряли «еврейский» смысл сказанного.

Нас не должны удивлять масштабы таких перемен в сегодняшнем христианском сознании. Это похоже на цунами, возникающее в результате гигантского подземного землетрясения. Современное восстановление Израиля – это пророческое землетрясение. Мы можем использовать здесь слово «*пророческое*» не только потому, что возвращение еврейского народа на свою землю предсказано в Библии, но и употреблять его в том же смысле, в каком Евангелия в Новом Завете считаются пророческими.

Евангелия документируют исторические события, произошедшие менее чем за сто лет до того, как они были записаны. На момент написания Евангелий ещё живы были очевидцы, которые могли объяснить и истолковать значение увиденного и услышанного авторами Нового Завета. Эта книга тоже написана когда со времени образования Израиля как современной нации прошло меньше века. Значение этого исторически уникального и пророческого события до сих пор потрясает весь христианский мир. Процесс «выноса Греции» из дома Божьего уже начался.

Вопросы для обсуждения:

1. Имеет ли для меня значение, что Иисус, Его ученики и авторы Библии были евреями, говорящими на иврите?
2. Какие слова на иврите из Библии я знаю и использую?
3. Воспринимаю ли я христианство как «западную» религию?

Молитва:

Господи, помоги мне использовать древнюю библейскую истину, чтобы с верой и мужеством исполнять Твою волю «на земле, как на небе». Я не хочу отделять духовную или небесную истину от того, как я живу в повседневной жизни.

Глава 12

Новая архитектура Церкви

Согласно Библии, то, что мы так привычно называем «церковью» (на новозаветном греческом языке – *экклесия*), – это сообщество людей из всех племён и народов, всех языков и наречий, которые были призваны и избраны Богом, чтобы стать последователями Его Сына Иисуса. Эта общность людей призвана быть свидетельством Божьего Царства на земле и Божьим инструментом для распространения Его правления по всему миру. *Христианство* – это термин, который исторически применялся среди язычников и обозначал религиозное движение, исповедающее веру в Иисуса. Еврейский термин для обозначения язычников – это *гоим*, что в Библии переводится также словом «народы». Со временем это слово стало употребляться в значении «неевреи». Христианство несёт весть о Божьем Царстве и Его замысле спасения мира и является движением, которое на протяжении почти двух тысяч лет росло и развивалось практически исключительно среди язычников.

Христианство неоднократно оказывалось перед вызовом необходимости реформ.

Но, подобно кораблю в долгом плавании, христианству время от времени необходимо корректировать свой курс. Сегодня мы достигли важного поворотного момента. В прошлом христианство неоднократно оказывалось перед вызовом необходимости реформ. Хотя исторически изменения в церкви происходят невероятно медленно, сегодня вновь наступило время перемен. Христианство в том виде, в каком мы его знаем, нуждается в обновлении – ему нужна новая архитектура.

Апостол Павел называл себя «мудрым строителем». В греческом тексте здесь используется слово *архитектон*, от которого происходит слово *архитектор*. Апостол изображает Царство Божие как строение, владельцем которого является Бог, а Павел получил от Него апостольское поручение заложить основание, на котором затем будут строить другие. Он писал: «Я, по данной мне от Бога благодати, как мудрый строитель [*архитектон*], положил основание, а другой строит на нём; но каждый смотри, как строит. Ибо никто не может положить другого основания, кроме положенного, которое есть Иисус Христос» (1 Кор 3:10-11).

О заложенном им фундаменте Павел писал в Эфес ученикам Иисуса из язычников. Он говорил о том, что Бог избрал его с целью привести неевреев к вере в Иисуса, дабы вместе работать над строительством дома Божьего. Но им необходимо ясно понимать природу основания, на котором они строят. «Итак, вы уже не чужие и не пришельцы, но сограждане святым и свои Богу, быв утверждены на основании Апостолов и пророков, имея Самого Иисуса Христа краеугольным камнем, на котором всё здание, слагаясь стройно, возрастает в святой храм в Господе» (Еф 2:19-21).

Мы знаем, это было решением Самого Бога, чтобы Его Сын Иисус пришёл к нам из Израиля – народа, избранного быть Божьим примером для всех народов (Быт 12:3). В Его строении только Иисус является краеугольным камнем, и нет никого другого. Однако остальное основание, по словам Павла, составляют апостолы и пророки. Павел не имеет в виду тех, кого мы называем апостолами или пророками сегодня. Есть разница между *обычными* апостолами и пророками среди нас и *библейскими* апостолами и пророками.

Всё сегодняшнее апостольское и пророческое служение и его правомочность основаны и опираются на служение и откровения *библейских* пророков и первых апостолов – учеников Христа. Иисус – краеугольный камень, а библейские пророки и апостолы – это другие камни в фундаменте Божьего дома. Согласно Божьему замыслу, все эти помазанные лидеры, включая Самого Иисуса, принадлежат к одной этнической группе – народу Израиля. Это означает, что библейский Израиль является *цементом,* связующим в единое целое камни в основании всего дома Божьего.

Божье избрание Израиля не случайно, равно как и то, что после двух тысяч лет скитаний народ Израиля, пусть рассеянный и немногочисленный, вернулся на свою землю. Эти факты имеют глубокое значение для всего христианства. Согласно Библии, Израиль являет собой Божий пример

Его Царства как для евреев, так и для язычников. Мы рассмотрим эту истину более подробно в остальной части книги.

Согласно Новому Завету, различие между евреями (*Израилем*) и язычниками (*народами*) и Божий план соединения и тех, и других в «одном новом человеке» (Еф 2:15) – это стратегические вопросы в воплощении Божьего плана для всего мира. Поскольку мы христиане и ученики Библии, для нас очень важно отметить, что авторы текстов Нового Завета по-разному обращались в Писании к евреям и язычникам.

Ко времени рождения Иисуса в Израиле и написания Нового Завета, еврейская Библия уже была у этого народа более тысячи лет. Практически каждый ребёнок в Израиле вырос, слушая истории, записанные в Слове Божьем. Религиозные лидеры были деятелями национального масштаба, и на них смотрели как на экспертов в толковании Библии. С другой стороны, язычники две тысячи лет назад практически ничего не знали о Боге. Павел писал язычникам в Эфесе, что до того, как он принёс им Евангелие, они были духовно мертвы из-за своих преступлений и грехов (Еф 2:1).

Павел писал им: «Помните… что вы были в то время без Христа, отчуждены от общества Израильского, чужды заветов обетования, не имели надежды и были безбожники в мире» (Еф 2:12). Этим же язычникам Павел объяснил, что от них не требовалось стать евреями, чтобы обрести спасение и войти в Царство Божье. Это произошло не благодаря их усилиям или религиозным устремлениям, а по дарованной им Божьей благодати, которая принята ими верой в Иисуса, Божьего Мессию. Эти вдохновенные слова, безусловно, были радостной новостью для всех, кто не был евреем и только что вышел из духовной тьмы. Со времён Павла и до наших дней весть о том, что Иисус Христос умер за нас, грешников, был погребён и воскрес на третий день, чтобы мы, верующие в Него, могли получить прощение грехов и иметь жизнь вечную, была сердцевиной Евангелия, проповедуемого всем народам.

Однако это не всё, в чём состоит послание Нового Завета, особенно когда мы переосмысливаем его фрагменты, специально написанные для учеников Иисуса из среды еврейского народа. Как мы увидим позже, эти стихи указывают на особое значение авторитета Божьего закона, в противовес проповеди одной только благодати и милости Бога, предлагаемых нам через веру в Иисуса (Мф 5:17-19). Послания, адресованные в Новом Завете иудеям, столь же настойчиво утверждают, что без добрых дел невозможно иметь живую или спасительную веру (Иак 2:14, 17).

Это явно отличается от акцента на вере без добрых дел и благодати без Божьего закона, что столь характерно для некоторых частей протестантского мира сегодня. Библейское учение, не соответствующее Писанию, производит слабых и нестабильных учеников. Каждому христианину, который не питается всей Библией, недостаёт глубины и авторитетности в его вере. Библейски слабые христиане также могут стать лёгкой добычей религиозных манипуляторов, которые используют ресурсы Царства для укрепления репутации своих служений или для личной финансовой выгоды.

Сегодня, по прошествии почти двух тысяч лет истории христианства, мы, христиане из язычников, имеем под рукой целые библиотеки духовных книг. Щёлкнув мышкой, мы получаем доступ к богатству вековых дебатов, библейской критики и научных рассуждений, которые позволяют нам прояснить наше понимание Библии. Истина же в том, что сегодня мы больше похожи на евреев времён Иисуса, чем на библейски невежественных язычников древнего Эфеса и Коринфа. Тем не менее, мы вновь выделяем для себя стихи, с которыми Павел обращался к верующим из язычников во время своих первых миссионерских путешествий, и продолжаем игнорировать другие.

Наше поколение нуждается в свежем откровении библейской истины, которое восстанавливает Церковь до её первоначальных основ и обновляет её как властное проявление Царства Божьего. Основой церкви является Иисус – Живое Слово, вместе с вдохновенными словами библейских пророков и апостолов. Народ Израиля – это то, что соединяет камни основания и удерживает их вместе.

На этом основании стоят две массивные колонны, поддерживающие всю конструкцию в соответствии с Божьим планом. Первая из этих колонн – это закон и благодать, две великие, скреплённые воедино и уравновешивающие друг друга истины. Связь между законом и благодатью и их незыблемое единство придают библейской истине внутреннюю силу, подобную стальным стержням, находящимся под огромным давлением в опорах современных зданий из бетона. Вторая великая колонна возведена из веры и дел, двух истин, которые так же связаны и уравновешиваются друг другом.

На протяжении веков вся конструкция скрежещет от перекоса и остро нуждается в обслуживании и ремонте. Сегодняшней церкви требуется новая архитектура.

Вопросы для обсуждения:

1. Почему моя вера должна основываться на Библии?
2. Могу ли я определить некоторые области, в которых Церковь должна более соответствовать библейскому образцу?
3. Каким образом такие истины, как закон и благодать, могут породить сильную веру, если они, на первый взгляд, находятся на разных чашах весов, стремясь перевесить одна другую?

Молитва:

Господи, спасибо Тебе за то, что заложил вечные основания для моей жизни через слова Писания. Пожалуйста, помоги мне привести мою личную веру и мою ответственность в церкви в соответствие с Твоими вдохновенными словами.

Глава 13

Восстановление целостности Библии

На протяжении многих веков учёные разных специальностей, – археологи, историки и переводчики Библии, – проделали прекрасную работу по обнаружению, исследованию и сохранению древних текстов Писания, а также по выявлению культурного контекста их авторов. Благодаря современной библеистике нынешние переводы Библии стали гораздо ближе к оригинальным текстам, чем многие ранние версии. Библия повествует величайшую из когда-либо рассказанных в мире историю, и с течением времени переводы этого поразительного древнего документа становятся всё более точными!

Всё, что мы знаем о Боге, в конечном счёте пришло к нам из одной книги – Библии. Чтобы стать врачом, современный человек должен изучить небольшую библиотеку книг. После этого следуют годы экзаменов, стажировок и дополнительного обучения, прежде чем кто-либо сможет считаться квалифицированным специалистом для медицинской практики. Процесс получения квалификации юриста или судьи следует аналогичной схеме, но в нём используется другой набор книг, которые необходимо прочитать и освоить. А чтобы стать учеником Господа и вести других людей к вечной жизни, нужно изучить одну-единственную книгу – Библию: изучить, понять и следовать её указаниям.

Библия состоит из шестидесяти шести книг, которые в определённом смысле похожи на главы, написанные сорока разными авторами на протяжении нескольких тысяч лет. В английском переводе Библии меньше восьмисот тысяч слов. Среднестатистический человек читает около двухсот слов в минуту, а это значит, что для того, чтобы прочитать всю Библию за год, требуется немногим более десяти минут чтения в день. Нет никаких причин, которые препятствовали бы каждому верующему, желающему быть учеником Господа, иметь общее представление о том, что говорит вся Библия от начала до конца, то есть от Бытия до Откровения.

Сегодня большинство христиан обычно преуменьшают значение той части Библии, которую мы называем Ветхим Заветом. Именно в Ветхом Завете наиболее ясно описано Царство Божие как Его народ, от которого требуется социальная ответственность и юридическая подотчётность Богу. Даже само определение первой части Библии, как *Ветхий* Завет свидетельствует о некотором нашем пренебрежении к ней. Евреям эта часть Библии известна как *Танах*, что является аббревиатурой трёх еврейских слов, которые переводятся как «Закон, Пророки и Писания».

В большинстве современных христианских библейских школ и семинарий молодых служителей учат, что по-настоящему важной частью Библии является Новый Завет. Преобладающая часть сообществ по переводу Библии занимается только переводом Нового Завета на языки, на которые Библию никогда раньше не переводили. Христиан учат, что в Новом Завете есть всё необходимое, что нужно знать о спасении и практическом применении нашей веры. Вместе с тем говорят, что если в нём есть что-то неясное, в помощь дан прекрасный и вдохновенный справочник под названием Ветхий Завет.

На самом же деле всё обстоит ровно наоборот! Насколько велик объём той части Нового Завета в Библии, которой пользовался Иисус? В Своих учениях Он постоянно ссылался на еврейских Писаний и цитировал их. Он подтверждал богодухновенность и нерушимость Божьего Слова, сохранённого в еврейской Библии – Танахе, или Ветхом Завете. Он вырос в синагоге, где почитались Священные Писания и каждый год публично читались все пять книг Моисея и многих пророков. Еврейские Писания не только почитались как религиозная святыня, они составляли ядро повседневной культуры Израиля.

Какую Библию апостол Павел оставил своим ученикам, новообращённым из язычников в Малой Азии и Европе? Конечно же, Библия Павла не содержала ничего из Нового Завета. Когда Павел писал своему духовному сыну Тимофею: «Всё Писание богодухновенно и полезно для научения, для обличения, для исправления, для наставления в праведности, да будет совершен Божий человек, ко всякому доброму делу приготовлен» (2 Тим 3:16-17), Евангелия в том виде, в каком они известны нам, не были даже написаны, и Павел определённо не считал свои собственные послания *Писанием*! Говоря *«всё Писание»*, он явно имел в виду только Ветхий Завет.

Ближе к концу своей жизни Павел, находясь в заключении в Риме, беседовал с лидерами еврейской общины. Он «от утра до вечера излагал им учение о Царствии Божием, приводя свидетельства и удостоверяя их о Иисусе из закона Моисеева и пророков» (Деян 28:23).

Все апостолы, уполномоченные Богом стать авторами Нового Завета, были евреями. Единственным возможным исключением является Лука, автор Евангелия от Луки и Деяний, который мог быть из язычников. Все они имели глубокое понимание еврейских Писаний и часто цитировали их. В трудах Павла содержится так много еврейской Библии, что его Послание к Римлянам называют мессианским еврейским комментарием к Танаху.

Термин *Ветхий Завет* был введён в Европе в первые века христианства. В то время новозаветные писания проходили процесс канонизации, когда они отбирались, копировались и обретали авторитет богодухновенного Божьего Слова. Несмотря на то, что прошло уже много веков, мы никогда не должны забывать, что авторы Нового Завета были избранными Богом евреями, которые понимали откровение Иисуса в контексте того, что Бог уже открыл ранее в еврейских Писаниях.

Ветхий и Новый Заветы сплетены воедино неразрывными нитями истины. Все авторы Нового Завета знали и уважали еврейские Писания как вдохновенное и непогрешимое Слово Божье. Они были призваны и одарены Богом, чтобы записывать Его слова под водительством того же Святого Духа, который вдохновлял и еврейских пророков. Таким образом, Ветхий и Новый Заветы представляют собой единое непрерывающееся откровение, исходящее от единого Бога с единым планом и целью для всего человечества.

В своей книге «Восстановление единства Библии: одна

непрерывная история, план и цель» д-р Уолтер Кайзер-младший (бывший президент теологической семинарии Гордон-Конуэлл) пишет: «Уникальность непостижимого единства послания при столь очевидном его разнообразии, послания, складывавшегося на протяжении многих столетий и состоящего из шестидесяти шести произведений, сорока разных авторов, написанных на трёх языках и на трёх континентах, просто ошеломляет. Этому не найти иного объяснения, как только признать утверждения самих авторов о том, что в их произведениях присутствует сверхъестественный аспект, направлявший их разум. Если за созданием всех этих посланий стоял Бог, тогда единство Писания является результатом следования Его плану, а гармония библейских текстов в точности отражает то, что Он пожелал и замыслил».

Поскольку мы делим Библию на Ветхий и Новый Заветы, и при этом приуменьшаем значение первой части, большинство христиан не знают о библейской связи между Израилем как избранным Богом народом и Царством Божьим в том виде, в каком оно представлено в Новом Завете. Одним из результатов этого стало «одухотворение» Царства Божьего и чрезмерное акцентирование внимания на потустороннем мире как части нашей христианской веры. Например, при таком подходе «Земля обетованная» становится *небом*, а правление Бога понимается как некий религиозный опыт. Один из стихов, который используется для «одухотворения» Царства Божьего, это заявление Иисуса Пилату: «Царство Моё не от мира сего» (Ин 18:36). При «одухотворённом» понимании этот стих подразумевает, что Царству Иисуса не суждено стать земной реальностью.

Но это неверное истолкование того, что сказал Иисус.

Дискуссия с Пилатом касалась судейской власти. Оба они знали, что власть Пилата исходит из Рима, Иисус же утверждал, что Его власть дана Ему с небес. Пилат рассудил, что римская власть не распространяется на Царство Небесное, и потому сказал: «Я не нахожу в Нём вины» (Ин 18:38). Как видим, Иисус вовсе *не* имел в виду, что Его Царство должно быть лишено земного влияния.

Библейский Израиль показывает нам, что поклонение Богу тесно связано и с нашей семейной жизнью, и с нашей повседневной работой.

Результатом «одухотворения» Царства Божьего стало то, что христиане склонны рассматривать преобразование общества и формирование культурных ценностей как незапланированный, побочный продукт религиозной деятельности, а не как результат целенаправленной работы Бога через Своих учеников. Если у церквей не будет мощного видения Царства Божьего, влияющего на всё общество, они превратятся в субкультуру на задворках общества.

Христиане не должны пытаться доминировать над неверующим обществом или контролировать его средствами политического влияния. Они также не должны никому навязывать свою систему религиозных обрядов. Вместе с тем, библейская модель Израиля как примера Божьего Царства даёт нам описание единой нации и всей совокупности её культуры как руководимой и ведóмой Богом.

Царство Божье – это функционально здоровое общество, изобилующее справедливостью и милосердием, с живым «сердцем» веры, которое служит для обновления и оснащения других его частей. Царство Божье расширяется благодаря благочестивому влиянию и примеру, не за счёт доминирования в культурных дискуссиях, а за счёт восстановления и роста тех, кто сокрушился под давлением могущественных людей и событий, находящихся вне их контроля.

Библейский Израиль показывает нам, что поклонение Богу тесно связано и с нашей семейной жизнью, и с нашей повседневной работой. Божьи заповеди и Его праздники в течение года были сосредоточены на том, как народ Израиля зарабатывал на жизнь и обращался с окружающими. Сегодня бóльшая часть нашей церковной деятельности сосредоточена вокруг различных массовых видов активности: молитвенных собраний, встреч домашних ячеек, церковных служб, конференций, евангелизационных проектов и т.д. Мы склонны отождествлять эти собрания с процессом распространения Царства Божьего, а количество людей, которые приходят на эти встречи, определяет для нас степень нашего успеха. Общий результат такой сосредоточенности на собраниях – это христианство, которое знает, как собирать людей вместе, но не знает, как снаряжать и направлять их на служение в окружающий их мир и культуру. А это формирует и поощряет в верующих отношение сторонних наблюдателей.

Восстанавливая единство всей Библии, мы видим, что Евангелие Царства производит свободу, справедливость, креативность и лучшее общество для всех. Когда эта истина претворяется в жизнь людьми веры в широком спектре различных призваний, стремление к любви и следованию за Богом может охватить культуру всего социума.

Вопросы для обсуждения:

1. Прочитал ли я все книги Библии за последние год или два?
2. Есть ли у меня вопросы о том, как Ветхий Завет сочетается с Новым Заветом?
3. Почему Библию следует рассматривать как одну книгу со многими главами и авторами?

Молитва:

Господи, пожалуйста, помоги мне увидеть всю Библию как одно непрерывное откровение, пришедшее непосредственно от Тебя. Открой мне глаза на богодухновенность *всех* слов Библии.

Дополнительное примечание:

Я настоятельно рекомендую ежегодно прочитывать всю Библию. Существует множество хороших ресурсов, которые помогают прочитать как Ветхий, так и Новый Завет за один год, предоставляя нам подборку коротких отрывков для ежедневного чтения. Существует также множество отличных онлайн-ресурсов, как платных, так и бесплатных, с ежедневными чтениями на основе Библии.

Глава 14

Толкование Библии

Почти вся Библия была написана людьми, не имевшими специального академического образования в сфере написания священной литературы. Её авторы были, по большей части, обычными людьми, которых Бог вдохновил записать то, что они приняли по вере и что испытали как истину в своей жизни. Как и у авторов библейских текстов, у нас также есть доступ к тому же Духу, который вдохновил их. Поэтому первый шаг в толковании написанного ими – это молиться! Попросите Святого Духа пробудить ваш разум и обратиться к вашему сердцу через слова Писания. После этого внимательно прочитайте текст, обращая внимание на каждое слово.

Библия не была результатом труда экспертов и предназначена для понимания обычными людьми. И все же, есть несколько простых рекомендаций, которые нам в этом помочь. Если мы будем придерживаться этих принципов и на практике развивать свои навыки толкования, почти вся Библия станет понятной, а её тайны начнут раскрываться для нас. Вот пять самых важных правил, которым нужно следовать:

1. Когда слова Библии имеют ясный смысл, не ищите другого, скрытого значения. Убедитесь, что вы понимаете значение слов, которые читаете. Если же понимание каких-то слов вызывает затруднение, воспользуйтесь доступными инструментами для изучения, включая Интернет.

2. Контекст – это «король» толкования. Это означает, что каждый стих не был написан отдельно, сам по себе, а является частью общей мысли, молитвы, учения, исторического события или пророчества, которые автор получил свыше или пережил. Иногда Святой Дух может придать отдельному стиху особое значение для вас, но при изучении Библии исходное значение этого стиха можно обнаружить в контексте предшествующих ему и следующих за ним стихов. Научитесь читать Библию абзацами и предложениями и постарайтесь понять всю мысль, которую передаёт автор.

3. Позвольте Библии истолковывать Библию. Все христиане должны непременно ознакомиться со всем текстом Библии! Нередко, когда у нас возникают вопросы о значении определённого слова, стиха или мысли в Писании, достаточно просто прочитать другие места Библии на ту же тему или с теми же непонятными нам словами, и это поможет нам выяснить, что означают вызвавшие у нас вопросы слово, стих или мысль. Важно обращаться к полноте библейского послания, так как ключевые темы часто повторяются и описываются у разных авторов несколько по-иному или с другой точки зрения.

4. Используйте пытливость своего ума. Библия – это окно в вечное Царство Божье. Она не показывает нам всё, что

возможно знать, но её более чем достаточно, чтобы вести нас по жизненному пути. Иисус много учил и совершил множество чудес, но лишь некоторые из них описаны в Новом Завете. Он служил людям несчётное количество раз, но у нас есть записи только о некоторых из этих случаев. Подобно работе по редактированию и собиранию отдельных сцен в единый фильм, нам нужно воспринимать Писание как собрание отдельных эпизодов с единой сюжетной нитью.

5. Обсуждайте с другими людьми свои идеи относительно значения библейских стихов. Воспользуйтесь возможностью провести библейский урок, если вам такое предложат. Для этого вам *придётся* исследовать слова библейских авторов, и часто это оказывается наилучшим способом учиться и развивать собственные навыки толкования.

Когда вы дойдёте до апостольских посланий, составляющих примерно половину Нового Завета, попробуйте воспринимать послания Павла как неполные, «перехваченные» сообщения. Мы не знаем всех людей, которым он писал, и не знаем абсолютно точно, какой была их жизнь или с какими проблемами они сталкивались. Однако, используя имеющиеся у нас знания, можно составить вполне достоверную картину исторического фона тех лет. Такая реконструкция жизненно важна для понимания смысла самих стихов.

Очень важно использовать стихи из посланий Павла для разработки доктринальных правил для общин верующих. Однако правильное учение не является конечной целью. Доктрина помогает нам узнать, как *жить* полноценной жизнью веры, но не менее важны и наши личные ценности и причины, побуждающие нас жить для Бога. Такие сердечные побуждения видны в жизни людей, донёсших до нас слова Писания.

Чтобы улучшить своё понимание Библии, научитесь использовать несколько важных инструментов. Прежде всего, начните с хорошего дословного современного перевода Библии. Сегодня в продаже доступно множество версий Библии. Почти все в той или иной степени полезны, но не все равноценны! Некоторые из них представляют собой лишь новые издания ранних переводов столетней давности, другие – это пересказы Библии, другие отражают понимание конкретного служителя, церкви или деноминации о том, что говорит Библия.

Доктрина помогает нам узнать, как жить полноценной жизнью веры, но не менее важны и наши личные ценности и причины, побуждающие нас жить для Бога.

Точный, полный перевод Библии – самый полезный инструмент ученика! Хотя нам достаточно легко его купить, хороший перевод Библии очень ценен, а на его создание уходят годы. Каждый новый перевод требует тесного сотрудничества многочисленных групп квалифицированных лингвистов и учёных, использования самых последних исследований библеистики, а также прямого обращения к древним языкам библейских текстов. Цель всех этих усилий состоит в том, чтобы создать современный текст, максимально приближенный к оригиналу.

Некоторые современные переводы на английский язык, такие как New International Version (NIV) – это переводы продуманные: люди, работающие над ними, читают отрывок на языке оригинала и подбирают наилучший эквивалент перевода на английском языке. Это делает Библию более удобочитаемой, но мысли и толкования самих переводчиков неизбежно проникают в текст и смешиваются с ним. Дословный перевод пытается уловить исходное значение каждого слова, а затем собрать эти слова в связные предложения. На мой взгляд, лучшие современные дословные переводы на английский язык – это Новая американская стандартная Библия (NASB) и Новая версия короля Иакова (NKJV).

Но не стоит забывать – идеальных переводов не бывает, и всегда нужно помнить, что и авторы Писания, и библейские персонажи не говорили ни по-английски, ни по-русски! Хотя все самые древние тексты Нового Завета, которые у нас есть, написаны на греческом языке, мы знаем, что Иисус и Его ученики не разговаривали друг с другом по-гречески. На протяжении веков многие учёные утверждали, что Иисус и Его ученики говорили на семитском языке, называемом арамейским, но молились и изучали Писание на иврите. Однако в последнее время появляется всё больше свидетельств того, что именно иврит был повседневным языком Иисуса и Его учеников. Несмотря на стоящие перед нами языковые барьеры, некоторые из имеющихся сегодня переводов Библии удивительно точны. Тем не менее, для каждого ученика по-прежнему важно знать, как использовать библейскую Симфонию.

Симфония, или Симфония с номерами Стронга, – это книга, в которой все слова русского перевода в Библии собраны в алфавитном порядке и связаны с исходным словом в библейском тексте и его словарным определением. В наши дни эта информация также легко доступна в Интернете или как часть хорошего библейского приложения для вашего смартфона, компьютера или планшета.

Если у вас есть вопрос о значении какого-либо слова в Библии, с помощью Симфонии вы можете узнать, какое слово употреблено в Библии и самостоятельно провести быстрое исследование! В некоторых электронных библейских приложениях вам нужно просто прикоснуться к слову на экране, и вы мгновенно получите словарное определение исходного греческого или ивритского слова на русском языке.

Если вы научитесь пользоваться этими основными инструментами и правилами толкования, через некоторое время ваша способность читать Библию и понимать её возрастёт. Вы начнёте питать себя духовно и станете менее зависимыми от точки зрения других людей. Уверенность же в знании того, что говорит Библия, будет способствовать вашей вере и зрелости в Господе. «Дабы мы не были более младенцами, колеблющимися и увлекающимися всяким ветром учения, по лукавству человеков, по хитрому искусству обольщения, но истинною любовью всё возвращали в Того, Который есть глава Христос» (Еф 4:14-15).

Обращайтесь к максимально доступному вам числу комментариев, обучающих книг и статей других людей в качестве *последнего* шага истолкования, а не первого. Сначала сформулируете своё мнение о том, что означает тот или иной отрывок из Библии, и лишь затем прочитайте работы других и сравните их выводы со своими. Будьте готовы принимать исправления и учиться. Некоторые люди посвятили изучению Библию долгие годы, раскрывали исторические факты, составляли временны́е графики событий и разбирались с кажущимися противоречиями. Смотрите видеоролики заслуживающих доверия учителей Библии и проповедников в Интернете. Вы не обязательно согласитесь со всеми, но у некоторых учителей наверняка встретите глубокое и проницательное понимание Писания, которое поможет вам идти вперёд. Постепенно у вас появится уверенность в выводах, которые вы делаете. Эти выводы, в свою очередь, перерастают в убеждения, и именно так будет расти ваша вера.

Вопросы для обсуждения:

1. Почему каждому христианину важно правильно толковать Библию?
2. Почему я должен молиться, прежде чем пытаться понять Божье Слово?
3. Насколько мне легко понять исходный смысл стиха и использовать Симфонию?

Молитва:

Господи, спасибо Тебе за доступные инструменты для толкования Библии. Пожалуйста, дай мне уверенность, что при чтении Библии моя вера будет возрастать и я смогу понимать смысл сказанных Тобой слов.

Дополнительное примечание:

Цифровые инструменты для изучения Библии с каждым годом становятся всё более многочисленными и полезными. Многие из них доступны бесплатно в Интернете или могут быть приобретены и загружены по разумным ценам. Некоторые из таких инструментов, которые я считаю наиболее полезными, перечислены в справочном материале к этой главе в конце книги.

Глава 15

Израиль и Царство Бога

Большинство библейских учёных согласны с тем, что Царство Божье было центральной темой в учении Иисуса. Согласно Матфею, Он начал Своё служение с провозглашения: «Покайтесь, ибо приблизилось Царство Небесное» (Мф 4:17). Матфей записал, что «ходил Иисус по всей Галилее, уча в синагогах их и проповедуя Евангелие Царствия, и исцеляя всякую болезнь и всякую немощь в людях» (Мф 4:23). Предполагаемой аудиторией Матфея были в основном евреи, поэтому он часто использовал термин *Царство Небесное* вместо *Царство Божие*, хотя они означают одно и то же. Делал он это потому, что религиозные евреи, – как тогда, так и по сей день, – стремятся почитать Бога, освящая и защищая Его имя от употребления в ежедневном обиходе.

Иисус продолжил провозглашение Божьего Царства, когда повелел Своим ученикам молиться о приходе Царства. В великой Нагорной проповеди Он сказал: «Молитесь же так:

Отче наш, сущий на небесах! да святится имя Твоё; да при дет Царствие Твое, да будет воля Твоя и на земле, как на небе» (Мф 6:9-10). В какой-то момент Он подчеркнул приоритет Божьего Царства для Своих учеников, подчеркнув, что ценность Царства превосходит любую другую земную награду: «Ищите же прежде Царства Божия и правды Его, и это всё приложится вам» (Мф 6:33).

Если мы верим, что Царство Божье начинается со служения Иисуса, то это сравнимо с приходом в кинотеатр на середине длинного фильма или погружением в телесериал после нескольких первых эпизодов.

Метод обучения Иисуса включал частое использование притчей. Притчи – это истории, взятые из жизненного опыта, который был близок слушателям Иисуса; эти истории были призваны проиллюстрировать истину о Божьем Царстве. Многие из Его притчей начинались с одних и тех же слов: «Царство Небесное подобно…», за которыми следовала иллюстрация. В тринадцатой главе Матфея содержится шесть таких притчей, и все они начинаются с этих слов. В целом словосочетание *Царство Небесное* встречается в Новом Завете тридцать два раза, а *Царство Божье* – шестьдесят шесть раз.

По причине такого количества свидетельств Писания, указывающих на центральное место Царства Божьего в учении Иисуса, многие христиане верят, что библейское учение на эту тему начинается в Новом Завете. В конце концов,

Иисус – Царь Царства и Он провозгласил, что оно «близко». Почему бы нам не верить, что всё начинается с Него?

Если мы верим, что Царство Божье начинается со служения Иисуса, то это сравнимо с приходом в кинотеатр на середине длинного фильма или погружением в телесериал после нескольких первых эпизодов. Если вы начнёте следить за историей со второй половины, то в конечном итоге узнаете, чем она завершится. Если быть внимательным, не трудно определить, кто главные герои. Но вы так и не узнаете, *почему* история заканчивается именно так. Вам также трудно будет понять характер и мотивацию людей, с которыми вы столкнётесь во второй половине истории. Всё это объясняется в начале. Так и с Царством Божьим. Оно начинается не с Иисуса в Новом Завете, а гораздо раньше, в Ветхом Завете, с истории народа, называемого Израилем.

Когда Бог пожелал, создать пример Его Царства на Земле, Он не стал переделывать один из существовавших на тот момент народов – Он создал новый народ, начав с одного человека. Бог увидел в Аврааме посвящённого, честного и послушного мужа веры. Авраам обладал теми качествами характера, которые позволили ему стать другом Бога. Господь призвал его отделиться, удалиться от собственных этнических корней, а затем дал ему обетования. Эти обетования включали в себя и то, что Авраам станет родоначальником «великого народа» (Быт 12:2).

Позже Бог заключил завет с Авраамом и пообещал его «семени», этой новой этнической группе, конкретную землю с конкретными границами (Быт 15:18-21). Бог также сказал Аврааму, что избрал его для более высокой цели. Вечное намерение Бога, открытое вначале народу Израиля, всегда заключалось в том, чтобы этот новый народ был Его средством благословения для всех людей мира.

До того как наступили столетия египетского плена, народ Израиля был сплочённой семейной группой, возглавляемой избранными Богом патриархами: сначала Авраамом, затем – его сыном Исааком, а после него Иаковом, чьё имя было изменено на Израиль. Один из сыновей Иакова, Иосиф, в качестве высокопоставленного египетского чиновника пригласил всю семью в Египет, чтобы спасти её от голода. Как сказано в Бытие 46:26-27, на тот момент она насчитывала семьдесят человек. Когда они пришли в Египет, народ Израиля был просто разросшейся семьёй с большим обетованием от Бога. Земля Ханаана была дана Богом их отцам, Аврааму, Исааку и Иакову, но это обещание так и не было реализовано при жизни патриархов.

После смерти Иосифа и благоволившего к нему фараона народ Израиля был порабощён египтянами примерно на четыреста лет. Будучи рабами, потомки Авраама превратились в национальную группу, разделённую на двенадцать колен по числу сыновей Иакова. Во время исхода израильтяне насчитывали уже около шестисот тысяч мужчин призывного возраста (Исх 12:37). Если же считать женщин, детей и стариков, то общая численность могла доходить до трёх или четырёх миллионов человек.

Каждый год в Египте по берегам могучей реки Нил сезон дождей с наводнениями приносил на поля новую плодородную почву. Каждый год египтяне выращивали урожай на воде из Нила и черпали из него воду для питья. Обилие воды было для них нормой.

Как только народ Израиля пересёк Красное море, он оказался в Синайской пустыне, одном из самых жарких и засушливых мест на земле! Любой, кто был там в летние месяцы, подтвердит, что просто возможность находиться в тени в течение дня становится иногда вопросом жизни и смерти. Израильтяне оказались в безнадёжном положении. Более того, на тот момент они никогда не владели своей землёй и никогда не управляли собой. Раньше они никогда не были нацией.

Теперь, после выхода из Египта, народ Израиля в пустыне был полностью дезорганизован. На протяжении веков они были рабами и не имели ни национальной инфраструктуры, ни национального самосознания. Народ без правительства, правовой системы, установленной религии или национальной культуры. Их, несомненно, можно было квалифицировать как недееспособных с точки зрения государственности.

Однако именно в это время и в этой пустыне Бог встретил их. После избавления из Египетского рабства под руководством пророка Моисея Бог заключил Свой завет с народом Израиля. Благодаря этому завету они впервые стали единым *народом*, а Бог стал их *Царём*. Таким образом, Израиль изображается в Библии как прототип – ранний, но Самим Богом сформированный образ Царства Божьего на земле. Вот что Бог сказал народу Израиля через Моисея: «Итак, если вы будете слушаться гласа Моего и соблюдать завет Мой, то будете Моим уделом из всех народов, ибо Моя вся земля, а вы будете у Меня царством священников и народом святым; вот слова, которые ты скажешь сынам Израилевым» (Исх 19:5-6).

Многие думают, что царём Израиля был Моисей, но это не так. Он был призван стать Божьим пророком, слугой Господа. Бог сказал: «Вы будете *у Меня* царством священников и народом святым». Сам Бог стал Царём Израиля, и там, в пустыне, Он впервые начал формировать единую нацию из большой семьи потомков Авраама, Исаака и Иакова, разделенных на двенадцать обособленных колен. Стать Божьим царством священников означало, что роль Израиля как нации заключалась в том, чтобы служить всем другим народам и быть им примером.

Когда некоторые современные христиане читают про «царство священников», они думают, что Израиль был избран как полностью религиозная нация. Это не может быть правдой уже потому, что позже Бог избрал лишь одно из двенадцати колен для выполнения конкретной религиозной функции. Только люди из колена Левия были «профессиональными священниками». Но что же тогда имел в виду Бог, называя Израиль «царством священников»?

Функция священников состоит в том, чтобы предстоять перед Богом от имени народа, а также предстоять перед людьми от имени Бога. Только священники занимают эту «срединную» позицию между Богом и человеком. Бог ожидает, что они будут духовными образцами, или примерами, для остального народа. Такое общественное устройство отражает призвание всего Израиля как царства священников, где израильтяне должны были занять золотую середину в качестве избранного Богом народа-примера.

Бог как бы сказал: «Я буду работать *с вами*, Мои избранные люди, а весь остальной мир должен смотреть и учиться!» Является ли это фаворитизмом? Позвольте мне ответить на это примером. Когда я родился, моей сестре было уже почти четыре года. Она была моей старшей сестрой с самого моего рождения, и сегодня, спустя столько лет, она всё ещё моя старшая сестра. Я пробовал всё, что только мог придумать, но так и не догнал её по возрасту! Когда мы были маленькими детьми, я научился никогда не делать некоторые вещи, просто наблюдая, как моя сестра общается с нашими родителями. В некотором смысле, её воспитывали строже, чем меня. Я полагаю, это вполне естественно. Когда родители замечали наше озорство и шалости, мама с папой говорили моей сестре: «Ты должна была давно это усвоить!» Иногда на меня даже не обращали внимания, надеясь, что я буду смотреть на неё и учиться на её примере.

В Божьей семье народов у Него много, очень много разных детей, и всех нас Он любит одной и той же вечной любовью. На самом деле, только отец или мать могут полностью понять это. Независимо от того, являются ли их дети нежными и милыми или независимыми и трудными, большинство родителей глубоко любят всех своих детей. Это просто отражение Божьей любви.

В Божьей семье Отец любит всех людей и все народы, потому что создал каждого по Своему образу. Однако в этой семье есть лишь один народ-первенец, и это Израиль. История подтверждает, что во многих отношениях Израиль получил более строгое воспитание, чем остальные народы. Они были избраны как пример, образец Божьего Царства, и остаются этим образцом: в послушании – как славный пример благословения, а в непослушании – как символ печали и наказания. Все народы призваны чтить и уважать Израиль, узнавая о Божьем Царстве от него.

Имя *Израиля* упоминается в Библии более 2300 раз, в то время как большинство нынешних наций и народов не встречаются в Библии ни разу. Мои предки из Японии, и эта нация вообще не упоминается в Библии. Японцы люди чести, у них развитая и красивая культура. Почему же они не избранные? Я внимательно проверял Писание и не нашёл их следов. Раньше меня это немного расстраивало! Но всякий раз, когда я молился об этом, Бог, казалось, говорил мне что-то вроде: «Прекращай, Питер, тебе просто нужно перерасти это. Я выбрал один народ – Израиль, как пример Моего Царства, и каждый, кто хочет войти и учиться, должен принять Мой выбор».

В некотором смысле это похоже на избрание Богом Своего Сына Иисуса как пути искупления для каждого человека. Если мы согласимся с Божьи выбором и примем Иисуса Господом, мы спасены! Иисус – избранный Богом пример для каждого человека, а Израиль – Божий пример Его Царства для каждого общества, культуры и народа.

Бог стал царём Израиля в пустыне после исхода, когда они были недееспособны и не имели опыта управлсния собой. Это было сделано целенаправленно, чтобы дать надежду любому современному обществу, каким бы неблагополучным оно ни было, что Божье правление может превратить даже толпу бывших рабов в поистине великий народ.

Вопросы для обсуждения:

1. Если Моисей не был царём Израиля, кто стал его царём и повёл народ через пустыню?
2. Могу ли я увидеть связь между Царством Божьим, которое проповедует Иисус, и библейским Израилем?
3. Почему Бог использует человеческие примеры, такие как Иисус и Израиль, чтобы открыть нам Свои намерения?

Молитва:

Господи, даруй мне откровение увидеть, что народ Израиля был создан, чтобы стать Твоим образом и Твоим примером Царства Божьего. Помоги мне связать Израиль в Библии с Евангелием Царства, которое проповедовал Иисус.

Глава 16

Царство Бога отвергнуто

В течение почти четырёхсот лет после вступления в обещанную Богом землю Израилем руководили судьи, а затем пророк Самуил. За это время народ Израиля укоренился в своей земле и начал завидовать окружающим его народам. Возможно, им было стыдно не иметь столицы, царского дворца, почётного караула и царя из людей, чтобы производить впечатление на иностранных гостей. Они, должно быть, задавались вопросом: «Почему мы должны так отличаться от всех остальных? Другие народы имеют физического верховного лидера или, по крайней мере, изображение бога в своих храмах, а наш Бог и Царь невидим!».

Согласно Библии, народ Израиля пожаловался Самуилу и потребовал, чтобы он попросил Бога дать им царя-человека. Стремясь быть похожим на другие народы, Израиль отверг Бога как своего Царя и, следовательно, отверг Царство Божье. «И не понравилось слово сие Самуилу, когда они сказали: дай нам царя, чтобы он судил нас. И молился Самуил Господу. И сказал Господь Самуилу: послушай голоса народа во всём, что они говорят тебе; ибо не тебя они отвергли, но отвергли Меня, чтоб Я не царствовал над ними» (1 Цар 8:6-7).

Коронация царя-человека в качестве единственного и суверенного правителя Израиля никогда не входила в Божьи цели. По Его замыслу, земные цари должны были править от Его имени. В последующие годы многие царствовали над Божьим народом, но только один из них был известен как действительно великий царь. Давид, сын Иессея, превосходил всех других царей, потому что считал себя маленьким царём по сравнению с Богом, который для него всегда был Великим Царём. В псалмах Давид неоднократно называл Бога своим Царём и считал себя подвластным Божьим законам. Когда воины Давида пробивались в осаждённый филистимлянами Вифлеем, чтобы напоить его водой из колодца, который он знал с детства, Давид вылил воду на землю как приношение Господу и заявил, что Бог – единственный, кто достоин такой жертвы от его людей, рисковавших жизнью (2 Цар 23:16-17). Давида называли мужем «по сердцу Божьему». К сожалению, после Давида народом Израиля всё чаще правили цари, которые уводили его от поклонения истинному Богу и от повиновения Его законам. Сын Давида Соломон в конце жизни уклонился от следования за Господом, и

Коронация царя-человека в качестве единственного и суверенного правителя Израиля никогда не входила в Божьи цели.

после него царство было разделено междоусобной войной – десять колен на севере и только два на юге.

В северном царстве, называемом Израилем, никогда не было ни одного хорошего царя. Один нечестивый царь сменял другого, и идолопоклонство, коррупция, политические интриги и убийства приняли угрожающие размеры. В 722 г. до н. э. ослабевшее северное царство было завоёвано ассирийцами, а народ Израиля уведён в плен.

В южном царстве, известном как Иудея, было несколько хороших царей, активно стремившихся к реформам, но было и много плохих. В конечном итоге в 586 г. до н.э. Иудею захватили вавилоняне. Израиль, избранный Богом народ и образец Его царства на земле, был уничтожен, а люди взяты в плен. Всё это произошло из-за того, что земные цари оказались не способными управлять народом в соответствии с Божьим планом и Его законом.

Гнев и печаль Бога из-за бедственного положения Его народа Израиля слышны в словах пророка Иезекииля, который пророчествовал из плена в Вавилоне. «И что приходит вам на ум, совсем не сбудется. Вы говорите: ‘будем, как язычники, как племена иноземные, служить дереву и камню’. Живу Я, говорит Господь Бог: рукою крепкою, и мышцею простёртою, и излиянием ярости буду господствовать над вами. И выведу вас из народов и из стран, по которым вы рассеяны, и соберу вас рукою крепкою, и мышцею простёртою, и излиянием ярости» (Иез 20:32-34).

На семьдесят лет прообраз Божьего Царства на земле перестал существовать. Затем остаток южных колен вернулся в землю Израиля под руководством Неемии и Ездры. Были восстановлены стены Иерусалима и реконструирован небольшой храм. Это не было триумфальным возвращением.

Вернулись лишь немногие из выживших обитателей южного царства. Некоторые пожилые люди, помнившие славу прежнего храма, плакали от разочарования, увидев основание нового (Езд 3:12).

В последующие годы народ Израиля уже никогда не был полностью свободным. Еврейским народом правили персы, а затем греки. На короткое время при хасмонейских царях после восстания под предводительством Иуды Маккавея возникло небольшое независимое еврейское царство. Это длилось всего около века, а затем римляне завоевали его и начали господствовать в регионе. Израиль был незначительной нацией, находящейся под пятой могущественных империй, которые евреи считали языческими.

В течение столетий, разделивших эпохи Ветхого и Нового Заветов, народ Израиля надеялся вновь пережить Божье посещение, как это было в ранние периоды его истории. Вероятно, многие верующие люди в Израиле в это время молились Богу и раскаялись в решении своих предков следовать за земными царями.

Именно в этот момент духовного, политического и культурного упадка раздался голос, вопиющий в пустыне: «Приготовьте путь Господу!». Иоанн Креститель пришёл возвестить о приходе кого-то более великого, чем он сам. Затем явился Иисус в силе Святого Духа, проповедуя: «Покайтесь, ибо приблизилось Царствие Божие!» и уча принципам этого Царства. Его служение сопровождалось невиданными ранее чудесами, и многие в Израиле приветствовали Его как великого пророка, возможного избавителя, а некоторые – как Мессию.

И вот с этого момента большинство сегодняшних христиан начинает «смотреть фильм»! Конечно, народ Израиля знал, что они были избранным Богом царством. Они также знали, что решение выбрать себе царя из людей вместо Бога было плохим и греховным решением. И когда Иисус явился с такой невиданной чудотворной силой и провозгласил близость Царства Божьего, люди решили сделать Царём Его.

Вопросы для обсуждения:

1. Почему для Израиля было грехом требовать себе царя из людей?
2. Что произошло с Израилем после того, как он отверг Бога как Царя?
3. Почему для меня как для христианина важно понимание Царства Божьего?

Молитва:

Господи, вложи в меня сердце, которое любит Твоё водительство. Сделай меня человеком, который всегда будет ставить Твоё Царство на первое место.

Глава 17

Последний вопрос учеников

Представьте, что вам дали пять минут наедине с Самим Господом. Невероятная привилегия! А что если вы еще и сможете задать Ему один-единственный вопрос? О чём бы вы спросили у Него? Наверняка, это должно быть что-то очень важное! Именно такой вопрос раскрывает для нас, как понимали место и роль Божьего Царства ученики Христа. Вот что они спросили у Иисуса в последние пять минут перед Его вознесением на небо: «Посему они, сойдясь, спрашивали Его, говоря: Не в сие ли время, Господи, восстановляешь Ты царство Израилю?» (Деян 1:6). Ученики хотели знать, когда Он собирается восстановить Царство Божие, то есть, вернуть Божье правление их народу.

На протяжении веков христианские учёные недоумевали, почему ученики задали Господу такой странный вопрос. Разве они не поняли к тому времени, что Божие Царство духовное, а не земное, что оно предназначено для всех народов, а не только для них? А может, они просто были плотскими националистами или вовсе ни о чём не думали в этот момент?

Но причина, по которой нам сложно понять важность этого вопроса, заключается в том, что мы пришли в «кино» поздно, намного позже начала истории. Божье Царство всегда заключалось в установлении Его правления на земле. Более того, после исхода из Египта Израиль, – в послушании излучающий сияние Божьей слава, а в непослушании достойный жалости, – всегда был Божьим примером Его целеустремлённого и законного правления над каждой сферой жизни общества и его культуры.

Отвечая Своим ученикам, Иисус сказал: «Не ваше дело знать времена или сроки, которые Отец положил в Своей власти, но вы примете силу, когда сойдёт на вас Дух Святой; и будете Мне свидетелями в Иерусалиме и во всей Иудее и Самарии и даже до края земли» (Деян 1:7-8). Он *не отрицал*, что Царство Божье будет восстановлено в Израиле, но намеренно не сказал, *когда* именно это произойдёт. Иисус знал, что Его ученики ожидали немедленного прихода Божьего Царства (Лк 19:11). Если бы Он сказал, что это займёт более двух тысяч лет, они наверняка были бы сбиты с толку и обескуражены! Вместо этого Иисус направил их внимание на силу Святого Духа, Который сделает их Его свидетелями не только в Израиле, но и во всём мире.

Жан Кальвин был одним из самых блестящих и влиятельных богословов протестантской Реформации. Он родился более пятисот лет назад во Франции, и его проповеди и сочинения составляют основу сегодняшнего реформатского, пресвитерианского и конгрегационалистского[4] богословия.

---

[4] Конгрегационализм – форма организации и управления церковью по принципу независимости каждой поместной общины (конгрегации) от светских или церковных властей.

В своём комментарии к первой главе Деяний Кальвин исследовал последний вопрос, заданный Иисусу Его учениками («Господи, не в это ли время Ты восстанавливаешь царство Израилю?»), и пришёл к следующему заключению: «В этом вопросе столько же ошибок, сколько и слов». По мнению Кальвина, ученики были глупы, невежественны и плохо знали учение Библии, ведь они жаждали земного царства, которым Бог будет править среди их собственного народа. Он писал: «И в этом они сильно заблуждаются, ограничивая Царство Христово плотским Израилем».

Секундочку! Разве Иисус не учил всех нас молиться о том, чтобы Его Царство пришло *на землю* в том же виде, как оно существует на небе? Сегодня, когда Бог вернул народ Израиля в его землю и повсеместно восстанавливает Благую весть о Своём Царстве для еврейского народа, мы можем видеть, что ученики были мудры, а никак не глупы в том вопросе, который они задали своему Учителю.

Отложив эту тему на время, давайте рассмотрим отношение, которое стоит за заявлениями Кальвина о первых еврейских апостолах Христа. Кальвин жил спустя полторы тысячи лет после того, как они ходили по земле Израиля с Иисусом, и считал их невеждами в знании о Божьем Царстве. В течение трёх лет эти люди просыпались каждое утро и смотрели в лицо Бога во плоти! Они были избранными учениками Сына Божьего.

Среди учеников, задавших Иисусу такой «ошибочный» последний вопрос, были и те, кого Бог лично вдохновил на написание части Нового Завета. Как они могли быть плохими знатоками Библии? В этой группе были Пётр, Матфей и Иоанн. Они – соавторы Библии! Они знали Иисуса не только как своего Господа, но и как своего соотечественника и друга. Они видели проявления Его эмоций, знали Его личные привычки. Они жили в присутствии Совершенной Жизни и знали эту Жизнь до мельчайших деталей.

Когда Иисус обернулся к истекающей кровью женщине в Капернауме, которая протиснулась сквозь толпу, и сказал: «Дочь, ободрись. Вера твоя спасла тебя» (Мф 9:22), ученики видели и выражение Его лица, и слышали интонацию Его голоса. Они слушали *все* Его учения, а не только те немногие, которые записаны для нас в Новом Завете. По словам апостола Иоанна, их было великое множество. Эти люди видели все многочисленные чудеса, которые совершил Иисус. Они были свидетелями Его смерти на кресте, а также Его физического воскресения. Он дохнул на них и сказал: «Примите Духа Святого» (Ин 20:22), а затем являлся им в течение сорока дней, говоря о Царстве Божием (Деян 1:3).

Благодаря Его служению ученикам ко времени Его вознесения они были истинными новозаветными верующими и духовными гигантами. Несмотря на всё это, Жан Кальвин считал их глубоко заблуждающимися невеждами. Истина же заключается в том, что это мы нуждаемся сегодня в новой реформации и восстановлении апостольского вӣдения Божьего Царства.

Комментарии Жана Кальвина показывают, что христиане-протестанты на протяжении столетий «приходили на фильм с опозданием» и упускали из виду Израиль как основополагающий элемент Божьего Царства. Почему тогда мы удивляемся, что результатом этого стало неизменное «одухотворение» Божьего Царства при котором мы относим его исключительно к грядущему веку или сводим к количественным показателям роста церкви?

Понимание Божьего Царства учениками Иисуса было правильно сфокусировано на культуре и общественном устройстве Израиля.

Понимание Божьего Царства учениками Иисуса было правильно сфокусировано на культуре и общественном устройстве Израиля. И сами ученики, и их современники хорошо знали и Божье Слово и Божьи цели. Мы также знаем, что богодухновенность слов Нового Завета скорее проявляется в том, как *авторы* понимали Бога, а не в том, как столетия спустя мы интерпретируем записанное ими. Следовательно, наше современное понимание Царства Божьего, как и понимание первых учеников, должно быть основано на принятии Израиля как избранного Богом народа.

Библейский Израиль – это образ, прототип и пример того, чего Бог хочет и чего Он не хочет в жизни каждого общества на этой земле. Иисус пришёл, чтобы заключить Новый завет между Израилем и Богом, но концепция правления Бога как Царя была вовсе не чужда народу Израиля. Еврейские последователи Иисуса понимали, что Божье Царство, то есть Его законное правление над их народом, было уникальной частью наследия Израиля, и надеялись, что оно снова станет реальностью в их дни.

Быть Царём – неотъемлемая часть природы Бога и Его личности. Для нас это означает, что любить Бога – значит любить подчиняться Ему. Его Царство – это сфера Его владения, где Он законно правит. Это Царство может быть в вашем сердце, в вашей семье или общине или в грядущей мессианской эпохе, его можно найти в любое время и в любом месте, где правит Господь. Таким образом, Царство Божие может быть одновременно как сегодняшней внутренней духовной реальностью, так и объектом нашего ожидания будущего века.

Божье правление в качестве Царя было Его намерением с момента сотворения. Библия описывает Бога как Творца вселенной и нашего мира. Создавая первых людей, Он решил, что они должны походить на Него и править остальным творением. Еврейский народ во времена Иисуса понимал концепцию правления Бога как Царя. Люди знали из Священного Писания и истории своего народа, что Бог когда-то был их Царём, и жаждали восстановлсния Его правления. Еврейское понимание, как в библейские времена, так и сегодня, заключается в том, что Мессия придёт от Бога и будет править Израилем как Царь. Эта вера была сокрыта глубоко в сердцах учеников Иисуса на протяжении всех лет следования за Ним, пребывания с Ним и даже после Его воскресения из мёртвых.

Во время Своего земного служения Иисус учил Своих последователей, что с этого времени Царство Божье будет охватывать все народы. Теперь мы знаем, что Божьи замыслы не ограничивались только Израилем, а для распространения Благой вести по всему миру понадобятся долгие столетия.

Чтобы привнести преобразующую силу Царства Божьего в каждую культуру, требуется нечто большее, чем мощные *евангелизационные* собрания и чудеса исцеления. Необходимо действие сверхъестественной силы Божьего Духа на личном уровне, чтобы сделать жизнь каждого верующего свидетельством суверенного правления Бога в его жизни. Совершенствование характера и образа жизни, свидетельствующего о Боге, – это процесс, который начинается в сердце каждого ученика и распространяется вовне, влияя на культуру каждой нации. Иисус пророчествовал, что привлечение учеников Царства Божьего с помощью силы Евангелия распространится по всему миру и в конечном итоге вернётся к народу Израиля. Мы видим это в жизни и ежедневном свидетельстве израильских верующих, которые сегодня в современном Израиле почитают Его как Мессию и Царя.

Вопросы для обсуждения:

1. Почему ученики Иисуса хотели, чтобы Он восстановил Царство Бога в Израиле?
2. Имеет ли значение сегодня для меня последний вопрос учеников?
3. Говорил ли Иисус Своим ученикам, когда Царство будет восстановлено Израилю?

Молитва:

Господи, пожалуйста, открой Себя мне, как Ты открылся ученикам Иисуса. Покажи мне, почему Твоё суверенное правление в моей личной жизни, в обществе и культуре так важно для Твоего плана.

Часть 3

Вера и дела

Так и вера, если не имеет дел, мертва сама по себе (Иак 2:17).

Глава 18

Вера + Дела = Спасение

Если мы хотим видеть в церкви последних дней восстановление Евангелия Царства, вверенного апостолам во дни Иисуса, нам необходимо привести в соответствие с Библией и баланс между верой и делами. Согласно Библии, спасительная вера и добрые дела не противоречат друг другу, но, подобно закону и благодати, являются двумя составляющими одной и той же истины. С точки зрения еврейского библейского мировоззрения, нет разделения между верой и делами или между доверием и послушанием. Первый вопрос, который мы должны задать, заключается в том, почему в большинстве своих посланий апостол Павел делает акцент на вере, а не на делах.

Чтобы ответить на этот вопрос, нам нужно лучше понять Павла и вспомнить, кому Павел писал в такие греческие города, как Эфес, Филиппы и Фессалоники, где он служил и основывал первые церкви. Мы также должны рассмотреть последовательность развития событий во времена

Павла. Верующие из язычников впервые были названы «христианами» в Антиохии, римском городе с греческой культурой далеко за пределами Израиля. Это записано в 11-й главе книги Деяний. Девятью главами ранее, во второй главе Деяний, рассказывается о том, как Святой Дух излился на состоящую почти исключительно из евреев толпу в Иерусалиме, что стало началом движения Духа среди тех, кого сегодня мы называем мессианскими евреями. Если у вас есть какие-либо сомнения насчёт того, состояла ли эта толпа в Иерусалиме в день Пятидесятницы почти на сто процентов из евреев, вам нужно просто внимательно прочитать вторую главу.

В Деяниях 2:5 говорится: «В Иерусалиме же находились Иудеи, люди набожные, из всякого народа под небесами». Почему они были там? Потому что Пятидесятница – это греческое название праздника недель *(Шавуот)*, отмечаемого через пятьдесят дней после Пасхи и являющегося одним из трёх ежегодных праздников «паломничества» Израиля, когда по заповеди Бога все мужчины, где бы они ни жили, должны были прийти в Иерусалим для жертвоприношения и поклонения (Втор 16:16 и 2 Пар 8:13).

Обращаясь к собравшемуся народу апостол Пётр неоднократно использовал термины *мужи Иудеи*, *мужи Израиля* и *братья*. Он знал, что говорит к собранию почти полностью состоявшему из евреев. Верующие из язычников упомянуты лишь восемью главами позже, в 10-й главе Деяний, когда тот же апостол Пётр, получив видение от Бога, послушно пошёл проповедовать Евангелие в дом Корнилия, набожного римского солдата, в главном римском городе Кесарии.

После излияния Святого Духа на язычников в доме Корнилия, согласно 11-й главе Деяний, Пётр объяснил другим апостолам-иудеям, почему он в первую очередь пошёл к язычникам и почему верующих среди них теперь следует считать братьями. Другие евреи, которые, как и Пётр, лично ходили с Господом, после некоторого обсуждения признали авторитетность его слов. Возможно, потому, что помнили, что именно ему Господь дал «ключи» от Своего Царства! Они согласились и сказали: «Видно, и язычникам дал Бог покаяние в жизнь» (Деян 11:18).

После этого, узнав, что в Антиохии к Господу обращается большое число язычников, иерусалимские апостолы отправили туда Варнаву. Варнава встретил ревностного новообращённого иудея по имени Савл, который пошел с ним в Антиохию. Может быть, он выбрал его, потому что Савл, которого позже назвали Павлом, был уроженцем Тарса – греческого города, управляемого римлянами в районе Антиохии, и знал местный язык и культуру. Варнава же, родом с Кипра, был левитом, который, вероятно, провёл значительную часть своей жизни в Иерусалиме.

Павел был избран Богом ещё до своего рождения (Гал 1:15-16) для особой роли в раскрытии «тайны» Евангелия языческому миру (Еф 3:1-7). Конечно, место рождения Павла, семейная история, религиозное образование и детство – всё это было частью тщательно продуманного Божьего плана. Именно язычникам, среди которых он вырос, Павел написал бóльшую часть своих посланий, понимая, что они практически ничего не знали о Божьих законах, изложенных в Библии.

В то же время Павел знал, что некоторые язычники искали Бога и истину и обладали такими благочестивыми качествами, как честность и мужество, которые почитались в греко-римской культуре. Павел знал по откровению, что язычники, с которыми он встречался, были частью Божьего творения и занимали важное место в Его искупительном плане. Находясь во тьме, они нуждались в Божьей благодати, чтобы начать жить в вере и послушании.

Акцент Павла на Божьей благодати в его посланиях к язычникам имел целью показать, что для них нет нужды становиться евреями, чтобы войти в спасительный завет с Богом Израиля. Евреи были народом, специально созданным Богом из потомков Авраама, Исаака и Иакова. Библия описывает их как избранный народ, «природную маслину» (Рим 11) и Божий образец Его Царства. Им изначально были доверены «слова Божии» (Рим 3:1-2), и поэтому у них была уникальная история отношений с Богом, насчитывавшая ко времени Павла уже более тысячи лет.

Выросшие в культуре идолопоклонства язычники никогда не «догонят» евреев, если будут стремиться принять их религиозную идентичность. Но они могут войти в Царство Божье, не становясь евреями, просто по вере в Мессию. Это благодать Божия! Павел писал своим новообращённым ученикам в Эфесе, призывая их помнить, что они «были в то время без Христа, отчуждены от общества Израильского, чужды заветов обетования, не имели надежды и были безбожники в мире. А теперь во Христе Иисусе вы, бывшие некогда далеко, стали близки Кровию Христовою» (Еф 2:12-13).

Павел напоминал Ефесянам, что, будучи язычниками, они ничего не знали о Боге Израиля. Им нужна была только Божья благодать, чтобы начать новую жизнь с Богом. Благодать – это бесплатный щедрый Божественный дар, который позволяет чужестранцам и пришельцам войти в Царство Божье без каких-либо предыдущих религиозных достижений.

Им не нужно знать, как правильно приносить жертвы, творить милостыню, молиться, служить в Божьем храме или исполнять закон Моисея.

Единственное, что от них требуется, чтобы войти в Царство Божье, – это вера в Его Мессию. Итак, во времена Павла язычники нуждались в благодати, а не в добрых делах, чтобы войти в дом Божий. Евреи же ко времени служения Павла жили в Божьем доме уже тысячу лет, но, согласно Новому Завету, у Бога были разногласия с ними, так как еврейский народ, избранный Богом, не исполнял того, что должен был исполнять. И евреи, и язычники нуждаются в спасении, но им даны несколько разные руководства и наставления.

Прежде чем мы пойдём дальше, позвольте мне рассказать вам реальную историю и задать один вопрос. Несколько лет назад я служил в одной из стран бывшего Советского Союза. Нас принимал ответственный и уважаемый евангельский пастор, возглавлявший сеть служений в своём регионе. Мы провели вместе много часов, переезжая от собрания к собранию, и в дороге он рассказал мне свою историю. В тёмные дни коммунизма, прежде чем он был спасён Господом, этот человек был киллером КГБ. Его профессией было выслеживать людей, отмеченных Кремлём как врагов государства, и устранять их.

Затем благодаря ряду чудес он встретился с Богом и стал последователем и учеником Иисуса. А теперь мой вопрос: после того как он отдал свою жизнь Иисусу и по вере вошёл в Царство Божье, мог ли мой друг продолжать практиковать свою прежнюю практику убийств и запугивания людей, рассчитывая, что он всё равно попадёт на небеса? Если бы он умер во время планирования и выполнения очередного хладнокровного убийства, мог ли он ожидать, что Господь скажет ему: «Молодец, добрый и верный раб»?

Думаю, мы все скажем: «Нет!». Практикующим убийцам нет места на небесах. Таким образом, мы можем согласиться с тем, что для получения дара вечной жизни важно и то, что мы делаем, и то, во что мы верим. Если мы хотим спастись, то на протяжении всей нашей жизни Божья благодать для вхождения в Его Царство верой должна сочетаться с Его благодатью на правильные поступки. Обращаясь к духовно слепым язычникам своего времени, Павел делал акцент на Божьей благодати и спасении исключительно по вере, потому что они просто не могли найти дверь в Царство, чтобы войти в него.

После того, как мы уверовали и вошли в Божье Царство, большинству из нас ещё предстоит прожить долгую и полную испытаний жизнь.

Но проповедовать только веру, когда речь идёт о спасении, это всё равно что продать кому-то красивый дом, а вместо него поставить только очень хорошую входную дверь. Покупатель наверняка спросит: «Дверь-то отличная, но где остальная часть дома?» Вы, конечно, можете ответить: «Дверь – это главное. Что хорошего в доме, если в него нельзя войти? Тебе же нужна дверь, раз ты собираешься войти в дом!». «Согласен, – скажет покупатель, – но я всё-таки думал, что купил весь дом! Как мы с семьёй будем жить с одной дверью?»

Используя для проповеди Евангелия только послание благодати из учения Павла, мы неизбежно создаём проблему. С долей мрачного юмора можно было бы сказать о таком подходе, что веры без дел действительно было бы достаточно, если бы за каждым евангелистом немедленно приходил убийца, подобный моему ещё не спасённому другу из России. Как только кто-то уверует, мы его сразу расстреляем, чтобы не было отступников. Тогда все попадут на небеса после единственного решения поверить.

Дело в том, что после того, как мы уверовали и вошли в Божье Царство, большинству из нас ещё предстоит прожить долгую и полную испытаний жизнь. Как нам найти волю Божию, принять правильные решения и хорошо закончить наш земной путь? Как нам одерживать победы над грехом, который всё ещё активен в нашей жизни? Нужно ли жить благочестивой жизнью, или от нас ожидается только верить в доктрины, которым нас учат, и помогать убеждать других поступать так же?

Уже упоминавшийся ранее Дэвид Поусон писал: «Я верю и проповедую спасение верой – непрестанной верой и непрестанными делами веры, таким образом мы гарантируем постоянный поток спасительной благодати». Апостол Павел писал своим любимым ученикам в Филиппах: «Итак, возлюбленные мои, как вы всегда были послушны, не только в присутствии моём, но гораздо более ныне во время отсутствия моего, со страхом и трепетом совершайте своё спасение, потому что Бог производит в вас и хотение и действие по Своему благоволению» (Флп 2:12-13).

Вопросы для обсуждения:

1. Является ли моё спасение жизнью, которую я должен прожить, или только набором убеждений?
2. Возможно ли преднамеренно продолжать совершать тяжкие грехи и всё равно быть принятым Богом после смерти? Какова в этом роль покаяния?
3. Насколько важны мои поступки, когда речь идёт о спасении?

Молитва:

Господи, если я хочу, чтобы моё поведение когда-либо пришло в соответствие с Твоими стандартами, каждый день моей жизни мне нужна Твоя благодать. Пожалуйста, помоги мне делать и говорить то, что сделал бы Ты, если бы был на моём месте.

Глава 19

Евангелие для евреев

Чтобы восстановить библейскую полноту Евангелия Царства, мы должны заново открыть для себя то, что следует называть «Евангелием для иудеев». Несколько книг Нового Завета были написаны специально для еврейской аудитории. Послание к Евреям, как следует из названия, было адресовано мессианским евреям первого века. Книга Иакова начинается с приветствия: «Иаков, раб Бога и Господа Иисуса Христа, двенадцати коленам, находящимся в рассеянии, – радоваться».

Большинство исследователей Писания соглашаются в том, что Евангелие от Матфея было написано для еврейской аудитории. На это указывают несколько фактов. Один из них – подробная генеалогия в первой главе, указывающая, что Иисус не только выходец из колена Иуды, но является также потомком Авраама, то есть истинным евреем. Второе указание на адресата состоит в том, что Матфей чаще других авторов Евангелий цитирует еврейские Писания и фокусируется на исполнении библейских пророчеств.

Если мы рассмотрим слова Нового Завета в тех частях, которые написаны специально для еврейской аудитории, мы, несомненно, заметим ещё один важный момент. В отличие от Евангелия Павла, которое обращено к язычникам, эти места Писания настоятельно подчёркивают ценность и важность наших действий, то есть слов и дел, в определении того, предложит ли нам Царь место в Своём вечном Царстве. Давайте посмотрим на хорошо известную часть Нового Завета – притчу о Добром самарянине. Согласно Луке, к Иисусу подошёл с вопросом книжник, молодой еврей, который учился, чтобы стать знатоком закона Моисея, знатоком Торы. Он задал Иисусу вопрос об обретении спасения, вечной жизни. Отвечая книжнику, Иисус и Сам задал ему вопрос. По сути, Иисус сказал: «Ты знаток Торы. Поэтому *ты* скажи Мне: что говорит закон Божий?» В ответ книжник привёл две заповеди из первых пяти книг Библии: одну – из Второзакония 6:4, а другую – из книги Левит 19:18.

> *«И вот, один законник встал и, искушая Его, сказал: Учитель! что мне делать, чтобы наследовать жизнь вечную? Он же сказал ему: в законе что написано? как читаешь? Он сказал в ответ: “возлюби Господа Бога твоего всем сердцем твоим, и всею душою твоею, и всею крепостию твоею, и всем разумением твоим, и ближнего твоего, как самого себя”. Иисус сказал ему: правильно ты отвечал; так поступай, и будешь жить» (Лк 10:25-28).*

Нам известно, что в 22-й главе Евангелия от Матфея Иисус процитировал эти же заповеди и добавил: «На этих двух заповедях утверждается весь закон и пророки» (Мф

22:40). Итак, согласно Евангелию от Луки 10, законник дал тот же ответ, что и Иисус. Затем Иисус ответил и на Свой вопрос о том, как обрести вечную жизнь. Он сказал: «Правильно ты отвечал; так поступай, и будешь жить» (Лк 10:28). Пожалуйста, обратите внимание, Иисус не сказал: «Верь этому, и будешь жить». Иисус справедливо ожидал, что книжник, еврей, не может не верить в Бога. Проблема же книжника заключалась в том, что, стремясь к познанию Бога, он не делал того, что Бог повелевает.

Но и после ответа Иисуса у законника остались вопросы. Лука пишет, что он пытался оправдать себя (Лк 10:29). Акцент Иисуса на его действиях, решениях и поведении задел самые корни религиозных убеждений этого книжника. Он знал, что Писание было вдохновлённым Богом Словом, данным именно народу Израиля. Он также знал, что Бог лично избрал его быть евреем. Он изучал еврейскую традицию и стремился понять, как его религия толкует путь к спасению. Скорее всего, он хотел сказать Иисусу: «Раз я правильно ответил на Твой вопрос, значит, я на пути к небесам. Верно?»

Иисус есть «путь, истина и жизнь» (Ин 14:6), и поэтому Он ответил молодому человеку историей:

> *На это сказал Иисус: некоторый человек шёл из Иерусалима в Иерихон и попался разбойникам, которые сняли с него одежду, изранили его и ушли, оставив его едва живым. По случаю один священник шёл тою дорогою и, увидев его, прошёл мимо. Также и левит, быв на том месте, подошёл, посмотрел и прошёл мимо. Самарянин же некто, проезжая, нашёл на него и, увидев его, сжалился и, подойдя, перевязал ему раны, возли-*

> *вая масло и вино; и, посадив его на своего осла, привёз его в гостиницу и позаботился о нём; а на другой день, отъезжая, вынул два динария, дал содержателю гостиницы и сказал ему: "позаботься о нём; и если издержишь что более, я, когда возвращусь, отдам тебе" (Лк 10:30-35).*

Путешественник в истории Иисуса явно был евреем, и после того, как он был ограблен и избит, два религиозных еврея прошли мимо его почти бездыханного тела, не оказав ему помощи. Из истории Иисуса мы также видим, что эти религиозные люди были не просто бессердечно равнодушны к человеческим страданиям. Они не могли не увидеть неподвижную фигуру, лежащую у дороги, но, вероятно, думали: «*Что мне следует делать, согласно Божьим заповедям? Если я прикоснусь к телу, и оно окажется трупом, то, по Писанию, я буду нечист семь дней* (Числ 19:11). *Как член семьи первосвященника, или как левит, я потрачу всю свою неделю впустую. Я буду бесполезен в служении Богу! Я должен сделать вид, что не заметил этого человека, и уйти как можно дальше от этого тела!*»

Библия действительно говорит о запрете прикасаться к мёртвому телу. Здесь намерение Бога в данном Израилю законе состояло в желании предотвратить болезни и подтвердить особую ценность жизни как дара от Бога. Согласно книге Альфреда Колача «Ответы на еврейские почемучки» (The Jewish Book of Why), даже сегодня, по еврейской традиции, «*кохэну* (члену семьи священников) не разрешается присутствовать на похоронах, кроме как на похоронах его ближайших родственников. Если кохэн хочет присутствовать на панихиде, он обычно стоит в стороне от того места, где проводится служба».

> Иисус говорил, что Царство Божье не подлежит традиционному или религиозному толкованию.

Затем в истории, рассказанной Иисусом, появляется самарянин. Выбор самарянина в качестве примера удивителен не только потому, что иудеи их ненавидели. Неприятие это было связано с ложными убеждениями и верованиями самарян. Они считали богодухновенными только некоторые части Библии и верили, что Богу следует поклоняться на горе Гаризим в Самарии, а не в Святом Храме на горе Мориа в Иерусалиме. Да и Сам Иисус не одобрял их верования. Когда Он встретил самарянку у колодца, она задала Ему богословский вопрос, на который Иисус ответил так: «Вы (самаряне) не знаете, чему кланяетесь, а мы знаем, чему кланяемся, ибо спасение – от Иудеев» (Ин 4:22).

Несмотря на явное несогласие с верой и учением самарян, Иисус намеренно использовал самарянина, человека с неправильными убеждениями, в Своей притче, чтобы преподать урок еврейскому книжнику. Согласно притче, самарянин увидел тело и сразу сжалился над раненым. Он подошёл к нему и, обнаружив, что тот ещё жив, оказал ему первую помощь и отвёз в ближайшую гостиницу. Там он остался с мужчиной, заботясь о нём всю ночь, а утром уехал, сказав хозяину гостиницы, что возьмёт на себя все расходы. Закончив рассказ, Иисус спросил еврейского знатока Торы: «Кто из этих троих, думаешь ты, был ближний попавшемуся разбойникам?» (Лк 10:36). Когда же книжник ответил: «Оказавший ему милость», Иисус отреагировал на это словами: «Иди, и ты поступай так же» (Лк 10:37).

Пожалуйста, обратите внимание ещё раз, что в этот момент Иисус не сказал ему: «Иди, и *верь* так же». Нет, Иисус не хотел, чтобы иудей верил в то, во что верили самаряне, но Он явно хотел, чтобы книжник *делал* то, что сделал самарянин. Бог многократно обличал Израиль в том, что, имея правильную веру, они не смогли произвести плод спасительной веры. Не забывайте, что, по словам Луки, весь этот разговор начался с вопроса об обретении вечной жизни (Лк 10:25).

Иисус говорил, что Царство Божье не подлежит традиционному или религиозному толкованию. Хотя правильное толкование Божьего Слова несомненно важно, о пребывании в Царстве Божьем свидетельствует скорее наличие веры и достаточной силы, чтобы, по Божьей благодати, исполнять то, что Он повелевает нам делать.

В известной новозаветной главе о вере в Послании к Евреям, 11 большинство «героев веры» упоминаются благодаря их поступкам. Вера и добрые дела – это две стороны одной и той же спасительной истины. В этом суть изначально обращённого к евреям новозаветного «Евангелия для иудеев», которое, конечно же, предназначено для всех верующих по всему миру.

Вопросы для обсуждения:

1. Почему Новый Завет уделяет больше внимания добрым делам, когда обращается к евреям?
2. Если я верю в Иисуса, необходимо ли мне действовать в послушании Слову Божьему, чтобы спастись?
3. Могу ли я увидеть связь между верой и добрыми делами в своей жизни?

Молитва:

Господи, дай мне любовь и уважение к моим старшим братьям и сёстрам в Твоём Царстве, к еврейскому народу. Помоги мне познавать Тебя на их примере.

Глава 20

Три учения о конце времён

Ближе к концу Своего земного служения Иисус ответил на вопросы учеников о знамениях Его возвращения, о чём Матфей пишет в 24-й главе своего Евангелия. После этого, в 25-й главе, Матфей записывает три важных учения Иисуса. Все эти учения касаются вечного суда и вечной награды. Очевидно, этими учениями Господь намеревался завершить Свои наставления двенадцати ученикам, готовя их к заключительным событиям.

Первое из этих трёх учений называется притчей о десяти девах. В ней Иисус рассказал историю о десяти девушках, которые хотели попасть на свадебный пир. Они вышли, намереваясь встретить жениха ночью с зажжёнными масляными светильниками. Подразумевалось, что если они встретят Его с зажжёнными светильниками, то Он пригласит их сопровождать Его на пир.

Ясно, что это учение о возвращении Господа и брачной вечере Агнца. Ожидается, что мы, верующие, будем отождествлять себя с этими молодыми девушками. В Своей притче Иисус сказал, что пять из десяти дев были мудрыми и взяли с собой дополнительное масло, поскольку благоразумно сочли, что жених может задержаться по той или иной причине. Остальные пятеро необдуманно взяли только то масло, которое было у них в светильниках, и вышли, надеясь, что жених непременно придёт прямо сейчас.

Приближалась полночь, когда раздался крик: «Жених идёт!» К тому времени лампы неразумных девушек лишь тускло мерцали и вот-вот могли погаснуть. Поэтому они попросили масла у мудрых дев, которые отказали им, заметив, что его может не хватить на всех. Не имея других вариантов, неразумные девы пошли в город купить масла и, пока их не было, явился жених. Иисус закончил Свою притчу такими словами: «Когда же пошли они покупать, пришёл жених, и готовые вошли с ним на брачный пир, и двери затворились; после приходят и прочие девы, и говорят: “Господи! Господи! отвори нам”. Он же сказал им в ответ: “истинно говорю вам: не знаю вас”. Итак, бодрствуйте, потому что не знаете ни дня, ни часа, в который придёт Сын Человеческий» (Мф 25:10-13).

Важно отметить, что в этом учении о возвращении Господа, суде и вечной награде все девушки одинаково и правильно верили в главное. Все они знали, что должны быть с зажжёнными светильниками, когда прибудет жених. Все они хотели сопровождать Его на брачный пир. Среди них не было ни одной циничной неверующей или бунтарки! Но разница между теми, кто вошёл на пир, и теми, кому отказали, заключается в том, что они сделали: мудрые приняли лучшие решения, чем неразумные.

Вслед за этим Иисус рассказал притчу о талантах. В

этом учении, как и в предыдущем, все упомянутые люди имели одни и те же основные убеждения. Все трое слуг уважали авторитет хозяина дома и хотели ему угодить. Все они желали заслужить его похвалу и награду за своё управление деньгами. Первые двое слуг вернули свои таланты с хорошей прибылью и услышали слова хозяина: «Хорошо, добрый и верный раб! в малом ты был верен, над многим тебя поставлю; войди в радость господина твоего» (Мф 25:21, 23). Третий же слуга, который не растратил, не украл и не потерял даже малой доли своего таланта, вернул господину только то, что было ему изначально дано.

По словам Иисуса, ответ хозяина был таким:

Господин же его сказал ему в ответ: «лукавый раб и ленивый! ты знал, что я жну, где не сеял, и собираю, где не рассыпал; посему надлежало тебе отдать серебро моё торгующим, и я, придя, получил бы моё с прибылью; итак, возьмите у него талант и дайте имеющему десять талантов, ибо всякому имеющему дастся и приумножится, а у не имеющего отнимется и то, что имеет; а негодного раба выбросьте во тьму внешнюю: там будет плач и скрежет зубов» (Мф 25:26-30).

Понятно, что и это учение Иисуса говорит о возвращении Господа, суде и вечной награде. Третьего слугу, пугливого и бездеятельного, выгнали! Но именно мудрые и практичные действия первых двух слуг побудили господина сказать им: «Хорошо, добрый и верный раб». Как видим, и здесь в учении Иисуса подчёркивается важность того, что мы делаем с данными нам в жизни «талантами». Никому из своих слуг господин не сказал: «Я восхищаюсь твоими убеждениями…»

Наконец, в завершение этой потрясающей главы Иисус

учит о грядущем Божьем суде над всеми народами.

Когда же придёт Сын Человеческий во славе Своей и все святые Ангелы с Ним, тогда сядет на престоле славы Своей, и соберутся пред Ним все народы; и отделит одних от других, как пастырь отделяет овец от козлов; и поставит овец по правую Свою сторону, а козлов – по левую. Тогда скажет Царь тем, которые по правую сторону Его: «придите, благословенные Отца Моего, наследуйте Царство, уготованное вам от создания мира: ибо алкал Я, и вы дали Мне есть; жаждал, и вы напоили Меня; был странником, и вы приняли Меня; был наг, и вы одели Меня; был болен, и вы посетили Меня; в темнице был, и вы пришли ко Мне» (Мф 25:31-36).

Согласно словам Иисуса, Божий суд и награда вечной жизни будут основываться на действиях народов-«овец» по отношению к самым бедным, самым слабым, самым уязвимым и отверженным людям в их обществе. Он сказал, что, протягивая руку помощи и служа «наименьшему из них», они неосознанно служили Самому Иисусу.

Затем Иисус учил о Божьем суде над народами-«козлами»:

Тогда скажет и тем, которые по левую сторону: «идите от Меня, проклятые, в огонь вечный, уготованный диаволу и ангелам его: ибо алкал Я, и вы не дали Мне есть; жаждал, и вы не напоили Меня; был странником, и не приняли Меня; был наг, и не одели Меня; болен и в темнице, и не посетили Меня». Тогда и они скажут Ему в ответ: «Господи! когда мы видели Тебя алчущим, или жажду-

щим, или странником, или нагим, или больным, или в темнице, и не послужили Тебе?» Тогда скажет им в ответ: «истинно говорю вам: так как вы не сделали этого одному из сих меньших, то не сделали Мне». И пойдут сии в муку вечную, а праведники в жизнь вечную (Мф 25:41-46).

Вне всякого сомнения, и в этом, третьем, учении в 25-й главе Евангелия от Матфея и у «овец», и у «козлов» одинаковые богословские убеждения. Они верят в Бога и хотят получить от Него вознаграждение. «Козлы», подобно священнику и левиту в притче Иисуса о добром самарянине, находили разные предлоги, чтобы не служить нуждающимся. Но Иисус учит, что это неприемлемо для Бога. Служение бедным, больным, заключённым и беженцам (которых Библия называет «странниками») является неотъемлемой частью жизни учеников Иисуса, желающих быть среди избранных Богом для вечной награды.

Некоторые учителя Библии на протяжении многих лет находили способы отрицать авторитетность слов Иисуса в Евангелиях. Я даже слышал, как некоторые утверждали, что всё сказанное Иисусом до распятия на кресте относится к Ветхому Завету и, следовательно, не обязательно для современных христиан! Такое суждение было бы отвергнуто Иисусом, который учил: «Если пребудете в слове Моём, то вы истинно Мои ученики» (Ин 8:31). Он также сказал: «Небо и земля прейдут, но слова Мои не прейдут» (Мф 24:35).

В любом случае, новозаветные послания апостолов так же недвусмысленно подчёркивают важность правильных

Новозаветные послания апостолов так же недвусмысленно подчёркивают важность правильных действий, когда речь идёт о спасении.

действий, когда речь идёт о спасении. Давайте посмотрим на Послание Иакова, который пишет во второй главе: «Что пользы, братия мои, если кто говорит, что он имеет веру, а дел не имеет? может ли эта вера спасти его? Если брат или сестра наги и не имеют дневного пропитания, а кто-нибудь из вас скажет им: “идите с миром, грейтесь и питайтесь”, но не даст им потребного для тела: что пользы? Так и вера, если не имеет дел, мертва сама по себе» (Иак 2:14-17).

Иаков пишет, что одна вера без дел бесполезна и мертва. Вдохновлённый Святым Духом и избранный Богом для того, чтобы стать одним из авторов Нового Завета, Иаков пишет: «Видите ли, что человек оправдывается делами, а не верою только?» (Иак 2:24). Иаков также указывает в 19-м стихе, что даже демоны имеют правильное представление о Боге, но они не попадут на небеса! Конечно же, дьявол лучше знает богословие, чем большинство из нас. Он знает Бога, он видел Бога. Он служил Богу на небесах, прежде чем был низвергнут из-за своей гордыни. Дьявол лично знает, что Иисус – Сын Божий. Он знает, что Писание истинно и точно. Но при всех его правильных убеждениях мы не увидим дьявола в Божьем Царстве, потому что он постоянно *действует* против воли Бога и противится Его святому и законному правлению.

Если же вы решите, что написанное для иудеев Евангелие не относится к сегодняшним верующим из язычников, не забывайте слова апостола Павла о том, что всякий верующий становится сыном Авраама (Гал 3:7) и что христиане из язычников «привиты» к Авраамову древу завета (Рим 11:17-18). В конце времён все верующие, евреи и язычники из всех народов, будут собраны вместе как одна святая невеста на брачной вечере Господа. Вот как описал своё видение этой прекрасной невесты апостол Иоанн: «И слышал я как бы голос многочисленного народа, как бы шум вод многих, как бы голос громов сильных, говорящих: аллилуйя! ибо воцарился Господь Бог Вседержитель. Возрадуемся и возвеселимся и воздадим Ему славу; ибо наступил брак Агнца, и жена Его приготовила себя. И дано было ей облечься в виссон чистый и светлый; виссон же есть праведность святых» (Откр 19:6-8).

Согласно Иоанну, одеяние безупречной невесты, сияющее благоговейной красотой, – это праведные дела: все добрые дела, совершённые людьми Божьими, пока они жили здесь, на земле. Однажды Иисус сказал Своим еврейским братьям: «если бы вы были дети Авраама, то дела Авраамовы делали бы» (Ин 8:39). Разве это не относится теперь и ко всем нам, кто верит, как Авраам, и «привит» к Авраамову древу завета?

Вопросы для обсуждения:

1. Если у всех десяти дев из притчи Иисуса были одинаковые убеждения, то почему на свадебный пир вошли только пять из них?
2. Почему слуга, спрятавший свой талант, был наказан хозяином по его возвращении?
3. Что мне нужно делать, согласно учению Иисуса, чтобы меня причислили к «овцам», а не к «козлам»?

Молитва:

Господи, когда Ты будешь судить мир, пожалуйста, дай мне благодать быть среди тех, кого Ты поприветствуешь словами: «Молодец!» Помоги мне богатеть добрыми делами.

Глава 21

Чудный Божий план для нашей жизни

Мы знаем, что вера без дел – это мёртвая вера. Даже если наши церковные доктрины не всегда однозначны в этом вопросе, Библия говорит об этом достаточно ясно. Однако, вера без правильных дел не является спасительной. А раз так, мы должны задать тот же вопрос, который молодой еврейский знаток Торы задал Иисусу в Евангелии от Луки, 10:25: «Учитель, что мне делать, чтобы наследовать жизнь вечную?» Ответ Иисуса молодому человеку – это и Его ответ нам: мы должны поступать по заповедям, а не только верить им.

Из Библии мы узнаём, что Бог уделяет большое внимание «добрым делам» и что есть разница между добрыми делами, как, например, в Матфея 5:16, и мёртвыми делами, которые можно найти в Евреям 6:1 и 9:14. В Новом Завете дела или действия обозначаются словом *эргон*, а слово «хороший» или «добрый» – это либо *калос*, либо *агатос*. И *калос*, и *агатос* означают нечто полезное, благородное, красивое и правильное.

Павел ясно говорит, что мы не спасаемся, просто делая добрые дела. Для спасения необходимо иметь веру в Иисуса. Без веры невозможно ни познать Бога, ни угодить Ему. Однако Иаков разъясняет, что одна только вера, если она не выражается в добрых делах, мертва и бесполезна, то есть не может спасти. Вера и добрые дела – две стороны одной истины, где одно не может быть отделено от другого.

Некоторые люди считают, что добрые дела, ведущие к совершенству нашего спасения, уже были завершены во время земного служения Иисуса, и поэтому от нас больше ничего не требуется. Я думаю, что эта интерпретация не соответствует словам Писания или даже здравому смыслу. Очевидно, что Бог ожидает от нас, чтобы мы сделали что-то хорошее в нашей жизни. Иоанн писал в своём Евангелии: «Не дивитесь сему; ибо наступает время, в которое все, находящиеся в гробах, услышат глас Сына Божия; и изыдут творившие добро в воскресение жизни, а делавшие зло – в воскресение осуждения» (Ин 5:28-29). Апостол Павел писал своему духовному сыну Тимофею, что необходимо учить состоятельных людей «богатеть добрыми делами» (1 Тим 6:17-18). Иисус сказал, что мы, Его ученики, являемся светом этого мира. Он сказал: «Так да светит свет ваш пред людьми, чтобы они видели ваши добрые дела и прославляли Отца вашего Небесного» (Мф 5:16).

Я считаю, что следующий отрывок из послания Павла к Ефесянам иллюстрирует взаимосвязь между верой, с одной стороны, и добрыми и мёртвыми делами с другой. Коренное различие между добрыми и мёртвыми делами заключается в следующем: дела, основанные на чисто человеческих мотивах, – мертвы. Это слова и действия, мотивированные эгоистическими амбициями, религиозными предписаниями или желанием оправдать ожидания семьи, друзей или культурной среды. А добрые дела берут своё начало в Божьем плане для нашей жизни, который Он приготовил для каждого из нас ещё до нашего рождения! «Ибо благодатью вы спасены через веру, и сие не от вас, Божий дар: не от дел, чтобы никто не хвалился. Ибо мы – Его творение, созданы во Христе Иисусе на добрые дела, которые Бог предназначил нам исполнять» (Еф 2:8-10).

В Библии есть множество примеров людей, которые в определённый момент своей жизни либо напрямую услышали от Бога, либо иным образом пришли к выводу, что в их жизни нет ничего случайного. Пророк Иеремия начал своё могущественное служение, когда был совсем молодым человеком, и нам известно, что его послание не было популярным в народе. Возможно, чтобы ободрить его, Бог сказал о его призвании: «Прежде нежели Я образовал тебя во чреве, Я познал тебя, и прежде нежели ты вышел из утробы, Я освятил тебя: пророком для народов поставил тебя» (Иер 1:5). Пророку было сказано, что Бог знал, кем он будет, ещё до его рождения и что его пророческое призвание было определено от вечности.

Но Иеремия был далеко не одинок в понимании этого. Давайте обратимся к другому примеру – царю Давиду. Он был разносторонне одарённым человеком, правил в Израиле как царь и написал много вдохновенных и пророческих псалмов. Тем не менее, его величайшим даром был дар воина. Давид был самым выдающимся воином Израиля за всю его историю. Он победил во всех важных сражениях, в которых участвовал за свою жизнь. Если бы он не был успешным воином, он, вероятно, не дожил бы до того, чтобы стать царём, а если бы он не стал царём, то мы сегодня, скорее всего, не пели бы его псалмы.

Будучи воином, Давид бóльшую часть своей жизни прожил в опасности. Подумайте, сколько раз он вставал утром и надевал меч, не зная, вернётся ли вечером домой. Но потом Давид понял, что Бог создал его для уникального призвания, а все дни его жизни тщательно спланированы Богом ещё до его рождения. Размышления о божественном провидении глубоки, таинственны и волнующи. Давид обращался к Богу с такими вдохновенными словами: «…Ибо Ты устроил внутренности мои и соткал меня во чреве матери моей. Славлю Тебя, потому что я дивно устроен. Дивны дела Твои, и душа моя вполне сознаёт это. Не сокрыты были от Тебя кости мои, когда я созидаем был в тайне, образуем был во глубине утробы. Зародыш мой видели очи Твои; в Твоей книге записаны все дни, для меня назначенные, когда ни одного из них ещё не было» (Пс 138:13-16).

А что можно сказать о пророке Самуиле? Его мать Анна не могла иметь детей, и это сделало её предметом насмешек в собственной семье. Это можно было даже считать знаком Божией немилости к ней, но она горько плакала, молилась и в конце концов дала обет Господу. Анна пообещала, что если Бог даст ей сына, то она не будет растить его сама, но посвятит его на служение Господу на всю его жизнь. Очевидно, Богу понравилось это предложение, и поэтому Анна вскоре забеременела Самуилом.

Анна сдержала свой обет. Самуил вырос в доме Божьем – и вырос великим человеком! Он стал посвящённым слугой Бога и духовным гигантом в Израиле, последним из судей и предшественником великих пророков. За время его правления изменился весь народ. Он избрал и помазал первых царей Израиля и всю свою жизнь ходил в Божьей власти и непорочности.

Разве можно сомневаться, что всё это было задумано Богом ещё до рождения Самуила? Первоначально отказываясь дать Анне детей, Бог словно говорил ей: «Драгоценная женщина, потерпи. У меня есть особый план для твоего сына!» Бог ждал, пока она будет готова посвятить своего первого ребёнка на служение Ему, прежде чем дать ей Самуила. Позже и Анна, и её семья увидели, что годы её бесплодия были не признаком Божьей немилости, а, наоборот, временем действия Его благодати в сердце Анны!

Иоанн Креститель – ещё один пример духовно сильного человека, избранного Богом для определённого призвания задолго до его рождения. Мать Иоанна Елисавета была бесплодна и уже в преклонных годах, но Гавриил, ангел Божий, явился Захарии, отцу Иоанна, во Святом Святых храма, где тот служил священником. Гавриил возвестил о рождении сына, который, как и Самуил, будет служить Богу во все свои дни. И данное ему имя, и его характер, и его уникальное призвание также были предсказаны ангелом. Ясно, что жизнь Иоанна Крестителя была спланирована Богом ещё до его появления на свет.

Если мы углубимся в Новый Завет, то увидим там и пример апостола Павла. Вдохновлённый Святым Духом, Павел писал Галатам: «…Бог, избравший меня от утробы, благоволил открыть во мне Сына Своего» (Гал 1:15). К концу своей жизни Павел понял, что Бог задолго до его рождения уже знал, кем он станет. Бог знал об этом ещё до того, как Павел родился в еврейской семье в Тарсе, до того, как он

Бог лично творит всех нас ещё до нашего рождения

начал учиться у Гамалиила в Иерусалиме и стал «фарисеем из фарисеев», до того, как он сделался гонителем первых верующих в Христа, до того, как он встретил Иисуса во время путешествия в Дамаск. До того, как что-либо из этого произошло, Бог уже задумал и избрал Павла для его уникального апостольского служения.

Конечно же, у нас есть и пример Самого Господа Иисуса. Он всегда был Сыном Божьим Единородным, возлюбленным Отцом прежде «основания мира» (Ин 17:24). Иисус есть и всегда был «образ Бога невидимого, рождённый прежде всякой твари» (Кол 1:15). Нет абсолютно ничего случайного в Его жизни на земле. Он сказал: «Я и Отец – одно» (Ин 10:30). Всё в Иисусе идеально соответствует вечному плану Бога.

Я думаю, что, видя такое количество библейских свидетельств о людях, чьи жизни были запланированы Богом ещё до их рождения, мы можем сделать только два возможных вывода. Первый вывод примерно такой: «Я полагаю, что у Бога явно есть какие-то "элитные" или "уникальные" святые. Это избранные люди, которых Он лично проектирует и изготавливает вручную в роскошной мастерской в заповедной части неба. А ещё есть все остальные, которых "отштамповали" на фабрике в промышленной зоне рая!» Возможно, звучит смешно, но эти слова, к сожалению, отражают широко распространённое мнение о том, что Бог создаёт по крайней мере два класса людей в Своём Царстве – особо призванных, избранных и одарённых, и подавляющее непросвещённое большинство.

Второй возможный вывод состоит в том, что Бог лично творит всех нас ещё до нашего рождения. Библейские примеры многих известных людей, призванных Богом до их появления на свет, приведены в Писании, чтобы показать нам, что это справедливо и в отношении каждого из нас. Мы знаем, что Бог – Творец бесконечного разнообразия, Он обладает неисчерпаемым творческим потенциалом. На каждом дереве, которое когда-либо росло или когда-либо будет расти, от деревьев в Эдемском саду до Древа Жизни у небесной реки из 22-й главы книги Откровения, каждый лист отличается от другого. Каждая волна океана, каждое облако в небе, каждая травинка, каждая песчинка уникальны.

Насколько же большее внимание Бог уделяет каждому из нас, венцу Своего творения, единственной части Его творения, созданной по Его собственному образу и подобию (Быт 1:26-27)! Это означает, что, когда Бог творил вас задолго до вашего рождения, когда Он размышлял о вас, Он создавал вас с прекрасным планом для вашей жизни, с прекрасной и уникальной мечтой о вас в Своём сердце.

Вопросы для обсуждения:

1. Верю ли я, что Бог создал меня и знал меня ещё до моего рождения?
2. Благодарен ли я Богу за своё уникальное устройство?
3. Обнаружил ли я своё предназначение, Божью цель в сотворении меня?

Молитва:

Господи, спасибо Тебе за то, что Ты создал меня уникальным и неповторимым во всём мире и в вечности. Помоги мне со смирением, верой и мужеством осуществить Твой замечательный план для моей жизни.

Глава 22

Услышать Его призыв

Я думаю, большинство из нас согласится с тем, что Библия неоспоримо свидетельствует о том, что все люди созданы и любимы Богом. Мы созданы «по образу и подобию» нашего Творца, но грех разрушил в нас Его образ. Мы по-прежнему носим его в себе, но в разбитом состоянии, отражая Его прекрасный замысел, любовь и славу подобно тому, как разбитое зеркало, будучи несовершенным, всё же отражает солнечный свет. Как много жизней загублено наркотиками, преступлениями и самоубийствами, не говоря уже о тех, чьи жизни унесли несчастные случаи, войны, голод, стихийные бедствия и болезни! Сколько людей проживает свои дни без цели, в гневе или горечи, в одиночестве и бедности, так и не вкусив ни радости любви, ни удовлетворения от достижений? Сердце Бога жаждет, чтобы Его потерянное творение было искуплено от тщеты и отчаяния, и потому Он взывает к нам.

Божий призыв к заблудшему человечеству особенно

сильно звучит в проповеди и при изучении Его Слова в Писании. Но Его призыв никоим образом не ограничивается этим. Он постоянно обращается ко всем людям. Бог взывает через любовь матери или отца, через верность жены или мужа, через преданность друга, через красоту природы, через точность науки. Вдохновенный псалмопевец Давид писал: «Небеса проповедуют славу Божию, и о делах рук Его вещает твердь. День дню передаёт речь, и ночь ночи открывает знание. Нет языка, и нет наречия, где не слышался бы голос их. По всей земле проходит звук их, и до пределов вселенной слова их» (Пс 18:2-5а).

Мы рождаемся в этот мир в виде трёх- или четырёхкилограммового «живого пакета», но ничего не знаем о Божьем плане для нас. С первых наших дней два человека становятся для нас словно богами – Мама и Папа. Большинство родителей дорожат своими детьми и стараются изо всех сил создать для них любящую домашнюю обстановку и передать им свои самые высокие ценности. Однако, осознанно ли или нет, в последующие месяцы и годы родителям удаётся возложить на хрупкие плечи своих чад мечты, амбиции, ожидания и надежды в отношении их будущего, а также и собственные несбывшиеся мечты и нереализованные амбиции.

Поскольку все мы живём в грешном и несправедливом мире, некоторые дети, к сожалению, ломаются под тяжестью этого груза. После ранних лет большинство из нас идёт в школу. В этот период наши одноклассники, друзья, братья, сёстры и учителя делают всё возможное, чтобы убедить, как мы должны поступать, а иногда и просто заставляют придерживаться общепринятых норм поведения. Они учат, как больно быть не соответствующим этим нормам, быть обделённым, быть отвергнутым.

Затем, если нам удалось пережить эти годы, мы продолжаем наш путь, вступая в брак и занимаясь бизнесом или государственной службой. Здесь мы учимся правильно говорить, одеваться и вести себя, если хотим добиться успеха, учимся тому, как ужасно потерпеть неудачу. В результате мы видим, что общество состоит из людей зрелого возраста, научившихся сохранять бдительность и быстро приспосабливаться к ожиданиям окружающих, но при этом так и не открывших Божественный план для своей жизни. В какой-то момент мы неизбежно зададимся вопросом: *есть ли какой-то реальный смысл в моём пребывании здесь, на земле?*

По благодати Божией, часто через страдания и отчаяние, некоторые из нас осознают свою нужду в Боге. Мы можем начать осмысленно искать Бога или обращаться к Нему в молитве. Возможно, мы никогда не знали Бога и не читали Библию, но каким-то образом внутри себя начинаем слышать Его «голос», зовущий нас. Однако Иисус сказал: «Много званых, а мало избранных» (Мф 22:14). Из любви Бог взывает ко всем, но лишь некоторые из нас, услышав Его призыв, начинают принимать решения (обычно это цепочка небольших решений), которые, складываясь вместе, становятся большим решением и начинают разворачивать нашу жизнь по направлению к Богу. Никто не может точно сказать, когда это случится и где, но именно благодаря принятию этих внутренних решений мы переходим из числа призванных Богом в число избранных. Иными словами, Бог зовёт, но именно мы выбираем быть избранными.

В Библии есть слово для тех, кто услышал призыв Бога, ответил, решив повернуться к Нему, и стал одним из Его избранных. Это слово *экклесия*, что означает «*призванный выйти»*. Один из способов понять смысл слова *экклесия* состоит в том, что избранные – это те, в ком Божий призыв стал действенным. Они призваны выйти из тьмы к свету, из смерти в жизнь, из тщетности к цели, из своей старой жизни во что-то совершенно новое. На русский язык греческое слово *экклесия* переводится как «церковь». Таким образом, Церковь – это не религия, здание или организация. Это люди, которые решили принадлежать Богу.

Почему так много людей отвергают Божий призыв? Я думаю, основная причина состоит в том, что ответ на Его призыв подразумевает согласие с Божьим правлением в жизни человека. Вы больше не сами по себе. Божий призыв означает отказ от ваших амбиций и принятие образа жизни, основанного на жертвенной любви к другим людям. Это означает начать жизнь заново, а такое привлекательно далеко не для всех, даже если обещает обретение награды – вечной жизни. И всё же Божья благодать может привести вас к тому, что новое начало вместе с Иисусом как вашим Господом станет вашим искренним желанием.

Божья благодать может привести вас к тому, что новое начало вместе с Иисусом как вашим Господом станет вашим искренним желанием.

Когда вы решаетесь ответить на Божий призыв и начинаете следовать за Ним по жизненному пути, в вашей жизни меняется всё. Вы заводите верующих друзей и посещаете собрания, где поклоняются Богу и изучают Его Слово. Вскоре вы познаёте основы веры: Бог есть любящий Бог,

Библия – это Его Слово. Вы теперь понимаете, что значит поклоняться Богу и как освобождаться от греха. Как жить в вере. Но, пожалуй, самое главное – как молиться. Вы узнаёте, что Бог рад иметь с вами близкие взаимоотношения, и можете развивать их через диалог с Ним. Опыт молитвы учит вас тому, что Бог стремится к вашему благу и обещает ответить на ваши молитвы мудро, щедро и могущественно.

Через некоторое время вы узнаете, что Бог, с которым у вас сейчас крепнут отношения в молитве, не только ваш любящий Отец, Господь, Спаситель, Царь и лучший Друг, но и ваш Создатель. Вы обнаружите, что у Него был план для вашей жизни ещё до вашего рождения и Он создал вас исключительно для этого плана. Поскольку вы уже научились разговаривать с Богом в молитве, желая узнать Божий план, вы просто начинаете говорить с Ним об этом. В этот момент то, что вы слышите от Духа Божьего, и то, что вы делаете с услышанным, будет определять разницу между добрыми и мёртвыми делами в вашей жизни.

Вопросы для обсуждения:

1. Ответил ли я на Божий призыв верить в Него и следовать за Ним?
2. Хочу ли я знать, зачем Он сотворил меня и к чему призывает?
3. Начал ли я говорить с Богом в молитве о Его планах для меня?

Молитва:

Господи, пожалуйста, научи меня слышать Твой голос, чтобы я мог услышать в чем Твоё призвание для меня. Удали из моей жизни препятствия, ложные цели и отвлекающие факторы. Пробуди моё сердце, чтобы оно воспрянуло и повиновалось звуку Твоего голоса.

Глава 23

Путь к Его плану

За годы своего служения я разговаривал со многими людьми, особенно с молодыми, которые на определённом отрезке своего духовного пути приходят к пониманию того, насколько важно услышать от Бога о Его призвании для их жизни. Это побуждает их обратиться к своему пастору за помощью. Иногда такой разговор начинается со слов недоумения: «Библия говорит, что Бог сотворил меня по Своему образу, и я верю, что у Него есть уникальный план для моей жизни. Но всякий раз, когда я прошу Его в молитве раскрыть мне этот план, Он ничего не говорит!».

Обычно, когда это происходит, я знаю, в чём проблема. В большинстве случаев они просто ещё не готовы или не хотят делать то, что Бог приготовил для их жизни.

Бог, конечно же, знает всё, что Он хочет знать. Он знает, что у вас на сердце, ещё до того, как вы начнёте говорить с Ним. Если Он знает, что вы не собираетесь выполнять то, его Он от вас хочет, то для Него будет милосерднее просто ничего вам не говорить. Ведь если Он скажет вам, его Он хочет, зная, что вы этого не сделаете, разве это не увеличит вашу вину непослушания? Поэтому я думаю, что Бог нередко предпочитает хранить молчание из любви. Это также может быть одной из причин, по которой Он предпочитает оставаться невидимым для нас. Тогда Он может молчать, а мы думаем, что Его рядом с нами нет!

Что же нужно сделать, чтобы Бог открыл вам Свой план? Иногда это непросто. Помните, что Бог не отвечал матери Самуила Анне до тех пор, пока она не дала Ему особого обещания. То же может сделать каждый из нас, но это серьёзный шаг. Библия говорит, что лучше не брать на себя обязательств, чем давать ложное обещание Богу (Еккл 5:5). Однако, если вы готовы дать жертвенное обещание Богу, вам следует знать несколько важных вещей. В Библии есть десятки стихов о жертвах и приношениях, которые являются приемлемой и обязательной частью нашего поклонения Богу. Я думаю, их можно суммировать в одном предложении: «Никогда не приходите к Богу с пустыми руками, но всегда приходите в Его дом с даром» (Исх 23:15, Второзаконие 16:16). Во многих культурах по всему миру принято никогда не приходить в чей-то дом без подарка, пусть и небольшого. Так как же вы пойдёте в дом Божий с пустыми руками, особенно если хотите получить от Него что-то очень ценное?

Я знаю, о чём вы сейчас думаете: «Что такого значимого для Него я могу дать Богу? Разве Он уже не обладает всем?» Конечно же, нет. Есть что-то, чего у Бога нет, пока вы сами не отдадите это Ему. Это ваше торжественное обещание, что какое бы хорошее дело Он ни повелел вам сделать, вы приложите максимум своих сил и возможностей, чтобы исполнить доверенное вам Богом! Поэтому найдите время, чтобы подготовить свой дар для Бога, прежде чем поговорить с Ним в молитве. Вы поймёте, что это драгоценный дар, который может изменить всю вашу жизнь! В молитве бережно положите ваш дар на алтарь, а затем скажите что-то вроде этого: «Господи, это снова я. Я решился. Что бы Ты мне ни сказал, я найду способ сделать это для Тебя. Я поставлю своей целью исполнить всё, что Ты поручишь мне!».

После такой искренней молитвы наедине с Богом Он, скорее всего, наполнит ваше сердце Своим покоем и в вашем духе прозвучит Его голос: «Хорошо. Условились. Сделай *вот это*!».

Уже через мгновение вы, возможно, спохватитесь: «Это? О нет, Господи! Это не то, что я имел в виду. Не то. Я боялся, что Ты скажешь именно это!» Нередко именно так всё и происходит. Ведь в тот момент, когда вы приносили свой драгоценный дар на алтарь Господа, вы были готовы на любое великое, славное и невыполнимое задание. Но то, что Бог просит вас сделать, кажется чем-то мелким и на первый взгляд незначительным, явно не достойным славы или чести. Неужели это мог быть голос Бога? Он предлагает вам, например, посетить выздоравливающего алкоголика, приготовить еду для больного соседа, спеть в доме престарелых или стать волонтёром и помогать проблемным подросткам приобретать новые профессиональные навыки. Вы готовы списать это на неудавшийся эксперимент по слушанию Божьего голоса… но затем вспоминаете, что дали Богу обещание.

Да, вы пообещали Богу сделать всё, что Он вам скажет. Итак, в послушании вы начинаете служить другим и делать то, к чему, как вы теперь знаете, призывают вас Писание и внутренний голос Его Духа.

Бог создал каждого человека с пылкой страстью по тому, что имеет вечную ценность.

Может быть, не сразу, но вскоре начнут происходить две вещи. Во-первых, вы начнёте испытывать чувство глубокого внутреннего удовлетворения и радости всякий раз, когда делаете доброе дело, которое Бог поручил вам. Возможно, сначала вы не захотите признаваться в этом даже своим самым близким друзьям, ведь то, что вы делаете, так незначительно. И всё же, когда вы делаете то, что Бог сказал вам, вы чувствуете себя прекрасно! Вы испытываете присутствие и радость Господа. Вы готовы делать это, даже если никто не заметит, не будет аплодировать и не заплатит вам ни единого доллара! Это чувство радости и силы называется вашей пылкой страстью, ведь никто иной, как Сам Бог создал каждого человека с пылкой страстью по тому, что имеет вечную ценность.

Во-вторых, через некоторое время вы начнёте понимать: «Это неожиданно, но я действительно *хорош* в этом деле!» В вас начнёт проявляться умение, врождённая способность, которая позволит выполнять всё, что повелел вам Бог. Вы не просто хороши в этом. Вы делаете это лучше большинства окружающих вас людей. Когда вы берётесь за дело, вы просто знаете, как это надо сделать. Способ сделать это успешно очевиден для вас. Другие тоже начинают замечать ваше умение. Это умение называется вашим даром.

В Новом Завете подчёркивается, что каждому человеку дан дар по благодати Божьей (1 Кор 7:7, Еф 4:7, 1 Пет 4:10). Списки даров, данные в Новом Завете, далеко не полные. Духовные дары, перечисленные в посланиях Павла, – это основные дары, необходимые для открытия новых общин верующих среди язычников там, где их раньше никогда не было. Нам и сегодня нужны эти особые дары, но не у всех они есть. В других частях Библии мы находим множество людей с дарами от Бога, которые служат в самых разных сферах жизни общества.

Первый человек, упомянутый в Библии, о котором говорится, что он обладал навыками, данными Святым Духом, – это Веселеил, художник и ремесленник (Исх 31:2-5). Многие другие люди с нерелигиозными дарами упоминаются в Библии. Правнук Авраама Иосиф был администратором национального уровня в Египте; Даниил был государственным деятелем в Вавилоне; Неемия – правительственным чиновником. Царь Давид был политическим лидером, музыкантом и воином. У этого списка нет конца. Божьи дары и призвание каждого человека следует понимать в контексте Его Царства как нации, то есть всего общества, в котором у каждого человека есть избранное и предназначенное для него Богом место.

Призвание Израиля состояло в том, чтобы стать народом, избранным Богом в качестве примера Его Царства для всего мира. Осуществление этого призвания началось с Божьего обещания Аврааму. Израиль был сформирован в общество под руководством Моисея, и его национальное призвание никогда не отменялось. Фактически апостол Павел в новозаветном Послании к Римлянам подтверждает, что Бог не позволит, даже несмотря на противление Израиля

Евангелию, изменить определённый Им план для этого народа.

Бог никогда не изменит Своего намерения о целях, которые Он преследовал, призывая Израиль. Он никогда не заберёт обратно дары, которые дал для выполнения Своего плана. В одиннадцатой главе Послания к Римлянам Павел объясняет это следующими образом: «В отношении к благовестию, они враги ради вас; а в отношении к избранию – возлюбленные Божии ради отцов. Ибо дары и призвание Божие непреложны» (Рим 11:28-29).

Эта библейская истина может объяснить то, что сбивало с толку величайшие умы современного мира и стало источником многочисленных ложных теорий заговора. Тайна того, почему евреи добивались большого успеха, где бы они ни были рассеяны, не может быть объяснена простыми культурными факторами, такими как упор на образование или ценность усердного труда. Другие культуры имеют схожие ценности, но не достигли подобных результатов.

Нобелевская премия была учреждена в 1895 году по завещанию, оставленному шведским учёным Альфредом Нобелем. Это серия международных наград, присуждаемых каждый год в знак признания академических, культурных или научных достижений. Согласно Википедии, по состоянию на 2017 год Нобелевские премии были присуждены 892 людям, из которых 201, или 22,5 %, были евреями, хотя общее еврейское население мира составляет менее 0,2% населения мира. Это означает, что процент еврейских лауреатов Нобелевской премии как минимум в 112,5 раз, или на 11, 25%, выше среднего.

Вдохновенные слова Нового Завета раскрывают тайну выдающихся способностей евреев, проявляющихся в широком спектре человеческих достижений. Это божественный дар, который Бог по обетованию завета даровал потомкам Авраама, Исаака и Иакова. Это знамение для еврейского народа и остального мира о Божьей верности в исполнении Его обещаний.

Вопросы для обсуждения:

1. Могу ли я вспомнить случай, когда Бог говорил со мной о Своём плане для моей жизни?
2. Давал ли я когда-нибудь осознанное обещание Богу?
3. Готов ли я делать всё, что Он мне скажет?

Молитва:

Господи, я обещаю, что, если Ты будешь говорить со мной и раскроешь мне Свой план, я найду способ сделать всё, что Ты скажешь. Услышь мою молитву и помоги мне найти путь к моему вечному предназначению!

Глава 24

Твой дар – твоё помазание

Даже не имея библейской веры, можно распознать Божий дар в некоторых людях. Например, во многих странах, если ребёнок к пяти годам умеет играть Моцарта на фортепиано или очень сильно и точно бьёт по футбольному мячу, кто-то это заметит и наверняка попытается помочь ребёнку развить свой талант в этой области. Физическая красота, успехи в учёбе, пение, игра на скрипке, фортепиано или гитаре или превосходство в такой игре, как шахматы, – это далеко не полный список даров, которые легко заметить.

Однако Библия учит, что человеческие способности должны указывать на Источник всякого доброго дара. Вера в Бога порождает настойчивость, любовь, смирение и благодарность за сами способности и за получаемое благодаря им вознаграждение. Эти важные качества характера помогают одарённым молодым людям побеждать в горячем соперничестве и в зачастую уродливой и безнравственной со стороны конкурентов борьбе за успех.

Надо признать, что в некоторых частях христианского мира основной упор делается на духовные дары, которые используются в церкви. Некоторым христианам трудно признать, что люди одарены Богом в бесконечном разнообразии сфер человеческой деятельности. После того как Израиль был избран Богом в качестве примера Его царства, только одно из двенадцати колен было специально выделено для выполнения профессиональных религиозных функций священников. Это менее 10% от всего народа. Я думаю, такое соотношение сохраняется и до сих пор.

Будучи молодым пастором, я думал, что каждый член моей общины должен стать таким же служителем, как я, и был разочарован тем, что в течение многих лет так мало людей проявляли к этому интерес или способности. По моему убеждению, это было результатом моей неспособности как их лидера. Лишь позже я понял, что у Бога никогда не было намерения, чтобы все служили Ему в качестве работников церкви либо профессиональных священников. Благочестивая, библейская религиозная деятельность жизненно важна, но это лишь *часть* Царства Божьего. Почему же мне потребовалось так много времени, чтобы понять то, что было так ясно сказано в Писании?

В Послании Ефесянам 4:7 Павел говорит: «Каждому же из нас дана благодать по мере дара Христова». Затем, несколькими стихами позже, он пишет: «И Он поставил одних Апостолами, других – пророками, иных – Евангелистами, иных – пастырями и учителями, к совершению святых, на дело служения, для созидания Тела Христова, доколе все придём в единство веры и познания Сына Божия, в мужа совершенного, в меру полного возраста Христова» (Еф 4:11-13).

Люди, одарённые Богом для служения Ему в священнической роли, несут ответственность за то, чтобы определить, а затем помочь развить призвание и дары всех остальных! Духовные дары, имеющие религиозное применение и используемые на собраниях верующих, предназначены для «оснащения» других, чтобы они могли использовать их собственные дары. «Полнота Христова» – это Его Царство, которое охватывает всё существующее, а не только Церковь.

У меня есть друг, призвание и дар которого – бухгалтерский учёт. Я же учитель Библии, и всё связанное с бухгалтерией не является частью того дара, который Бог в Своей мудрости дал мне. Когда я просматриваю многостраничную электронную таблицу, маленькие цифры выглядят для меня как муравьи, бегающие по моему столу! Но мой друг с его особым даром может смотреть на тот же документ с усмешкой. Скорее всего, он скажет что-то вроде: «Ну, для меня это совершенно ясно. Вам нужно решить некоторые финансовые проблемы! На самом деле у вас есть три основных проблемных области, и я советую сначала разобраться с этой».

Если вы похожи в этом на меня, вам следует искать друзей с таким же призванием и даром, как у моего друга.

Но, допустим, вы определили свой главный дар от Бога и намерены использовать его для Божьих целей в вашей жизни. Вы нашли данную вам Богом способность, которая позволяет вам эффективно служить Богу и другим людям, и очевидно, что они получают пользу от вашего служения. Конечно, вы понимаете, что есть и те, кто обладает подобными дары, хотя и не в точности такими же как ваши. Некоторые из них развили свои таланты гораздо больше, чем вы. Некоторые проявляют такие мощные, эффективные и прекрасные аспекты своего дара, что это помогает вам распознать невидимые измерения вашего собственного таланта. Вы исследуете опыт этих людей и учитесь у них. Вы посвящаете себя дисциплине в применении своего дара и подотчётны в его использовании.

Ваш дар становится неотъемлемой частью вашей личности и частью вашего образа жизни.

Не для того ли профессиональный спортсмен подчиняется хорошему тренеру? Как любой выдающийся спортсмен, вы также желаете стать чемпионом для Бога! В Притчах 18:16 говорится: «Дар[5] человека даёт ему простор и до вельмож доведёт его», а в Притчах 22:29 сказано: «Видел ли ты человека проворного в своём деле? Он будет стоять перед царями, он не будет стоять перед простыми». Ваш дар становится неотъемлемой частью вашей личности и частью вашего образа жизни.

Ваш дар свят. Иоанн Креститель сказал: «Не может человек ничего принимать на себя, если не будет дано ему с неба» (Ин 3:27). Верно и то, что полученное вами с небес никогда у вас не отнимется, но может быть растрачен впустую. Вы должны относиться к вашему дару с почтением и использовать его в святых целях. Однако его святость также означает, что он отделён, сохранён для вас Самим Господом. Он был задуман Богом, чтобы стать частью вас. Он уникален и навсегда ваш. Никто не может использовать его, кроме

[5] С иврита слово *матáн* может быть переведено и как «подарок», и как «дар» (в смысле «дарование»).

вас, и ни у кого нет и никогда не будет такого же дара, как у вас.

Раньше я считал, что Божьи дары не были определены в Его суверенном вечном плане для меня, и получу я их или нет, будет зависеть от того, насколько «хорошо» я буду себя вести или насколько верен буду в молитве. Я думал, что если буду достаточно поститься, бодрствовать и сидеть в первом ряду на богослужении, Святой Дух может просто появиться и начать раздавать дары. Я отчаянно хотел стать человеком, одарённым Богом, но все мои усилия не увенчались успехом. Наконец я начал понимать, что мой дар является частью Божьего замысла обо мне. В моём или твоём даре нет ничего случайного. Бог проектирует и создаёт наши дары, соответствующие нашему уникальному призванию. Чтобы исполнить Его план для наших жизней, нам просто необходимы эти особые дары.

Эффективное использование вашего Божьего дара доставляет Богу большое удовольствие. Когда наш первый внук был совсем маленьким, взрослые члены семьи с любовью старались сделать ему такой подарок, которым он будет наслаждаться и играть больше, чем с другими игрушками. Удачно подарив самую используемую игрушку месяца или недели, некоторые из нас чувствовали себя хорошо и даже внутренне хвастались: «Смотрите, он играется с *моей* игрушкой! Это *я* приготовил для него».

Я думаю, Богу доставляет огромное удовольствие наблюдать, как Его дети находят свои дары и используют их с преданностью и радостью. Это настолько угодно отеческому сердцу Бога, что время от времени Он может просто протянуть к вам Свою могучую руку и прикоснуться к вашему дару, наделяя его сверхъестественной силой!

Допустим, вы любите детей и знаете, что воспитание детей – ваше призвание. Другие члены вашей семьи тоже видят это в вас и говорят, что вы отличная мать. В конце концов, вы становитесь директором детским садом и несколько дней в неделю под вашей ответственностью находятся дети из пятнадцати-двадцати семей. Вы всегда тихо молитесь за каждого ребёнка, а иногда и дома молитесь за их семьи.

И вот одна из матерей звонит вам и говорит: «Я знаю, что в вашей группе есть что-то необычное. С тех пор как мой сын начал ходить в ваш сад, у него прошли приступы астмы. Что вы там делаете такого особенного?» Вы не сделали ничего, чтобы исцелить мальчика, но знаете, что это сделал Бог. Это называется «помазание» Духа Божьего.

Ваше помазание, как и ваш дар от Бога, свято, то есть отделено для служения Богу и является чем-то особенным в отношениях между Богом и вами. Сверхъестественная сила Бога никогда не рождается в нас, но даётся по суверенной благодати и благоволению Господа. Когда Божье помазание даётся кому-либо, оно является личным и специфичным. Поскольку эта Божья благодать предназначена исключительно для вас, вы не можете иметь помазание, которое принадлежит кому-то другому. Я знаю, что некоторые люди верят, будто могут передать вам своё помазание. И я тоже стоял в молитвенных очередях за помазанием на протяжении многих лет. Это никогда не работало для меня, и я не думаю, что это работает для кого-либо другого. Человек, который, имея помазание, использует свой дар, может ободрить вас, вдохновить, расшевелить, зажечь в вас святую ревность, но вы не можете обладать тем, что принадлежит другому человеку. Вы должны искать и находить своё собственное помазание от Господа.

Кто-то может сослаться на библейский пример Елисея, ученика Илии, который получил вдвое большее помазания, чем его наставник. Но если вы внимательно прочитаете Писание, то увидите, что именно Бог избрал Елисея и повелел Илии помазать его в пророки вместо себя (3 Цар 19:16). Когда Илия был взят на небо и Елисей начал своё пророческое служение, сыновья пророков сказали: «Опочил дух Илии на Елисее» (4 Цар 2:15). Но Бог не говорил, что Елисей получил помазание Илии. После ухода Илии Елисей получил личное помазание от Господа. Иоанн Креститель, который позже пришёл служить в «духе и силе Илии», сказал: «Не может человек ничего принимать на себя, если не будет дано ему с неба» (Ин 3:27).

Использовать свой дар с усердием и быть помазанным Богом очень важно, потому что это оказывает благотворное влияние на окружающих людей. Влияние, которое вы оказываете для Бога и Его Царства на жизнь других людей, определяет плодотворность вашего собственного призвания. Ваша плодотворность жизненно важна, потому что добрые дела, которые Бог приготовил для вас ещё до вашего рождения, доводят вашу веру до совершенства. Без этих дел ваша вера бесполезна (Иак 2:14 и 20).

Добрые дела также определяют и вашу вечную награду. Апостол Павел заметил, что будут и те, кто злоупотребит своим даром или просто не станет плодоносным, тем не менее получит вечную жизнь от Бога, но не получит награды (1 Кор 3:13-15). Я слышал, как некоторые люди говорят, что собираются дождаться момента, когда окажутся на смертном одре, чтобы покаяться и спастись. Это очень опасное решение, поскольку вряд ли кто-то из нас знает точное время, когда закончится наша жизнь. Есть также христиане, которые говорят: «Я надеюсь просто попасть на небеса и не хочу никакой награды!» Вокруг нас весь мир духовно стенает и ищет помощи и спасения. Мы окружены множеством возможностей использовать наши дары и Божье помазание. Почему же тогда кто-то, живущий сегодня и имеющий доступ по вере к удивительной Божьей благодати и силе Святого Духа, желает спастись, не принеся духовных плодов и не получив вечной награды от Бога?

Вопросы для обсуждения:

1. Знаю ли я, в чём мой главный дар от Бога?
2. Испытывал ли я Божье помазание на даре, который Он дал мне?
3. Привлекает ли меня обещание небесной награды?

Молитва:

Господи, пожалуйста, помоги мне определить и использовать дар, который Ты приготовил для меня. Дай мне смирение, посвящение и Твоё помазание, когда я буду использовать то, что Ты дал мне.

Глава 25

Где же мои плоды?

Плодотворность – это наше влияние на окружающих людей, которое мы оказываем благодаря тому, чтó Бог вложил в наши жизни и что хорошо в Его глазах. Иметь в своей жизни плоды очень важно, так как наступит день, когда каждый из нас предстанет перед нашим Царём и даст Ему отчёт о том, что он сделал в жизни. Много лет назад лидеры служения для наркоманов и алкоголиков пригласили меня прийти к ним и провести библейский урок. Я с радостью принял приглашение, и меня попросили учить на тему «Суд и вечная награда».

Но правда заключалась в том, что я никогда раньше не проповедовал о Божьем Суде. Причина была проста: такие проповеди обычно не приводят к большему заполнению мест в зале на нашем богослужении! Будучи сфокусированным на росте церкви, я думал, что привлечение людей на еженедельные собрания и есть мой способ распространения Царства Божьего. Тем не менее, для проходящих реабилитацию скромных и духовно голодных ребят я был готов учить всему, что потребуется, и поэтому приступил к исследованию данной темы. Как же я был потрясён! Почти все места Писания о Божьем Суде, которые я нашёл в Новом Завете, касались наших поступков, а не наших убеждений.

Иисус сказал: «Ибо от слов своих оправдаешься, и от слов своих осудишься» (Мф 12:37), а также: «Ибо придёт Сын Человеческий во славе Отца Своего с Ангелами Своими и тогда воздаст каждому по делам его» (Мф 16:27). В книге Откровения 20:12 показано, что мёртвые будут судимы в соответствии со своими делами или поступками. Если мы хотим услышать в наш последний день, как Учитель скажет нам: «Хорошо, добрый и верный раб», – было бы неплохо сделать к тому времени что-то, что угодно Ему и заслуживает Его одобрения!

Но что же от нас требуется? Как мы можем иметь дерзновенную веру в то, что наши дела окажутся угодными Богу в тот день?

В течение многих лет я не хотел проповедовать или учить о Божьем Суде, так как думал, что это напугает мою общину и повлечёт за собой тяжёлые проблемы осуждения и вины. Теперь же я считаю, что правильно преподанная тема Божьего Суда несёт людям освобождение. Если от меня требуется добросовестно «пробежать дистанцию» с духовной стойкостью (Евр 12:1) да ещё и так, чтобы победить (1 Кор 9:24), мне необходимо знать, где находится финишная черта!

Вот ещё один подход к размышлению о Суде. Представьте, что все мы учимся в институте и приближается конец семестра. Не секрет, что для получения диплома о высшем образовании необходимо сдать выпускной экзамен.

Но вдруг перед окончанием семестра руководство института делает объявление: «Любой студент, если захочет, может заранее получить вопросы, которые будут на экзамене!» Неужели, будучи студентом, вы не захотите посмотреть экзаменационные вопросы? Конечно же, захотите. Но если вы знаете, что будут спрашивать на экзамене, вы также знаете и нечто, что несёт в себе облегчение и свободу: вы знаете, чего на экзамене *не* будет! Если вас не будут спрашивать о чём-то, вы можете просто игнорировать материал по этой теме. И теперь, когда вы знаете тему, по которой вам нужно будет дать ответ, вы можете сосредоточить на ней всё своё внимание и сконцентрировать все силы! Как ученику Господа вам нужно изучать и выполнять только ту работу, которой Он требует от вас.

Когда разговор идёт о Суде, мы знаем, насколько важно стремиться к освящению в нашей жизни. Это означает, что все мы каждый день должны бороться со своей плотской природой и эгоистическими мотивами, чтобы постепенно освобождаться от грехов, к которым нас склоняют наши неосвящённые тело и разум. Потерпев неудачу, мы верой полагаемся на милость Бога, дарованную нам благодаря жертвенной любви и благодати Иисуса, чтобы покрыть наши промахи и помочь продолжать борьбу! Освящение практично и происходит постепенно. Со временем, если мы не сдаёмся, наши мысли, мотивы и привычки меняются. Это укрепляет наши отношения с Богом и увеличивает нашу полезность для других людей. Помогая другим преуспеть в жизни, мы являемся инструментом Божьей благодати. Иисус был не только свят, Он также совершал поступки, которые приводили к благочестивым изменениям в жизни других людей. Сделанное Им для нашего искупления сломило силу греха, позволив и нам исполнять то, что нам определено сделать здесь, на земле.

Многие люди хотели бы знать, за что они несут ответственность в жизни, и я уверен, что существует великое множество учений и теорий на эту тему. Но я думаю, что мы ответственны за то, о чём Господь, скорее всего, спросит вас в день Суда. А Бог непременно спросит о плане, который Он составил для вас ещё до вашего рождения. Это Его план, который был у Него в уме, когда Он создавал вас. Это Его мечта, которую Он имел в Своём сердце для вас, когда вы были уникальным образом созданы Им.

Бог непременно спросит о плане, который Он составил для вас ещё до вашего рождения.

В тот день, когда вы предстанете перед Богом, чтобы дать отчёт, Он наверняка расскажет вам о Своей изначальной цели для вашей жизни. Может ли Он возложить на вас ответственность за то, для чего Он вас *не* замышлял? Ваши добрые дела – это действия, записанные в Его благом и совершенном плане для вашей жизни. Всё остальное – мёртвые дела. «Ибо Я знаю намерения, какие имею о вас, говорит Господь, намерения во благо, а не на зло, чтобы дать вам будущность и надежду. И воззовёте ко Мне, и пойдёте и помолитесь Мне, и Я услышу вас; и взыщете Меня и найдёте, если взыщете Меня всем сердцем вашим» (Иер 29:11-13).

Благодаря Божьей любви Его план для каждого человека – это хороший план. Нам дана свобода и ответственность выбирать, как жить, но Бог открывает Свою благую волю тем, кто ищет Его всем сердцем. Некоторым из нас дано что-то малое, а другим – что-то большое. И от того, кому много дано, Бог ожидает большего плода.

В конце концов, важно не то, сколько вам дал Бог, а то, сделали ли вы то, что Он сказал вам сделать! Да поможет Бог каждому из нас услышать голос Божий и постичь верой наше святое призвание, соответствующее Его вечной воле о нас (2 Тим 1:9).

Вопросы для обсуждения:

1. Как я могу узнать, что приношу в своей жизни духовные плоды?
2. Если я попрошу Его в молитве, направит ли меня Бог к моему призванию и месту, где я буду плодотворен?
3. Уверен ли я сейчас, что Бог доволен моей жизнью?

Молитва:

Господи, я хочу быть очень плодотворным для Тебя в своей жизни. Пожалуйста, укрепи мою веру в то, что Ты предан моему духовному успеху, направляешь меня и смотришь на меня с любовью.

Глава 26

Вниз – значит вверх

Многие считают Нагорную проповедь наиболее всеобъемлющим из учений Иисуса. Некоторые говорят, что это самое высокое моральное учение в истории человечества. Величайший учитель из всех когда-либо живших произнёс вдохновенные слова, которые в течение двух тысяч лет продолжают изменять жизни бесчисленного множества людей. Это потрясающее учение начинается с так называемых Заповедей блаженства – по девяти блаженствам-благословениям, описанным Иисусом в первых одиннадцати стихах пятой главы Евангелия от Матфея.

Увидев народ, Он взошёл на гору; и, когда сел, приступили к Нему ученики Его. И Он, отверзши уста Свои, учил их, говоря:

Блаженны нищие духом, ибо их есть Царство Небесное.

Блаженны плачущие, ибо они утешатся.

Блаженны кроткие, ибо они наследуют землю.

Блаженны алчущие и жаждущие правды, ибо они насытятся.
Блаженны милостивые, ибо они помилованы будут.
Блаженны чистые сердцем, ибо они Бога узрят.
Блаженны миротворцы, ибо они будут наречены сынами Божиими.
Блаженны изгнанные за правду, ибо их есть Царство Небесное.
Блаженны вы, когда будут поносить вас и гнать и всячески неправедно злословить за Меня.

Пожалуйста, обратите внимание, что это учение начиналось как частный урок для учеников Иисуса. Мы уже видели, что Иисус постоянно удалялся от толпы и искал возможности провести время только со Своими учениками. Всякий раз, когда Он учил их наедине, вдали от толпы, результатом становилось потрясающее своей ясностью откровение истины. 24-я и 25-я главы Евангелия от Матфея – это лишь два примера из многих. Нагорная проповедь была обращена к ученикам, но другие люди, должно быть, последовали за ними и присоединились к ним, потому что в конце учения Иисуса говорится: «*Народ* дивился учению Его» (Мф 7:28).

Этими девятью блаженствами Иисус перевернул с ног на голову и картину мира, знакомую Его ученикам, и привычное *нам* понимание современного мира. Он говорил: то, что вы считаете восхождением, на самом деле есть спуск на дно, а то, что считаете уничижением – есть подъём. То, что вы считаете низким и ничтожным, в действительности является местом, где вы найдёте славу, силу, влияние и присутствие Бога. Если вы хотите, чтобы ваша жизнь имела вечное наследие, его не стоит искать, лавируя и прогрызая свой путь к вершине человеческой пирамиды! Мы обретаем прочное и непоколебимое наследие для Божьего Царства не в поиске людей, обладающих политической властью, финансовым богатством или культурным влиянием. Наше вечное наследие начинается не со взгляда вверх, на тех, у кого больше благ, чем у нас, а со взгляда вниз и внимания к тем, у кого их меньше.

Наше вечное наследие начинается не со взгляда вверх, на тех, у кого больше благ, чем у нас, а со взгляда вниз и внимания к тем, у кого их меньше.

Читая Евангелие от Матфея 5:3, мы точно не знаем, кто имеется в виду под «нищими духом», но это определённо не относится к человеку самодовольному, ощущающему свою силу и полному гордости. Это может относиться к человеку с разбитым сердцем, переживающему внутреннюю пустоту и скорбящему о своих недостатках. На самом деле мы не хотим быть нищими духом. Нам это не кажется благословением, но Господь думает иначе. Он говорит, что именно «нищие духом» получают Его Царство, что означает полноту Его присутствия и силы.

Тот, кто скорбит, возможно, недавно потерял близкого родственника или любимого человека. Мы не думаем, что скорбь – это большое благословение, и надеемся не оказаться в таком состоянии. Однако Господь говорит, что скорбящие получают Божье благословение и именно им даётся Его утешение.

Наша реальность не позволяет утверждать, что богатствами земли овладевают благородные люди. Для защиты наших границ нужны боевые самолёты и танки, а наши споры о недвижимости часто сопровождаются ожесточёнными судебными тяжбами. Тем не менее Господь обещал, что именно искренне кротким и смиренным людям Бог даст землю и её ресурсы. Далее Он сказал, что люди, которые сегодня страдают от несправедливости, коррупции и угнетения, будут утешены присутствием и защитой Праведного Судьи всей земли.

Учение Иисуса переворачивает известный нам мировой порядок с ног на голову и открывает для нас возможность оказать важное и долгосрочное влияние на нашу жизнь. Это учение не о подъёме в обществе, а скорее о необходимости спускаться в самые его низы и помогать тому, у кого есть потребность, которую мы можем удовлетворить. Наибольшим толчком для служения, как и для многих успешных бизнесов, становился момент, когда кто-то замечал нуждающегося человека и делал что-то практическое, чтобы помочь ему. Мы находим свободу и благословения Божьи, когда смотрим вниз, идём по долине дорогой служения и начинаем помогать другим.

Несколько лет назад в одном из наших зданий на горе Кармель мы открыли служение помощи женщинам, нуждающимся в убежище. Через некоторое время директору нашего шелтера позвонили из иммиграционной полиции и спросили, примет ли она суданскую женщину и её дочь, пришедших из Синайской пустыни на территорию Израиля в поисках убежища. В то время появились сообщения о геноциде в Дарфуре, регионе на западе Судана, а Судан официально находился в состоянии войны с Израилем. Если мы не примем их и не дадим приют, с женщиной и её дочерью будут обращаться как с пособниками врага. После краткой молитвы директор ответила «да».

Так начался поток суданских женщин и детей, спасающихся от ужасов войны в своей стране и прибывающих в наш шелтер. После бегства из Судана в Египет, где многие столкнулись с преследованиями и убийствами, некоторые платили бедуинам, чтобы те отвезли их на Синай, где в поисках убежища в Израиле им предстояло пройти через очень опасную территорию. Приняв их, мы столкнулись с серьёзными проблемами. Мы не понимали ни их языка, ни их племенной культуры, ни обычаев. Мы были совершенно не подготовлены к тому, чтобы заботиться о травмированных и раненых африканских женщинах и их дстях. В шелтере происходили драки между женщинами, а отношения с нашими соседями создавали дополнительные трудности. Сотрудники нашего служения занялись улаживанием споров и заботой о чужестранцах, которые из-за войны разлучились с семьёй и лишились дома.

Напряжённость в служении нарастала, и я уже забеспокоился о том, что мы допустили ужасную ошибку, когда отвлекли внимание от служения народу Израиля. Тем не менее, со временем израильские газеты узнали о нашем шелтере и неожиданно стали связываться с нами, чтобы рассказать об этом. Мы не часто видим положительное или просто справедливое освещение жизни мессианской общины в израильской прессе, но ради этой истории журналисты пообещали написать о нашей вере без искажений. Вскоре на первых страницах ежедневных газет на иврите начали появляться статьи с многочисленными историями реабилитации женщин и детей и заботе о них. Газеты также писали, что мы

– община мессианских израильских евреев и верующих из язычников, которые заботятся о пришельцах в соответствии с Божьими заповедями.

Когда я увидел эти статьи с фотографиями женщин из шелтера в газетах нашей страны и даже по телевидению, я понял, что эти простые беженцы, не имеющие ни денег, ни положения в нашем обществе, беспрецедентным образом прославили имя Господа среди Его собственного израильского народа. Хотя они были одними из самых слабых и отверженных людей в нашей стране, именно они привели к широкой огласке имени Иисуса в Израиле, которую нельзя купить за деньги или приобрести с помощью политического влияния. Несомненно, в Божьем Царстве «вниз» значит «вверх», и спустившийся до самого дна, всегда поднимается вверх.

Вопросы для обсуждения:

1. Почему Иисус хотел, чтобы Его ученики смотрели вниз в поисках возможностей для служения?
2. Кто находится на дне нашего общества?
3. Если подумать о людях в моей повседневной жизни, есть ли среди моих знакомых те, кто сейчас нуждается в помощи, которую я могу им оказать?

Молитва:

Господи, научи меня смотреть вниз, а не вверх, чтобы найти славу, силу и влияние Твоего Царства. Помоги мне замечать людей в моём окружении, чьи нужды я могу удовлетворить.

Глава 27

Свобода от стремления к успеху

Во времена Моисея, описанные в книге Исход, народ Израиля стал рабом в земле Египта. Произошло это потому, что после смерти Иосифа, поднявшегося до уровня премьер-министра, к власти пришёл другой фараон, который «не знал Иосифа», и народ Израиля подвергся гонениям и обращению в рабство. Египет превратился в могучую империю, правившую народами от Северной Африки до Ближнего Востока.

На тот момент народ Израиля представлял собой собрание различных племён, небольшую этническую группу, лишённую влияния в египетском обществе. Они были изгоями в культурной среде египтян, принуждаемыми к ручному труду на самой низкой ступени экономической пирамиды. Со временем Египет становится библейским прообразом и символом греховной политической и религиозной системы, характеризующейся несправедливостью и рабством, – всем тем, против чего выступает библейский

Бог в Своём Царстве.

Десять раз в книге Исход Бог использовал одну и ту же фразу, говоря с фараоном Египта через Своего пророка, Моисея: «Господь, Бог Евреев, послал меня сказать тебе: *Отпусти народ Мой*, чтобы он совершил Мне служение в пустыне; но вот, ты доселе не послушался» (Исх 7:16). Фараон хотел, чтобы Божий народ был у него в рабстве, но Бог желал, чтобы Израиль поклонялся и служил Ему как свободный народ.

Вы здесь, чтобы служить – или чтобы служили вам?

В этом мы видим противостояние и столкновение двух миров. Земная система, символизируемая в Библии Египтом (а позже Вавилоном), движима честолюбием и пренебрежением к страданиям людей и характеризуется соперничеством в стремлении занять высшую позицию власти.

Царство Божье, напротив, заключается в неизменном стремлении с верой посвятить свою жизнь послушанию Богу, повелевшему любить и выражать эту любовь через поклонение и служение. Положить свою жизнь на служение и склониться в почитании перед Богом или ближним значит занять самое низкое место, во всём положиться на Бога и помогать тем, кто больше всего в этом нуждается. Как и в дни исхода, наши внутренние мотивы обнаруживаются в огненных испытаниях и лишениях. Каждый из нас сталкивается с необходимостью ответить на вопрос: вы здесь, чтобы служить – или чтобы служили вам? Для ответа на этот вопрос требуется такая искренность и правдивость, которая способна принести нам свободу. Это помогает нам также определить природу истинной свободы.

Апостол Павел, хотя и происходил из религиозной среды, славившейся ревностным соблюдением ограничений, стал известен как апостол «свободного сердца». Он нашёл свободу в стремлении помочь другим, мотивом же Павла была любовь, а не личные амбиции.

Он отказался от религиозных привилегий еврея и социальных преимуществ римского гражданина, чтобы отправиться к простым людям в языческом мире, многие из которых были рабами. В своей книге «Павел: Апостол освобождённого сердца» учёный-библеист Ф. Ф. Брюс пишет о Павле следующее: «Там, где любовь является непреодолимой движущей силой, нет ощущения напряжения, конфликта или рабства в том, чтобы поступать правильно: мужчина или женщина, движимые любовью Иисуса и наделённые силой Его Духа, исполняют волю Божию от всего сердца. Ибо (как Павел мог сказать по своему опыту) “где Дух Господень, там сердце свободно” (2 Кор 3:17)».

Сам Павел писал Коринфянам: «Будучи свободен от всех, я всем поработил себя, дабы больше приобрести… для немощных был как немощный, чтобы приобрести немощных. Для всех я сделался всем, чтобы спасти по крайней мере некоторых. Сие же делаю для Евангелия, чтобы быть соучастником его» (1 Кор 9:19, 22-23).

Мотив любви и служения призывает нас смотреть на самые низы общества, и это становится светом благочестивого примера, в котором мир нуждается во время тьмы. Воля к власти и стремление подняться по социальной лестнице очень легко искажаются грехом. Сатана был тем, кто сказал: «Взойду, уподоблюсь Богу». Многие считают, что слова Исаии содержат библейское описание самого сатаны: «Как упал ты с неба, денница, сын зари! разбился о землю, попиравший народы. А говорил в сердце своём: “взойду на небо, выше звёзд Божиих вознесу престол мой и сяду на горе в сонме богов, на краю севера; взойду на высоты облачные, буду подобен Всевышнему”» (Ис 14:12-14).

Человеческие амбиции говорят: «Для меня важно подняться по лестнице успеха, чего бы это ни стоило мне или другим. Я сделаю всё возможное, чтобы прийти первым, а не последним, и взойти на высшую ступеньку власти!» Египтяне строили массивные пирамиды как символы того, что они считали божественным и вечным. Это была картина их общества – наверху несколько человек, обладающих властью, деньгами и другими привилегиями, а внизу – огромная масса бедняков и рабов. Чем больше людей внизу, тем больше пирамида. Многие правительства, бизнесы, организации и даже некоторые церкви сегодня построены по подобию этих пирамид.

Путь Божьего Царства и путь свободы говорит: «Я не буду стремиться взбираться на пирамиду, а буду и впредь ходить по земле как простые сыновья или дочери Божьи, которые живут, чтобы служить другим. Более того, я преклонюсь перед истинным Богом. Я буду каждый день отдавать свою жизнь, чтобы служить Богу и людям в самых обыденных нуждах. В служении я обретаю свой дар, свою страсть к Богу, своё наследство, свою судьбу и свою награду. В поклонении и почитании я повсюду открываю Божью силу и благость!». Вдохновенный псалмопевец записал: «Куда пойду от Духа Твоего, и от лица Твоего куда убегу? Взойду ли на небо – Ты там; сойду ли в преисподнюю – и там Ты. Возьму ли крылья зари и переселюсь на край моря, – и там рука Твоя поведёт меня, и удержит меня десница Твоя» (Пс 139:7-10).

В Царстве Божьем «вниз» значит «вверх», но даже у Иисуса было искушение подняться на вершину пирамиды. Автор одного из Евангелий и ученик Иисуса Матфей писал: «Потом берёт Его диавол в святой город и поставляет Его на крыле храма, и говорит Ему: если Ты Сын Божий, бросься вниз, ибо написано: "Ангелам Своим заповедает о Тебе, и на руках понесут Тебя, да не преткнёшься о камень ногою Твоей"» (Мф 4:5-6).

Величественный Иерусалимский храм был самым высоким зданием в Израиле. Он был построен на вершине горы Мориа среди Иудейских холмов. Это было не только топографически высокое место, но и точка максимального духовного подъёма всего народа. Сатана искушал Иисуса превратить Его служение в грандиозное религиозное зрелище, которое заставит людей ахнуть от изумления, а затем поклясться, что они были свидетелями искупительного действия Божьей руки. Но Иисус отказался.

Затем дьявол искушал Иисуса политической властью и влиянием денег. «Опять берёт Его дьявол на весьма высокую гору и показывает Ему все царства мира и славу их, и говорит Ему: всё это дам Тебе, если, пав, поклонишься мне. Тогда Иисус говорит ему: отойди от Меня, сатана, ибо написано: "Господу Богу твоему поклоняйся и Ему одному служи". Тогда оставляет Его дьявол, и се, Ангелы приступили и служили Ему» (Мф 4:8-11).

Вместо того чтобы стремиться к самому высокому положению, Иисус выбрал самое низкое. Он выбрал путь любви и служения, путь, который вёл через унижения, страдания и смерть к сиянию славы Его Царства. Ни один человеческий взор не следил за Иисусом, когда Он принимал решения, которые освобождали нас от греха. Но Его видели ангелы, и они пришли послужить Ему. Свобода требует посвящённости и неотступных усилий, но именно в этом удел истинных учеников. Для тех, кто решил следовать за Иисусом, тот же самый Дух, который воскресил Его из могилы, дан каждому из нас в качестве залога нашего наследия. Апостол Павел писал:

> *«Ничего не делайте по любопрению или по тщеславию, но по смиренномудрию почитайте один другого высшим себя. Не о себе только каждый заботься, но каждый и о других. Ибо в вас должны быть те же чувствования, какие и во Христе Иисусе: Он, будучи образом Божиим, не почитал хищением быть равным Богу; но уничижил Себя Самого, приняв образ раба, сделавшись подобным человекам и по виду став как человек; смирил Себя, быв послушным даже до смерти, и смерти крестной. Посему и Бог превознёс Его и дал Ему имя выше всякого имени, дабы пред именем Иисуса преклонилось всякое колено небесных, земных и преисподних, и всякий язык исповедал, что Господь Иисус Христос в славу Бога Отца» (Флп 2:3-11).*

Оглядываясь назад после прочтения богодухновенных историй из Библии, кем бы вы предпочли быть: Иосифом или египетским фараоном во времена голода, упомянутого в книге Бытие? Фараон почитался своим народом за бога и, вероятно, был самым могущественным и влиятельным человеком современного ему мира. Но сегодня миллиарды людей знают имя и историю Иосифа и вряд ли кто-то может назвать имя этого фараона.

А как насчёт дней Моисея и исхода из Египта? Кем бы вы предпочли быть: Моисеем или фараоном, которому он противостал в Египте через четыреста лет после Иосифа? Вы бы предпочли быть пророком Даниилом или Навуходоносором в Вавилоне? Иисусом, Сыном Божьим, или Понтием Пилатом, римским правителем? Конечно, мы бы выбрали Иосифа, Моисея, Даниила и Иисуса. Каждый из этих людей шёл по низинной дороге и говорил истину могущественным правителям своих дней. Но при этом Иосиф был рабом и узником тринадцать лет; Моисей сорок лет был беглецом; Даниил – чужеземным пленником, претерпевшим ров со львами, а Иисус омыл ноги Своим ученикам и затем пошёл на крест. Дорога в низине – это путь к свободе от рабства и стремления к успеху.

Вопросы для обсуждения:

1. Знаю ли я людей, которые подобны рабам в своём стремлении к успеху?
2. Как я могу найти путь смирения и идти по нему к свободе в своей жизни?
3. Поможет ли мне Бог в трудных ситуациях, когда я не могу помочь себе сам?

Молитва:

Господи, пожалуйста, сохрани моё сердце от эгоистичных амбиций даже в служении. Иисус, Ты путь, истина и жизнь для меня и для всех, кто стремятся быть Твоими учениками.

Глава 28

Ключи в руках других людей

Поскольку все мы созданы по образу Божию, после Бога только люди представляют высшую ценность на небе и на земле. За исключением вечной ценности человеческой души, всё, что считается ценным в нашем мире, например еда, кров, безопасность, деньги, политическая власть, семья, слава и даже человеческая любовь, – находится в руках других людей и может быть дано нам ими. После Божьей благодати и Его благоволения именно осознание ценности других людей определяет земной успех или неудачу в нашей жизни.

Апостол Павел подчёркивал важность других людей в нашем стремлении уподобиться Христу. Он писал: «Ничего не делайте по любопрению или по тщеславию, но по смиренномудрию почитайте один другого высшим себя. Не о себе только каждый заботься, но каждый и о других» (Флп 2:3-4).

Иисус сказал, что любовь к другим и забота об их потребностях – это путь к величию в Божьем Царстве (Мф 20:25-28). Это также и путь к величию в нашем современном обществе. Любить и служить ближнему на деле – вот секрет эффективной политики. Посмотрите на пример Махатмы Ганди, который привёл Индию к независимости от Великобритании ненасильственными средствами. Ему приписывают следующие высказывания: «Вы должны быть той переменой, которую хотите видеть в мире. Лучший способ найти себя – это потерять себя в служении другим». Ганди, индуист, многому научился, читая Библию. Он писал: «Что для меня значит Иисус? Для меня Он был одним из величайших учителей, которых когда-либо знало человечество», и «Иисус жил бы и умер напрасно, если бы Он не научил нас регулировать всю нашу жизнь вечным законом любви».

В 1960-е годы преподобный Мартин Лютер Кинг мобилизовал миллионы чернокожих и белых американцев на ненасильственные марши в поддержку гражданских прав в Соединённых Штатах. Эти мощные демонстрации затронули сознание и изменили культуру нации. В 1963 году в своей ныне знаменитой речи «У меня есть мечта» преподобный Кинг сказал: «У меня есть мечта, что мои четверо маленьких детей однажды будут жить в стране, где о них будут судить не по цвету кожи, а по полноте их характера». Преподобный Кинг стал смелым голосом, говорящим от имени родителей и детей по всей Америке. Для всего мира он стал примером сильного лидера, не имеющего политической власти, но способного нести изменения и стать голосом многих людей.

Нельсон Мандела из Южной Африки – это ещё один пример лидера, который принёс для своей нации перемены к лучшему благодаря своей жертвенности и служению необразованным и простым людям. Мандела провёл двадцать семь лет в тюрьме как политический заключённый, а затем вышел на свободу, чтобы привести свою партию Африканский Национальный Конгресс к победе на выборах, положивших конец апартеиду в Южной Африке.

Нет необходимости соглашаться со всеми верованиями и обычаями этих людей, чтобы увидеть, что они добились чего-то великого для своего народа. Все они (как и добрый самарянин в учении Иисуса) добились значительных результатов, неустанно помогая бедным и относительно беспомощным людям. Великий пророк Исаия призывает всех нас задуматься о том, как Бог наделяет силой бедных. «Уповайте на Господа вовеки, ибо Господь Бог есть твердыня вечная: Он ниспроверг живших на высоте, высоко стоявший город; поверг его, поверг на землю, бросил его в прах. Нога попирает его, ноги бедного, стопы нищих» (Ис 26:4-6).

Конечно, кроме Господа, нет совершенных людей, и даже у великих лидеров бывают «глиняные ноги», как у колосса из сна Навуходоносора. Есть бесчисленное множество способов извратить и исказить истину о том, что политическая власть приходит через жертвенное служение другим. Но даже если в наших городах есть безвкусные неоновые огни и кричащие рекламой экраны, это не отрицает красоту и силу солнца, которое восходит каждое утро. Божий Дух излучает истину в нашем несовершенном и сокрушённом мире всем – как святым, так и грешникам. Сам Иисус сказал, что Бог «повелевает солнцу Своему восходить над злыми и добрыми и посылает дождь на праведных и неправедных» (Мф 5:45).

Многие известные достижения в бизнесе были мотивированы желанием послужить ближнему и проявить к нему практическую любовь. Говорят, что беспрецедентный успех американской экономики свободного рынка за последнее пару столетий – это результат системы, которая побуждает даже нераскаявшихся грешников и атеистов вести себя подобно доброму самарянину. Иными словами, если вы видите вокруг себя людей с их законными потребностями, если вы принимаете правильные решения и усердно работаете, чтобы по разумной цене предоставить им то, в чём они нуждаются, экономика вознаградит вас деньгами и даже славой. Исполнение Божьей заповеди «возлюби ближнего своего» может привести к благословению бизнеса.

Когда в 1886 году Карл Бенц изобрёл в Германии автомобиль, Генри Форд был простым молодым человеком со страстью к технике; происходил он из фермерской среды в Центральной Америке. Двадцать лет спустя автомобили по большей части все ещё собирались вручную, как дорогие игрушки для богачей. Генри Форд был выдающимся лидером, хотя и не самым приятным человеком. Он имел необузданный характер и придерживался резко антисемитских взглядов, которые послужили поддержкой политическому взлёту Адольфа Гитлера в Германии на раннем этапе. Но Форд увидел в автомобиле настолько полезное изобретение, что решил сделать его доступным каждой американской семье. Его стремление создать доступный семейный автомобиль привело к изобретению конвейера и выпуску модели «Т» в 1908 году. Её невероятный успех изменил мир и сделал Генри Форда одним из самых богатых и известных американцев своего времени.

Братья Ричард и Морис Макдональды открыли свой первый киоск с хот-догами в Калифорнии в 1937 году. Их видение, которое развивалось в течение следующих нескольких лет, заключалось в том, чтобы обеспечить доступными ресторанными блюдами семьи простого рабочего класса, которые хлынули в Калифорнию после Второй мировой войны. Со временем они переключились на гамбургеры и, оптимизировав производство, в 1953 году начали франчайзинг своего растущего бизнеса. В 1954 году они стали партнёрами Рэя Крока, который позже выкупил их долю бизнеса и сделал McDonald's самым успешным ресторанным бизнесом в истории с филиалами и торговой маркой, известной по всему миру. А всё начиналось с того, что братья Макдональды усердно работали, ища лучший способ стать в прямом смысле слугами своих соседей.

Генри Форд с его автомобилями и братья Макдональды с гамбургерами – это два примера американских предпринимателей, которые нашли успешные способы предоставить полезную продукцию американским семьям с ограниченным доходом. Совсем недавно компьютерщики, бизнес-лидеры, предприниматели и учёные вместе с тысячами других людей разработали технологию, которая позволила мощности вычислительной техники перевести из дорогостоящих специализированных лабораторий в повседневную жизнь работающих людей и даже в руки школьников. Это привело к современному экономическому взрыву Интернета, позволившему использовать электронную почту, потоковую передачу видео, онлайн-покупки и социальные сети, которые изменили современный мир. Для чего будут использованы эти достижения? Для того чтобы нести веру и лучшую жизнь миллионам людей – или в качестве инструментов эксплуатации и контроля?

Благодаря любви Бога ко всему человечеству помощь в удовлетворении потребностей окружающих вас людей всегда будет ключом к плодотворности. Ученичество предполагает дисциплину сохранения наших мотивов в чистоте, особенно когда лучшие наши усилия начинают давать положительные результаты. С успехом в глазах общества, будь то в служении, бизнесе или любом другом деле, приходит искушение контролировать других или манипулировать ими ради собственного блага.

Благодаря любви Бога ко всему человечеству помощь в удовлетворении потребностей окружающих вас людей всегда будет ключом к плодотворности.

Но истинные ученики Иисуса осознают, что наши дары и сила для их использования исходят только от Бога, перед Которым мы всегда несём ответственность. Любовь к Богу и любовь к ближнему своему – две важнейшие заповеди Господа. Павел писал, что «любовь Божия излилась в сердца наши Духом Святым, данным нам» (Рим 5:5). Мы склонны интерпретировать эту любовь как эмоцию или что-то, связанное с христианской верой, и преуменьшать значение того, что Бог целенаправленно выражает Свою любовь через практически бесконечное разнообразие данных нам талантов, способностей, профессий и призваний. Некоторым людям были даны дары служения для использования в церкви. Однако Божья любовь ко всему миру означает, что данный Богом дар каждого человека можно и нужно использовать для служения другим. Именно такая форма Божественной любви делает возможным воплощение Божьих целей в жизни всех людей и, в конечном итоге, меняет народы.

Вопросы для обсуждения:

1. Как я могу, стараясь удовлетворить нужды других людей, добиться прогресса в построении собственных отношений с Богом?
2. Почему Бог так высоко ценит то, как я отношусь к другим людям в моей жизни?
3. Покажет ли мне Бог конкретных людей, которых я должен любить, и поможет ли Он мне развить христианское отношение к ним и соответствующее поведение?

Молитва:

Господи, после того как я полюбил Тебя всем сердцем своим, помоги мне любить людей, которыми Ты окружил меня, и стремиться помочь им как духовно, так и практически.

Часть 4

Закон и благодать

Милость и истина сретятся, правда и мир облобызаются (Пс 84:11)

Глава 29

Ценность закона

В 3-й главе Послания к Римлянам апостол Павел подчёркивает, что ни иудеи, ни язычники не соответствуют Божьим стандартам святости, поэтому весь мир находится под грехом и будет судим Богом. Из других посланий Нового Завета мы знаем, что вся полнота Божьего закона воплощена в Иисусе, Который являет Собою безупречный образ Бога во плоти. Однако истина о полноте Божьей законной власти относится не только к тем, кто склонен искать духовного, но и ко всем людям, поскольку Он управляет всей Вселенной. Бог сотворил небеса и землю, поэтому всё Его творение, даже находящееся в грехе и открытом бунте, в конечном итоге есть свидетельство Божьего законного и праведного правления.

Начнём с того, что мы, куда бы ни посмотрели, везде находим действие закона. Существует установленный порядок, который лежит в основе всего огромного и, казалось бы, хаотичного мира, в котором мы живём. Раз учёные продолжают познавать законы, управляющие природным миром всей Вселенной, и сама материя нашей планеты и Вселенной за её пределами этим законам подчинен. Именно эта последовательная упорядоченность и создаёт возможность для научного исследования. Технологическое развитие невозможно без законопослушной Вселенной.

Всё творение говорит о различных законах как о форме правления своего Творца.

Работая в компьютерной индустрии ещё до появления персональных компьютеров, я был свидетелем подъёма информатики, разработки программного обеспечения и искусственного интеллекта. Возник совершенно новый мир, основанный на правилах, на математической логике и предсказуемости движения электронов через высокотехнологичные микропроцессоры электронных устройств. Современные смартфоны – это сложные машины, основанные на объемных математических алгоритмах, но они спроектированы так, чтобы казаться простыми и удобными в использовании!

Современная медицина примерно такая же. Мы благодарим Бога за возможность диагностики с помощью анализов крови, рентгена, УЗИ, КТ, ПЭТ и МРТ. Эти жизненно важные медицинские процедуры основаны на законах физики и других законах, регулирующих правильное функционирование человеческого организма как целостной биосистемы. Мы знаем, что эти законы действуют вплоть до молекулярного и даже субатомного уровня. Музыка также подчинена своим законам, а спорт – своим. Всё творение говорит о различных законах как о форме правления своего Творца.

Что если у вас появилось постоянное давление, боль в груди и вас доставили в отделение неотложной помощи? Вы бы согласились на медицинский осмотр, который вам проведёт повар из столовой вместо квалифицированного кардиолога? Конечно же, нет! Но почему? Государственное право требует от кардиолога многолетнего изучения тысяч разных законов, регулирующих функционирование человеческого организма и особенно сердца. Врач использует понимание законов медицины, чтобы определить, что с вами не так, и назначить на основании этого соответствующее лечение.

Наша свобода и право вести здоровый образ жизни получают поддержку работников здравоохранения, которые тратят время и силы на изучение связанных с медициной законов. Поскольку существует практически бесконечное количество законов, которые нужно понять, а некоторые из них ещё даже не открыты современной наукой, многочисленные исследователи постоянно изучают и экспериментируют, чтобы расширить границы человеческого познания. Благодаря этому человечество научилось останавливать эпидемии и побеждать смертельные болезни, которые до сих пор уносят жизни миллионов людей.

В нашей поместной общине на горе Кармель музыка и пение составляют важный аспект поклонения Богу. В общине есть талантливые певцы и авторы песен, а также талантливый руководитель прославления. Основное видение состоит в том, чтобы возродить поклонение Богу на иврите в

Израиле с использованием современного звучания и современных инструментов.

На одном из субботних служений у нас в гостях был музыкант из другой страны, который играл на саксофоне-сопрано. Незнакомый с другими музыкантами и не знающий большинства песен, он вначале лишь подыгрывал фоном. Однако в какой-то момент он встал и около четырёх или пяти секунд исполнял соло. В эти несколько мгновений атмосфера во всём зале изменилась. Сердца людей были тронуты. Вокруг себя я увидел воздетые к небу руки, на некоторых лицах были даже слёзы. Этот саксофонист привнёс заметный подъём в общую духовную атмосферу, сыграв на своём инструменте менее двадцати музыкальных нот!

После служения я подошёл к нему и спросил: «Как ты смог это сделать?» Поняв, что я спрашиваю о его коротком соло, он ответил: «О, это заняло примерно тридцать лет обучения и практики!» Выяснилось, что в детстве он и его брат прошли прослушивание у местного профессора музыки, приглашённого их родителями, чтобы определить, есть ли у них музыкальный слух. После этого в течение десятилетий он брал частные уроки музыки, учился в музыкальных академиях, играл в оркестрах, джаз-бэндах, студийных сессиях и группах прославления. Словом, он многое знал о законах музыки. Поэтому, когда пришло время импровизировать и сыграть несколько нот, чтобы помочь прихожанам коснуться небес, он просто знал, какие ноты играть. Музыка определяется множеством музыкальных законов, и свобода игры или пения возникает, когда мы овладеваем ими достаточно, чтобы играть то, что нужно.

В 1215 году король Англии Иоанн подписал *Великую Хартию* (*Magna Carta*), известную также как Великая Хар-

Хорошие законы имеют большое значение, когда речь идёт о бизнесе и процветании.

тия Вольностей, которая устанавливала, что даже король должен подчиняться законам своей страны. Великая Хартия также гарантировала право людей на правосудие и справедливое судебное разбирательство. Со времён Великой Хартии Вольностей и до наших дней верховенство права оказалось важнейшим политическим гарантом относительного успеха и процветания наций.

Представьте, что вы бизнесмен, который хочет открыть завод, и у вас есть возможность сделать это в Сомали или Сингапуре. Допустим, вы решаете открыть свой завод в Сомали – стране, которая известна как одна из самых беззаконных в современном мире. Вы строите завод, покупаете оборудование, сырьё для производства, нанимаете и обучаете персонал. Наконец наступает день, когда пора запускать предприятие. Вы приезжаете, чтобы перерезать красную ленточку и начать работу. Но как раз в этот момент появляется местный военачальник на своём пикапе с несколькими «помощниками», вооружёнными АК-47, и говорит: «Я здесь закон, и теперь ваша фабрика – это моя фабрика!». В результате, если вы и уйдёте живым, ваши инвестиции потеряны.

Но если бы это был Сингапур и местный гангстер или коррумпированный чиновник попытался заставить вас заплатить за «защиту» или «упрощение формальностей» для открытия вашего бизнеса, вы смогли бы обратиться в суд и в правоохранительные органы. Ни суд, ни полиция в Сингапуре не идеальны, но достаточно хороши, чтобы гарантировать, что ваша компания сможет открыть и вести свой бизнес. Общий эффект для всей страны заключается в том, что всё большее количество предприятий и сфера услуг хотят базироваться в Сингапуре. Как следствие, уровень жизни там значительно выше, чем в Сомали. Хорошие законы имеют большое значение, когда речь идёт о бизнесе и процветании.

Как-то в руки мне попала работа под названием «12 книг, которые изменили мир». По словам автора, одна из них – это «Свод правил футбольных ассоциаций», где содержатся правила игры в футбол. Благодаря этим правилам со временем возникли и другие разновидности игры, такие как регби, американский футбол и футбол по австралийским правилам. В футбол играют и смотрят его больше людей в мире, чем это можно сказать о любом другом виде спорта за всю историю.

Я слышал, что, когда идёт чемпионат мира по футболу, большинство людей на земле либо смотрят его, либо каким-то иным образом участвуют в нём. Футбол – это игра, самая популярная почти в каждой стране на земле и основанная на нескольких простых правилах. Если вы измените хотя бы одно из правил, вы измените всю игру для всех! «Законы» футбола каждый год доставляют огромное удовольствие миллиардам людей.

Мой вывод из сказанного состоит в том, что без закона нет свободы. *Плохие* законы ограничивают свободу, *хорошие* законы расширяют границы свободы. Не значит ли это, что *совершенные* законы Божьего Царства приносят совершенную свободу? В следующих главах этого раздела мы увидим, как Бог правит в Своём Царстве с помощью совершенного закона.

Вопросы для обсуждения:

1. Как закон влияет на мою повседневную жизнь как гражданина?
2. Могу ли я привести пример хороших законов, обеспечивающих и защищающих свободу?
3. Есть ли в нашем обществе законы, которые следует изменить? Почему?

Молитва:

Господи, пожалуйста, открой мне важность закона как отражения Твоего характера через Твоё Слово. Дай мне подтверждения того, что Ты изначально задумал, чтобы нашим миром правил совершенный закон, и что Ты создал мир как место для нашего процветания.

Глава 30

Закон или беззаконие?

В 19-й главе книги Исход мы видим, как посреди бесплодной пустыни Бог становится Царём Израиля. Господь призвал великого пророка Моисея на гору Синай, и в следующей главе, Исход 20, мы читаем, что Бог дал ему законы Своего Царства, включая Десять Заповедей. Одно из первых откровений Бога о Своём правлении в качестве Царя состояло в том, что Он правит по закону. Во времена Моисея всеми народами правили цари, и Божья приверженность правлению по закону была радикальным отклонением от стандартного статуса большинства царей. Даже если в каком-то царстве и существовали законы, сам царь был вне этой системы и, по существу, не был подзаконен. Земные цари большинства племён и народов не только издавали законы, но и сами *были* законом. Если в понедельник вы нравились фараону в Египте или Навуходоносору в Вавилоне, значит, всё у вас шло хорошо. Ваша семья и бизнес также были на особом положении, и вас ждало прекрасное буду-

Одно из первых откровений Бога о Своём правлении в качестве Царя состояло в том, что Он правит по закону.

щее в этой стране. Однако если кто-то из этих царей по какой-либо причине невзлюбил вас во вторник, всё радикально менялось – у вашей семьи и бизнеса больше не было будущего.

Божьи же действия у горы Синай говорили Израилю: «Моё Царство устроено не так. Я, ваш Царь, заранее говорю, что от вас требуется, и никогда не отступлю от Своего Слова. Я не изменюсь. Поэтому ты всегда можешь знать о Моём отношении к тебе. Не нужно Мне льстить, не пытайся манипулировать Мной. Ты не можешь купить Мою благосклонность. Просто делай то, что Я говорю, и с тобой всё будет хорошо!»

Позже Моисей записал в книге Второзакония: «Сделает тебя Господь главою, а не хвостом, и будешь только на высоте, а не будешь внизу, если будешь повиноваться заповедям Господа Бога твоего, которые заповедую тебе сегодня хранить и исполнять» (Втор 28:13).

В эпоху Нового Завета Апостол Павел подчёркивал, что от уверовавших из язычников не требуется соблюдение закона, данного Богом Израилю, чтобы войти в Его Царство. Для этого от них требовалась лишь вера в Иисуса. Павел писал, что язычникам не нужно было сначала становиться евреями, чтобы найти путь к вечной жизни. Однако это не изменило фундаментально качества Божьего Царства как утверждённого на Божьем законе. Как только христиане из язычников входили в Божье Царство верой, от них по-прежнему требовалось понимать Божий закон и подчиняться его установлениям.

В современном христианском мире мы по-прежнему читаем послания Павла к верующим из язычников, полагая, будто они содержат всё, что нам нужно знать о Божьем Царстве. Многие христиане легкомысленно игнорируют законы Ветхого Завета, но только не апостол Павел, написавший бóльшую часть Нового Завета. Вот что он сказал о себе: «Обрезанный в восьмой день, из рода Израилева, колена Вениаминова, Еврей от Евреев, по учению – фарисей, по ревности – гонитель Церкви Божией, по правде законной – непорочный» (Флп 3:5–6). Он видел в Иисусе Христе божественный пример совершенной подзаконной жизни – пример исполнения всего, чего Бог требует в Своём законе. Павел учил всех новых христиан из язычников еврейским Писаниям, чтобы они понимали Божьи законы и могли жить такой же подзаконной жизнью, которую олицетворял Иисус. Помните: во времена Павла Новый Завет в том виде, в котором мы его знаем, не был полностью написан и не считался частью Библии.

Поскольку сегодня мы, христиане, склонны акцентировать внимание на Новом Завете и придавать особое значение посланиям Павла, то, сталкиваясь с Божьими законами в Библии, мы также склонны говорить: «Мы не под законом, но под благодатью». Это представляется нам приемлемым решением вопроса закона. Мы просто разрезаем Библию на две части и говорим, что только Новый Завет имеет для нас настоящий авторитет. Но он был написан евреями (включая Павла), которые глубоко понимали, что Бог правит Своим

Царством по закону, поэтому Новый Завет немало говорит о Божьих законах.

Чтобы лучше понять важность Божьего закона, давайте посмотрим, что сказано в Новом Завете о положении, когда закон отсутствует. Начнём с изучения слова *аномия,* которое в оригинальном греческом языке Нового Завета означает *отсутствие закона*. В Септуагинте, греческом переводе Ветхого Завета, используемом некоторыми авторами Нового Завета, Тора, или закон, передаётся словом *нóмос*, от которого и происходит слово *анóмия*. В Новом Завете *аномия,* или беззаконие – это серьёзное преступление, нацеленное на поражение самих основ Божьего Царства. Иисус предупреждал Своих учеников, что дни, предшествующие Его возвращению, будут отмечены усилением *аномии*, беззакония.

В 24-й главе Евангелия от Матфея сказано, что Иисус описал времена перед Своим возвращением следующими словами: «По причине умножения беззакония [*аномия*], во многих охладеет любовь» (Мф 24:12). Иисус не сказал, что любовь людей в последние времена охладеет из-за недостатка доброты или милости от Бога. Нет, Он учил, что люди, у которых есть некая мера любви к Богу, потеряют её, оказавшись недостаточно защищёнными системой Божественного закона.

Когда апостол Павел говорил о последних временах, он описал грядущего мирового лидера по имени Антихрист как «человека греха», или человека *аномии*[6], человека беззакония (2 Фес 2:3). Он писал, что возвращение Иисуса не произойдёт до тех пор, пока не откроется беззаконие Антихриста. Павел не писал, что Антихрист будет характе-

---

[6] Большинство манускриптов употребляют здесь слово *аномия*, означающее *беззаконие.*

ризоваться угнетением, обманом или насилием. Он утверждал, что его отличительной характеристикой будет неприятие законного правления Бога. Поэтому далее Павел и говорит о том, что «тайна беззакония [*аномия*] уже в действии» (2 Фес 2:7).

Те, кто считают себя последователями Иисуса, не застрахованы от беззакония. Иисус разъяснил это в Нагорной проповеди: «Не всякий, говорящий Мне: “Господи! Господи!”, войдёт в Царство Небесное, но исполняющий волю Отца Моего Небесного. Многие скажут Мне в тот день: “Господи! Господи! не от Твоего ли имени мы пророчествовали? и не Твоим ли именем бесов изгоняли? и не Твоим ли именем многие чудеса творили?” И тогда объявлю им: “Я никогда не знал вас; отойдите от Меня, делающие беззаконие [*аномия*]”» (Мф 7:21-23).

Согласно словам Иисуса, способность человека творить чудеса и пророчествовать не является решающим признаком его принятия Богом. Подчинить Божьему законному правлению жизнь – вот что значит быть познанным Богом в Его Царстве. По словам ученика Иисуса Иоанна, беззаконие – это ещё одно слово, обозначающее грех. Он писал: «Всякий, делающий грех, делает и беззаконие; и грех есть беззаконие [*аномия*]» (1 Ин 3:4). Если же беззаконие – это синоним греха, то праведность – это слово, описывающее жизнь под правлением Божьего закона. Следующие главы посвящены тому, в чём нуждаются ученики, чтобы жить в свободе, радости и плодотворности в структуре Божьего Царства. Божья удивительная благодать и Его животворящий Дух поддерживают нас и направляют наши шаги, когда мы идём по жизни под водительством и охраной Божьего закона – по пути, ведущему нас к вечной жизни.

Вопросы для обсуждения:

1. Какие примеры беззакония я мог бы указать в обществе, в котором живу?
2. Является ли отказ от Божьего правления по Его закону грехом?
3. Могу ли я указать на примеры беззакония среди христиан?

Молитва:

Господи, помоги мне распознавать дух беззакония, который действует вокруг меня. Сохрани моё сердце и ум от увлечения беззаконием, чтобы мои взгляды и действия направляли других в Твоё Царство.

Глава 31

Закон Иисуса

Многие считают Нагорную проповедь Иисуса, которая начинается в 5-й главе Евангелия от Матфея, Его самым важным учением. В Библии есть интересная параллель между тем, что написано в 19-й и 20-й главах книги Исход и в 4-й и 5-й главах Евангелия от Матфея. В 19-й главе книги Исход говорится, что Бог собирает в пустыне двенадцать колен Израиля и избирает их в качестве Своего Царства, Своего заветного народа. В следующей главе читаем о том, как Бог призвал Своего слугу, пророка Моисея, на гору Синай и дал ему Свой закон для народа Израиля.

Обращаясь к Евангелию от Матфея, к 4-й главе, мы видим, что Иисус избрал двенадцать учеников-евреев (по числу двенадцати колен Израиля), которые должны были представлять новый, искупленный народ Израиля. В 5-й главе говорится о том, что Иисус привёл двенадцать избранных учеников на гору у Галилейского моря и дал им закон Своего Царства. В наиболее известной Своей проповеди Иисус напрямую коснулся вопроса взаимоотношений Божьего Царства и закона Божьего, Торы. Он сказал: «Не думайте, что Я пришёл нарушить закон или пророков: не нарушить пришёл Я, но исполнить, ибо истинно говорю вам: доколе не прейдёт небо и земля, ни одна йота или ни одна черта не прейдёт из закона, пока не исполнится всё. Итак, кто нарушит одну из заповедей сих малейших и научит так людей, тот малейшим наречётся в Царстве Небесном; а кто сотворит и научит, тот великим наречётся в Царстве Небесном» (Мф 5:17-19).

По словам Иисуса, Бог по-прежнему продолжает править Своим Царством на основании установленных Им законов. Иисус сказал, что Он пришёл не для того, чтобы нарушить или отменить закон Божий, а для того, чтобы *исполнить* его. Греческое слово *плерома*, переведённое на русский язык глаголом «исполнить», используется в других местах Нового Завета для описания понятия всей целостности или полноты Бога, которая пребывает в Иисусе Христе. Некоторые христиане сегодня думают, что Иисус хотел покончить с законом, сказав, что Он пришёл исполнить его. Другими словами, они считают, что целью Иисуса была отмена или уничтожение закона. Но когда Павел пишет в Послании Колоссянам, 1:19 и 2:9, что Иисус есть *плерома* Божья, Он не говорит, будто мы можем покончить с Богом, потому что теперь у нас есть Иисус. Позиция Павла заключается в том, что Иисус не заменяет ни Бога, ни Божий закон, но является воплощённой полнотой Бога, совершенным образцом для подражания, как предусмотрено Богом в законе.

Из Нагорной проповеди Иисуса становится ясно, что главной целью Его учения о законе было установление правильных принципов толкования Торы, а не просто добавление новых заповедей. Учение Иисуса в 5-й главе Евангелия от Матфея – это не исчерпывающий комментарий ко всем пунктам Божьего закона. Главное намерение Иисуса состоит в том, чтобы раскрыть Божьи *цели* в установлении закона. Учение Иисуса не вводило другой закон, а скорее говорило о новом и более возвышенном пути приближения к живому Богу, нашему Царю, правящему в Божьем Царстве.

Иисус разъяснял Своим ученикам, как жить в безупречной святости и послушании Богу, и показывал путь, превосходящий стандарты жизни фарисеев-законников, которые заменили непосредственную власть Бога своими религиозными традициями и интерпретациями Божьих законов. Фарисеи настойчиво стремились буквально соблюдать все 613 заповедей Торы, но Иисус жил, учил и демонстрировал жизнь, в которой Божьи заповеди и цели исполнялись благодаря силе веры. Своим последователям Он сказал: «Говорю вам, если праведность ваша не превзойдёт праведности книжников и фарисеев, то вы не войдёте в Царство Небесное» (Мф 5:20).

Вне всякого сомнения, у учеников Иисуса возникли вопросы после первой части Его учения в тот день. Поддерживает ли Иисус библейские законы в отношении разрешённой пищи, навсегда запрещая Своим последователям свинину и морепродукты? Что имеет в виду Иисус, говоря об «исполнении закона»? Зная, что у всех возникнут подобные вопросы, Иисус привёл шесть примеров того, как Он рассматривает Божий закон в Своём Царстве. В большинстве этих примеров Иисус цитировал слова Торы, затем добавлял «а Я говорю вам...» и давал Своё толкование закона.

В каждом из шести примеров Иисус прибавлял новую

заповедь к уже существующим в Торе. В самой известной Своей проповеди Иисус открывал ученикам новозаветные принципы толкования Божьего закона. Наверное, можно сказать, что Он выбрал только шесть иллюстраций (на одну меньше семи – числá, которое считается символом полноты и завершённости), чтобы показать Своим последователям, что список примеров задуман быть неполным. Он должен пополняться каждый раз, когда Его ученики воплощают в жизнь намерение, цель или дух Его учения.

Слова Иисуса в Нагорной проповеди – это больше, чем просто хорошие рекомендации для счастливой жизни. Они лежат в фундаменте нашего понимания Царства Божьего. Первый пример Иисуса была связан с убийством, которое считается незаконным и уголовно наказуемым практически у всех народов. «Вы слышали, что сказано древним: "не убивай, кто же убьёт, подлежит суду". А Я говорю вам, что всякий, гневающийся на брата своего напрасно, подлежит суду; кто же скажет брату своему: "рака", подлежит синедриону; а кто скажет: "безумный", подлежит геенне огненной» (Мф 5:21-22).

Здесь Иисус процитировал одну из Десяти Заповедей. Их часто называют универсальными нравственными кодексом для всего человечества, и они являются частью Божьего закона для Израиля, при этом шестая из этих заповедей запрещает убийство. По словам Иисуса, цель или дух этой заповеди – погасить внутренний огонь гнева и ненависти, прежде чем он перерастёт в убийство. Иисус учил, что грех убийства начинается не тогда, когда мы берём в руки оружие. Он начинается с гнева, который таится и взращивается в наших сердцах. Закон Царства Иисуса имеет дело с грехом в самóм его корне, в источнике беззакония. Конечная цель

Бога – примирение и мир, исцеление раненых и разрушенных отношений, замена гнева любовью.

Приводя второй из шести примеров, Иисус сказал: «Вы слышали, что сказано древним: “не прелюбодействуй”. А Я говорю вам, что всякий, кто смотрит на женщину с вожделением, уже прелюбодействовал с нею в сердце своём» (Мф 5:27-28).

Цель этого закона – чистота сердца. Божий план состоит в том, чтобы очистить Свой народ от сексуального греха в самой глубине наших сердец. В начале той же проповеди Иисус учил, что чистые сердцем будут благословлены способностью видеть Бога. Любой, кто когда-либо боролся с грехом пристрастия к порнографии или сексуальной зависимости, подтвердит, что для жизни, свободной от этих грехов, требуется постоянное излияние Божьей благодати. В Библии мы читаем слова Иова: «Завет положил я с глазами моими, чтобы не помышлять мне о девице» (Иов 31:1). Иисус же в Нагорной проповеди подчёркивает, что именно такая чистота в сердце внутреннего человека и есть суть закона Его Царства.

Продолжая Нагорную проповедь, Иисус касается вопросов развода и соблюдения данных обещаний. Бог ненавидит развод, и Его завет с Израилем сравнивается в Писании с брачным заветом. Одной из главных ценностей в Божьем Царстве является верность. Бог знает, что один из фундаментальных принципов, на котором строятся отношения в браке, – это взаимная готовность к разрешению спорных вопросов, обид и разногласий. В большинстве случаев, когда и муж и жена готовы вместе решать разрушающие их семью проблемы, результатом становится примирение. Говоря о верности в браке, Иисус запретил развод, за исключением случаев сексуальной неверности, и сказал, что повторный брак для тех, кто развёлся по другой причине, является грехом, который встанет на пути Божьего благословения (Мф 5:32).

Иисус также учил, что Бог – это Бог истины и Он ненавидит ложь, а дьявол – лжец по своей природе и «отец лжи» (Ин 8:44). Здесь Иисус говорит о честности как о принципиальном стандарте в Божьем Царстве. В наши дни в некоторых странах, прежде чем давать показания в суде, вы должны публично принести клятву в правдивости ваших слов, иногда это сопровождается возложением руки на Библию. После принесения такой клятвы ложь или лжесвидетельство считаются преступлением и наказываются штрафом или даже тюремным заключением.

Во времена Иисуса люди клялись многими святынями, и Иисус недвусмысленно осуждал такую практику. Он сказал: «А Я говорю вам: не клянись вовсе: ни небом, потому что оно престол Божий;…но да будет слово ваше: “да, да”; “нет, нет”; а что сверх этого, то от лукавого» (Мф 5:34, 37). Наставление Иисуса говорит, что в Его Царстве вообще нет нужды клясться – честность и порядочность должны быть нормой поведения.

Из учения Иисуса легко увидеть, насколько глубоко Его изречения укоренились в языке и культуре нашего мира. Фразы вроде «подставь другую щёку», «соль земли» и «свет мира» знакомы многим. Однако важно не только знать эти фразы, но и понимать их в правильном библейском контексте. «Вы слышали, что сказано: “око за око и зуб за зуб”. А Я говорю вам: не противься злому. Но кто ударит тебя в правую щёку твою, обрати к нему и другую» (Мф 5:38-39).

Иисус открывал дверь к пониманию одного из центральных столпов Божьего правления в Его Небесном Царстве, а именно суть и ценность милости Божией и всеобщую нужду человечества в ней. По словам Иисуса, «важнейшее в законе» (Мф 23:23) – это неразрывная взаимосвязь суда и милости. Вопрос лишь в том, чего мы хотим: справедливости или милосердия? Чего мы ищем: удовлетворения от мести или примирения? Если мы хотим милости для себя и тех, кого любим, то как мы можем получить её, не оказывая милости другим? Однако милосердие требует силы для преодоления личной боли и утраты. Иисус также учил, что стойкость и способность «поглощать» боль почти всегда сильнее способности вашего врага причинить вам боль. Любой боксёр, который выходит на ринг, ожидая, что его ударят только один раз, никогда не станет чемпионом. Трофей достаётся бойцу, который всё ещё стоит, когда прозвучал финальный гонг. Способность подставить другую щёку – это сила, необходимая всем нам, чтобы быть победителями в жизни.

Иисус учит нас: «Вы слышали, что сказано: “люби ближнего твоего и ненавидь врага твоего”. А Я говорю вам: любите врагов ваших, благословляйте проклинающих вас, благотворите ненавидящим вас и молитесь за обижающих вас и гонящих вас» (Мф 5:43-44). Закон Иисуса о любви к своему врагу является одной из величайших истин Его Царства. Заложенный в этом законе принцип состоит в том, что предпочтительней и эффективней завоевать сердце и мысли вашего врага, чем победить его на войне. Что, в конечном итоге, принесёт настоящий и прочный мир: победа над врагом или завоевание его расположения? Во времена конфликтов и войн причиняемый ущерб не ограничивается телесными ранами. Даже после прекращения насилия выжившие с обеих сторон продолжают испытывать внутреннюю боль и травму, которые разрушают их жизни.

Необходимо усердно добиваться справедливости и неукоснительно применять её к виновникам насилия. Тем не менее во многих случаях невозможно добиться полной справедливости. Единственное решение в таких регионах, как Северная Ирландия, Южная Африка, Руанда, Сирия – это поиск примирения через признание общего горя и боли. Ненависть и геноцид становятся возможными, когда мы перестаём считать людьми тех, кого считаем врагами. Любовь начинается с признания общей для всех нас человеческой сути. Только благочестивая любовь и прощение могут разорвать порочный круг жажды возмездия.

Суммируя шесть примеров понимания и толкования закона в этой части Своей величайшей проповеди, Иисус сказал: «Итак, будьте совершенны, как совершен Отец ваш Небесный» (Мф 5:48). Этот призыв напрямую связан со словами, которыми Он начал беседу о законах Бога, предупреждая Своих учеников, что если их праведность не превзойдёт праведности обычных религиозных людей, они никогда не войдут в Его Царство. Тем не менее есть большая разница между тем, чтобы просто «быть лучше» и «быть совершенным». Иисус говорит нам о необходимости сосредоточить свои мысли на горнем, потому что Божьи стандарты и, следовательно, цель всех христиан не могут быть достигнуты благодаря даже лучшим из средств, которые может предложить этот мир.

Мне всегда нравилось смотреть, как спортсмены мирового класса соревнуются в лёгкой атлетике. Благодаря невероятно напряжённым тренировкам, они с видимой лёгкостью делают совершенно невозможные для большинства людей упражнения. Один из моих любимых видов спорта – прыжки в высоту. Атлеты не только начинают соревнования с прыжка через шест, беря высоту в два метра, они ещё и прыгают спиной вперёд! Каждый атлет должен преодолеть эту планку, и все, кто справился с задачей, продолжают прыгать, но планка уже устанавливается немного выше. Этот процесс повторяется до тех пор, пока не останется только один успешный прыгун, который и будет объявлен победителем. В некоторых случаях победителю вновь поднимают планку в надежде на установление нового мирового или олимпийского рекорда. Планка поднимается до тех пор, пока никто не может её перепрыгнуть.

Читая библейские законы Божьи, можно сказать, что их соблюдение очень похоже на прыжки в высоту. Представим, что некое требование Бога в Торе соответствует установлению планки на определённой высоте. Например, в Десяти Заповедях Бог сказал: «Не убий». Теперь все мы должны попытаться «перепрыгнуть» эту планку. Те, кто терпит неудачу, получают наказание. И хотя некоторые все-таки не справляются, большинство из нас научились «прыгать» на эти минимальные высоты. Но когда Иисус говорит, что для Его учеников закон состоит в том, чтобы наше сердце было свободным от смертоносного гнева (Мф 5:22), значит ли это, что благодаря тому, что Иисус исполнил закон, в Божьем Царстве нет необходимости «прыгать» через ранее установленную этим законом планку? Говорил ли Иисус, что в Новом Завете нам гарантированы настолько неограниченные благодать и милосердие, что мы можем просто убрать «планку» требования Божьего закона, запрещающего убийство? Нет, конечно же, Иисус этого не говорил. На самом деле в Нагорной проповеди Иисус говорит, что вместо того, чтобы убрать «планку», Он поднимает её до уровня совершенства! Однако теперь, столкнувшись со столь высокими требованиями, мы не только все виновны пред Божьим законом, но и обречены на поражение. Даже если мы любим Иисуса и хотим служить Ему всем своим сердцем, никто из нас просто не в состоянии «прыгнуть» достаточно высоко, чтобы заслужить приз праведности и одобрение нашего Царя. Но если мы должны подчиняться совершенным законам Иисуса, чтобы жить в Его Царстве, то кто избавит нас от неудач? В тот момент, когда мы сталкиваемся с этим вопросом, мы обнаруживаем и нашу отчаянную нужду, и поистине удивительное качество Божьей благодати.

Вопросы для обсуждения:

1. Отменил ли Иисус законы Ветхого Завета?
2. Правит ли Иисус, Сын Божий, Своим Царством по закону?
3. Поскольку теперь я христианин, должен ли я стремиться повиноваться словам Иисуса как Царя Божьего Царства здесь, на земле?

Молитва:

Господи, дай мне ясность и мужество, когда я читаю слова Иисуса в Его Нагорной проповеди. Помоги мне с верой достичь послушания, которое несравненно выше моих человеческих способностей.

Глава 32

Удивительная Благодать

Царь Давид, вдохновенный псалмопевец, написал: «Закон Господа совершен, укрепляет душу; откровение Господа верно, умудряет простых» (Пс 18:8). Божий характер верности утверждённому Им закону проявляется в Его творении и Его суверенном правлении Вселенной. Но мы живём не на небесах, а на земле, в несовершенном, падшем мире. Народы и экономики наших стран должны постоянно совершенствовать своё гражданское и налоговое законодательство. В каждом обществе и культуре есть законы морали, религиозные законы и законы традиций, которые определяют «хорошее» или приемлемое поведение. Но даже эти законы иногда могут быть жестокими и несправедливыми.

Наша жизнь регламентируется законами, созданными другими людьми. Сами по себе эти нормы необходимы и ценны. Все мы нуждаемся в защите, власти и свободе, которые они определяют и охраняют. Но созданные людьми законы никогда не могут быть совершенными. Лучшее, на что способны наши политические лидеры и правовые системы, – это разработать законы и правила, которые хоть каким-то образом отражают или указывают на совершенное Божье правление. Однако в большинстве случаев наши земные законы далеки от того, чтобы указывать на Божью мудрость и справедливость.

Хотя законы и необходимы для нашей жизни, мир, который признаёт только закон, холоден и безличен, потому что правосудие, по определению, беспристрастно. Мир, управляемый только законом, в конечном итоге становится несправедливым, поскольку разбирающиеся в законах люди будут использовать в своих интересах тех, кто не знаком с законом так жс хорошо. Мир, в котором есть только закон, не допускает прощения. Подумайте о законах природы. Животные безжалостно убивают и поедают других животных. Неумолимый закон природы – «выживает сильнейший». Да, природа лишена жалости, но мы также знаем, что люди могут быть даже более жестокими друг к другу, чем животные.

Кроме того, законы сами по себе не придают и не могут придать смысл нашей жизни. Простое знание правил футбола не объясняет, почему миллиарды людей находят игру такой интересной, захватывающей и эмоционально бодрящей. Законы музыки не объясняют, почему музыка так сильно влияет на нас и даже может позволить нам ощутить присутствие Бога и пробудить желание поклоняться Ему.

Истина в том, что закон не единственное, что есть в Царстве Божьем. Наличие закона – это лишь часть истины о Божьем Царстве, которая черпает свою силу из того факта, что есть и второй фундаментальный компонент Царства, который неразрывно связан с законом и уравновешивает его.

Совершенные Божьи законы во взаимодействии с Его удивительной благодатью смешиваются друг с другом, как различные компоненты божественного «цемента»

Совершенные Божьи законы во взаимодействии с Его удивительной благодатью смешиваются друг с другом, как различные компоненты божественного «цемента», чтобы создать один из центральных «столпов» в доме Божьего Царства.

С одной стороны, у нас есть Божья вечная справедливость. Он всегда вознаградит праведника и накажет беззаконника. Бог верен Своему закону, и Его власть распространяется на всё, но наряду со Своей верностью закону Бог также и любящий, милостивый и милосердный по Своей природе. Библия говорит, что «Бог есть любовь» (1 Ин 4:8). Божий характер исполнен благости, любящей доброты и милосердия. Он всегда ищет возможность проявить Свою искупительную любовь.

Совершенная Божья справедливость определяет правила жизни и должна убедить нас в том, что никто из нас не в состоянии соблюсти все правила. Если вы водите машину, вы, вероятно, когда-нибудь всё-таки получите штраф за неправильную парковку или превышение скорости. Даже великие спортсмены на игровом поле совершают нарушения, достойные пенальти. Опытные музыканты иногда берут не ту ноту в середине симфонии. К сожалению, врач может поставить неверный диагноз. Вы можете потерять друга, забыть о дне рождения жены или мужа, у вас могут возникнуть проблемы с налогами. Такова жизнь.

Даже когда мы стараемся соблюдать правила, мы нарушаем их и вынуждены расплачиваться за это. Божья законная справедливость предназначена для того, чтобы направлять и смирять нас, но в этом тёмном облаке вынужденного смирения есть и положительная сторона. Библия говорит, что Бог гордым противится, а смиренным даёт Свою благодать, и благодать Божия по-настоящему удивительна.

Лауреат различных наград писатель Филип Янси так говорит в своей книге «Что удивительного в благодати?» об этом особенном слове: «Многократное использование этого слова в английском языке убеждает меня в том, что благодать в самом деле удивительна – это поистине наше лучшее слово. В нём заключена сущность Евангелия, как капля воды может заключать в себе образ солнца. Жажда мира по благодати столь многогранна, что некоторые из проявлений этой жажды остаются незамеченными. Неудивительно, что через двести лет после того, как был сочинён, гимн «О, Благодать»[7] попал в первую десятку хитов. Для общества, которое плывёт по течению без видимых причалов на пути, я не знаю лучшего места, где оно может бросить якорь веры».

Когда мы нарушаем Божьи законы в малом или большом, мы должны помнить несколько моментов: Бог всё замечает. Наши нарушения никогда не скрыты от Него, и нам полагается за них справедливое воздаяние. Однако, когда мы смиряемся перед Богом и с верой протягиваем руки к Его милости, мы обнаруживаем неиссякаемый источник Его

---

[7] «О, Благодать» – известный на английском языке под названием «Amazing Grace» (дословно: “*Изумительная благодать*”) христианский гимн, написанный англиканским священником Джоном Ньютоном в 1772 году.

благоволения, дарованного для покрытия наших неправильных поступков. У Бога есть и способность, и власть изгладить наши самые тяжёлые грехи! Только Бог может стереть записи о наших прегрешениях так тщательно, словно их никогда и не было (Пс 102:11-12).

Но Божий закон и Его благодать – это две стороны одной великой истины. Вместе они необходимы для строительства Его дома. Мы входим в Божий дом верой, то есть веря и доверяя Ему. Верой мы делаем то, что по-человечески невозможно, то есть, можем выйти за рамки закона, обращаясь напрямую к Законодателю, Верховному Судье. Апостол Павел так объясняет это библейским языком: «Ныне, независимо от закона, явилась правда Божия, о которой свидетельствуют закон и пророки, правда Божия через веру в Иисуса Христа во всех и на всех верующих, ибо нет различия, потому что все согрешили и лишены славы Божией, получая оправдание даром, по благодати Его, искуплением во Христе Иисусе» (Рим 3:21-24).

В Послании к Римлянам 3:21 Павел пишет, что «независимо от закона» (то есть не отменяя Свой закон, а *параллельно* с ним) Бог являет Свою праведность через веру в Иисуса. А в стихе 24 Павел говорит, что мы оправданы, то есть спасены, по дарованной нам благодати, независимо от попыток соблюдать Божьи законы. Здесь Павел акцентирует наше внимание не на Божьей законной справедливости, а на других чертах Его природы – на любви и милосердии. Вера позволяет нам идти по пути Божией справедливости в сферу Его нежной и отеческой любви. Взглядом веры мы способны увидеть важность Божьего закона, поскольку именно он определяет нашу нужду в благодати. Павел заключает: «Итак, мы уничтожаем закон верою? Никак; но закон утверждаем» (Рим 3:31).

Все люди глубоко несовершенны, и именно поэтому мы так отчаянно нуждаемся в Божьей благодати. Когда Иисус умер на кресте за наши грехи, требования Божьих законов не изменились. Что изменилось, так это то, что впервые Божьи требования были полностью удовлетворены – не нами, а искупительной жертвой Его собственного Сына. Иисус был единственным из людей, кто полностью соблюдал законы Бога. Тем самым Он открыл для нас возможность через веру в Него и *отождествление с Ним* быть оправданными Богом. Проходя через медленный и иногда болезненный процесс духовного роста, мы начинаем ценить значение и поистине удивительные качества Божьей благодати. Бог любит тебя и меня. Он создал нас, чтобы мы были нравственными и духовными чемпионами, и верит, что в конечном итоге мы все сможем ими стать.

Я иду по пути веры уже много лет и надеюсь, что становлюсь более милосердным и «благодатным» человеком. Но Божья благодать выходит далеко за пределы человеческой благодати. Большинство из нас начинают день с некоторой мерой благодати в своём сердце. Мы дарим её тем, кого любим, и тем, кто может нам помочь. Меньше благодати достаётся от нас тем, кто причинил нам боль, и мы совсем ничего не даём тем, кто нас предал. Когда же день подходит к концу, мы иногда обнаруживаем, что полностью исчерпали всю нашу благодать. Мы всё использовали! Но Божья благодать не заканчивается никогда. Как вечный источник жизни, она всё льётся и льётся. Наряду со Своей законной справедливостью, Бог также вечно милостив по Своей природе.

Евангельское послание говорит, что, когда мы осознаём

обязательность Божьих норм и стандартов, это влечёт за собой мучительную смерть наших человеческих усилий угодить Ему. Благая же весть состоит в том, что, если я доверяюсь Иисусу и «умираю для себя» в погоне за *Его* целями, во мне начинает жить тот самый Дух, который воскресил Иисуса из гробницы (Рим 8:11). Когда это происходит, сила веры восстаёт в моём сердце из пепла человеческой ограниченности. Тогда уже не я живу, но Дух Божий живёт во мне. Я начинаю верить, что могу сделать всё, чего Бог требует, благодаря *Его* силе, действующей в моей новой жизни. Тогда я могу сказать вместе с апостолом Павлом: «Всё могу в укрепляющем меня Христе!» (Флп 4:13).

Бог не только судья моих жизненных усилий, Он также мой духовный тренер, наставник и любящий Отец! Он посвящён моему успеху, поэтому, если я сам не сдамся, я непременно начну соответствовать Его высочайшим стандартам (Флп 1:6). Божья благодать больше, чем Его милость, которая прощает мой грех и неудачу. Его благодать – это сила Святого Духа во мне, Который помогает преодолевать личные жизненные трудности и преуспевать в следовании за Духом в поражённом грехом мире.

Вопросы для обсуждения:

1. Почему Божья благодать так удивительна?
2. Когда я испытывал Божью благодать в своей жизни?
3. Как бы я объяснил связь между законом и благодатью в Божьем Царстве?

Молитва:

Господи, я хочу, чтобы слова песни «О, Благодать» звучали в моём сердце с новой радостью и уверенностью. Пожалуйста, излей больше Своей благодати в мою жизнь.

Глава 33

Закон и свобода

Божья благодать даётся нам даром, но сто́ит она далеко не дёшево. «Дешёвая благодать» – так можно охарактеризовать учение, которое занижает стандарты Божьих законов или высмеивает ценность закона как Его способа правления Своим вечным Царством. Есть проповедники, которые полагают, что Ветхий Завет говорит о законе, а Новый Завет – о благодати, и, как следствие, нам необходимо сделать между ними выбор. Принуждая нас к этому ложному выбору, они учат, что закон означает законничество, суд и осуждение, а благодать состоит исключительно из любви и милосердия. Суть их послания в том, что Иисус заплатил полную цену за все наши грехи раз и навсегда, поэтому и мы, получив дар благодати, навсегда освобождены от требований Божьего закона.

Что же в этом плохого? Разве Иисус не умер, чтобы подарить нам Своё спасение? Разве Новый Завет не учит, что мы оправдываемся (становимся праведными перед Богом) верой в Него? Да, это правда. Но если мы остановимся лишь на этом, то сможем прийти к неправильному выводу о причине, по которой Бог спас нас по благодати.

Именно моральные стандарты Бога, выраженные в Его законах, определяют грех и осуждают меня как грешника. До того как мы узнали Божьи законы, мы даже не видели нужды в Божественной благодати. Если Божьи стандарты непомерно высоки, тогда нужна и Его неизмеримо великая благодать, чтобы Он мог признать нас праведниками. Но если планка Божьих стандартов занижена, то и благодать Его не обязательно должна быть такой огромной, удивительной и драгоценной. Любое учение, которое явным или завуалированным образом снижает уровень требований Божьих законов, тем самым обесценивает и величие Его благодати.

Бесспорным фактом в отношении человеческой природы является наша любовь к выгодным сделкам. Массы людей толпятся на распродаже за полцены в торговом центре. Подобно этому пастор или учитель Библии, обесценивающий благодать, обнаружит, что многие люди, по крайней мере, вначале, будут заинтересованы в посещении его церкви. Однако, они окажутся не готовы к тому, чтобы пойти дальше и стать учениками Иисуса.

Библия действительно учит, что «милость превозносится над судом» (Иак 2:13), но милость никогда не должна *заменять* суд. Милосердие имеет для меня реальную ценность только тогда, когда я знаю, что заслуживаю осуждения. Мы получаем милость как безвозмездный дар Божьей благодати и должны безмерно ценить её именно потому, что, согласно учению Библии, Бог всегда правил и всегда будет править Своим Царством по закону. Милосердие всегда должно быть *исключением* из неизменной справедливости закона.

Что если бы в городе был судья, который решил всегда и в любом судебном разбирательстве проявлять милосердие и не выносить обвинительный приговор? Вскоре все серийные убийцы, насильники, растлители малолетних и профессиональные гангстеры выстроились бы в очередь перед залом суда. Никто не будет наказан. Никто не будет вынужден изменяться, и все будут свободными. Что это, Божья милость или просто несправедливость?

Дитрих Бонхёффер был христианским пастором в Германии в 1930-е годы, когда нацисты пришли к власти. В своей книге «Цена ученичества» он писал, что Божья милость предназначена не для всех без исключений, а как дар, данный лично и индивидуально Самим Богом тем, кто доверился Его Сыну Иисусу.

Когда Бог дарует людям милость, Он не отменяет и не изменяет Своих собственных законов. Таким образом, каждый, кто получает милость, должен впоследствии стремиться оставаться «сокрытым во Христе», что означает жить таким образом, чтобы соответствовать требованиям Божьей праведности. Этот процесс называется освящением, результатом которого становится ученичество. Бонхёффер указал, что оправдание верой – это Божье оправдание грешника, но не греха. Когда мы согрешаем, а затем обращаемся к Богу через веру в Иисуса, мы получаем дар благодати для нашего прощения, оправдания и восстановления нашей праведности в глазах Бога. Он говорит: «Теперь ты в порядке. Иди и больше не греши», а никак не «С твоими грехами теперь всё в порядке. Больше не беспокойся об этом».

Законы Царства Божьего отражают Его характер, а также форму Его правления. Божье намерение состоит в том, чтобы преобразить нас, учеников, в образ Его Сына Иисуса.

Божьи законы дают ученикам моральную власть и духовное руководство к личному изменению, а затем к восстановлению Божьей чистоты и любви в окружающем нас мире. Когда мы живём как ученики Царства, то глубоко укоренившиеся в нас грехи – такие как ненависть к себе, рабство зависимости, непрощение и другие, – уступают силе законного правления Бога.

В процессе ученичества люди не только спасаются, но и освобождаются и преображаются силой Божьей истины.

В процессе ученичества люди не только спасаются, но и освобождаются и преображаются силой Божьей истины. Когда Бонхёффер служил пастором в Германии, эту страну называли «колыбелью Реформации» и считали одной из самых «христианских» стран Европы. Однако проповедь дешёвой благодати внешне христианизировала Германию, но не изменила её. Большинство немецких протестантов считали себя спасёнными, но им не хватало моральной власти и личной прямоты, чтобы противостоять нацизму. Произошедшее впоследствии опустошение страны стало одной из форм «расплаты» за дешёвую благодать.

Дорога к свободе подобна шоссе с двумя откосами, по одному с каждой стороны дороги. Само шоссе называется «полнота законной справедливости», что значит доверие Богу, повиновение Его Слову и водительству Его Духа. Откос на одной стороне шоссе называется «законничество» и символизирует созданную человеком систему правил, которая заменяет Самого Бога. Мы можем попытаться жить, соблюдая правила, и прийти к полному пренебрежению Тем, Кто их устанавливает! Откос на другой стороне называется «отсутствие законной справедливости» или «беззаконие», когда мы вообще не подчиняемся никакому закону, ссылаясь на свободу, благодать или любую другую причину. Но для подлинной личной свободы и роста в ученичестве необходимо держаться в своей полосе на шоссе, где нам гарантированы Божья защита, руководство и власть!

Божьи законы предназначены для защиты Его народа и создания фундамента для личной свободы. Это включает в себя свободу добиваться успеха в работе. Подумайте о первых стихах из 1-го Псалма, той части Писания, которая, должно быть, была по-особому близка сердцу Иисуса. Любовь и уважение к Божьим законам ведут к плодотворности в жизни. «Блажен муж, который не ходит на совет нечестивых, и не стоит на пути грешных, и не сидит в собрании развратителей, но в законе Господа воля его, и о законе Его размышляет он день и ночь! И будет он как дерево, посаженное при потоках вод, которое приносит плод свой во время своё и лист которого не вянет; и во всём, что он ни делает, успеет» (Пс 1:1-3).

Вопросы для обсуждения:

1. Какие примеры законопослушности есть в моей жизни?
2. В чём разница между полнотой законности, законничеством и беззаконием?
3. Как законопослушность чтит владычество Бога и обеспечивает свободу?

Молитва:

Господи, помоги мне идти вперёд по пути полноты Твоего закона. Не дай мне в моём стремлении к духовно плодотворной и успешной жизни впасть ни в законничество, ни в беззаконие.

Глава 34

Является ли свобода независимостью?

Новый Завет учит, что закон Божий – это совершенный закон и закон свободы. Апостол Иаков писал: «Кто вникнет в закон совершенный, закон свободы, и пребудет в нём, тот, будучи не слушателем забывчивым, но исполнителем дела, блажен будет в своём действии» (Иак 1:25).

Раньше я думал, как и большинство представителей моего поколения в 60-е годы, что закон даёт лишь ограничения и наказания, а не свободу, а потому и не мог принять Божьи законы как законы свободы. Это побудило меня задуматься о том, что значит быть по-настоящему свободным, и постепенно привело к новому пониманию свободы в моей жизни. Раньше я бы определил свободу как независимость. Для меня свобода означала независимость от внешних ограничений. Я вырос в Америке, и меня всегда учили считать 4 июля, День независимости, символом американской свободы. Позже я начал понимать, что независимость от Англии сама по себе не сделала американцев свободными. Скорее, это стало результатом принятия Конституции и создания новых законов, гарантирующих американские свободы.

Однажды мне рассказали историю о человеке, который приравнял свободу к независимости и посвятил свою жизнь её поиску. Он был отчаянно беден и стремился освободиться от бедности, поэтому много работал и наконец разбогател. Однако, разбогатев, он понял, что не может купить свободу от одиночества, поэтому нашёл женщину, которая была ему небезразлична, и решил жениться. Вскоре у них появились дети. Но мужчина чувствовал себя в ловушке брачных отношений и ответственности за созидание семьи, поэтому бросил их. Затем он увидел в газете рекламу под названием «космический туризм». Он был достаточно состоятелен, чтобы заплатить за обучение и отправиться за пределы земных ограничений в открытый космос! Мужчина записался на программу подготовки и, оказавшись в космосе, почувствовал себя угнетающе ограниченным крошечными размерами своего космического корабля, поэтому отправился в открытый космос в одном скафандре. Тем не менее он всё ещё был привязан к космическому кораблю надоедливой и короткой «пуповиной» трубок и кабелей. Стремясь к свободе и полной независимости, человек отцепил соединительный шнур и унёсся в космос. Наконец он стал совершенно независимым и, конечно же, совершенно мёртвым.

Намного лучшее определение свободы – это когда все ваши потребности удовлетворены и при этом вы полностью защищены от вреда. Свобода также означает возрастание в жизни, которая всё больше и больше приближает вас к Богу – источнику всякой свободы. Если это так, то ваша свобода началась ещё до вашего рождения. Когда вы были в утробе матери, вы не делали ничего плохого, все ваши потребности были удовлетворены и вы были полностью защищены.

Свобода не самоцель, а скорее Божий способ привести нас к зрелости.

На иврите слово *материнское лоно* звучит как *рéхем* и является однокоренным со словом *рахамим*, означающим «милость». Это большое испытание для любого человека – покинуть защиту и полноту удовлетворения своих нужд в свободе материнского лона и начать справляться с суровостью и несправедливостью жизни в этом мире. Может быть, поэтому каждый здоровый ребёнок плачет, как только рождается!

Истинная свобода должна служить нашим меняющимся потребностям в процессе продвижения к Божьему предназначению в жизни. Свобода не самоцель, а скорее Божий способ привести нас к зрелости. Мы не можем всю жизнь оставаться в утробе матери, но даже после рождения нам всё ещё нужна любящая и заботливая среда, чтобы полностью реализовать свой потенциал. Библия действительно много говорит о свободе, которая имеет очень большое значение в Божьем Царстве. Бог хочет, чтобы Его народ был свободен, и Он был готов ради этого бороться и пожертвовать Своим собственным Сыном, чтобы сделать нас свободными.

Мессианское пророчество, которое Иисус читал в родной для Него синагоге, находится в 61-й главе книги пророка Исаии: «Дух Господа Бога на Мне, ибо Господь помазал Меня благовествовать нищим, послал Меня исцелять сокрушённых сердцем, проповедовать пленным освобождение и узникам открытие темницы».

Свобода – одна из важнейших черт Божьего характера, и Библия говорит, что все люди созданы по Его образу. Мы все должны быть подобными Ему, и независимо от нашей веры в Бога у всех людей есть внутреннее стремление к свободе. Согласно Библии, Бог создал нас для свободы, однако наш грех исказил Его образ в нас, и мы стали рабами греха. Но когда пришёл Иисус, Он сказал Своим последователям: «Если пребудете в слове Моём, то вы истинно Мои ученики, и познаете истину, и истина сделает вас свободными» (Ин 8:31).

Конечно, Иисус учил о нравственной свободе, то есть свободе сердца. Божья воля состоит в том, чтобы наше сердце было освобождено от вины, осуждения, сожаления, зависимости и саморазрушения. Бог хочет, чтобы вы были свободны, чтобы вы были именно такими, какими Он вас создал. Вот глубокая и непреходящая истина о Боге и Его Царстве: свобода в Божьем Царстве определяется и охраняется законом. Библия описывает нравственную свободу как нечто, чего нельзя ни достичь, ни даже понять без справедливого и законного правления Бога.

Апостол Павел определённо знал Тору лучше, чем большинство людей его времени. В молодости он был учеником Гамалиила, одного из ведущих раввинов своего поколения. Павла готовили для Синедриона, высшего религиозного правящего совета страны. Когда позже его допрашивали в этом совете, он объявил себя «фарисеем, сыном фарисея» (Деян 23:6), то есть благочестивым евреем, который ревностно соблюдал все 613 заповедей Торы. Однако после того как Он пришёл к вере в Иисуса, Павел служил в беспрецедентной свободе и тем самым вдохновил многих людей последовать его примеру.

Павел посвятил значительную часть своего учения нашим отношениям с Божьими законами. Он глубоко ценил Тору как Божье Слово, но понимал, что сила греха привела к законничеству, рабству и, в конечном счёте, к духовной смерти (Рим 7:8-13). С другой стороны, жизнь вне рамок Божьего закона ведёт к иному, но столь же опасному результату – к беззаконию и отпадению от Божьего Царства. Павел посвятил себя поиску ответа на непростой вопрос: как верующие могут перейти от буквы закона, которая убивает, через законническое осуждение – к духу закона, который освобождает нас, не потеряв при этом законного правления Бога в своей жизни.

Вывод Павла состоит в том, что Бог Сам дал ответ на этот вопрос, послав Своего собственного Сына Иисуса, чтобы Он пришёл к нам как человек, то есть как тот, кто находится под властью Божьих законов. Иисус был единственным человеком, который в совершенстве повиновался Богу, живя в полноте духа закона Божьего. И всё же Он был осуждён и предан смерти за всех нас – тех, кто не мог соблюсти ни букву, ни дух закона.

Мы понимаем, что с тех пор, как Иисус умер и воскрес, Его Дух может жить в нас и писать Божьи законы на наших сердцах, а также давать нам силу повиноваться этим законам. Бог не осуждает меня за то, что я споткнулся, пытаясь угодить Ему. Скорее, Он осуждает во мне грех, противостоящий исполнению Божьей воли для моей жизни (Рим 8:1-3). Павел, хорошо знавший Тору, писал, что силой живущего в нас Духа Божьего мы можем жить таким образом, чтобы Божьи требования исполнялись в нас во всей полноте. Мы боремся за настоящую и неподдельную свободу, которая не обретается через бегство от Божьих законов. Именно в стремлении к *жизни* по Божьим законам мы начинаем вкушать личную победу. Святой Дух не ведёт нас к культуре беззакония. Наоборот, именно *полнота* законной справедливости Духа жизни, исходящего от нашего Царя Иисуса, даёт нам свободу лично познать Бога и начать новую жизнь в Его Царстве. Вслед за этим мы узнаём, что всякий раз, уступая Духу Божьему, даровавшему нам Свои законы, мы также обретаем свободу и силу начать жить здесь, на земле, как на небе!

Когда ученики спросили Иисуса о восстановлении царства Израиля (Деян 1:6), Он сказал им о силе Святого Духа, которая сделает их *свидетелями*. В греческом языке слово «свидетель» является однокоренным со словом *мученик*, тот, кто отдаёт свою жизнь за Бога. Когда мы следуем Божьей воле на пределе наших человеческих ресурсов, наши сердца по-новому открываются для силы Божьей благодати. Мы обнаруживаем для себя свободу, которая избавляет нас от наших собственных ограничений. Развитие образа жизни верующего – это процесс, когда вначале мы подчиняем себя на первый взгляд невыполнимым стандартам Иисуса, но затем, ухватившись верой за Его поистине удивительную благодать, начинаем одно за другим выполнять совершенные требования Его закона.

Для всех учеников Иисуса этот образ жизни состоит в том, чтобы сначала умереть для своих личных эгоистических желаний, а затем снова воскреснуть в новой надежде. Должно быть, именно это имел в виду Иисус, когда сказал: «Если кто хочет идти за Мною, отвергнись себя, и возьми крест свой, и следуй за Мною» (Мф 16:24). Наша борьба может оказаться дольше и труднее, чем мы ожидали, но только этот путь ведёт к истинной свободе и вечной жизни.

Вопросы для обсуждения:

1. В чём разница между свободой и независимостью?
2. Даже будучи верующим, имею ли я в своей жизни области, которые несвободны?
3. Определяет ли Бог свободу как способность найти данное мне Богом предназначение, чтобы затем помочь мне достичь его?

Молитва:

Господи, я хочу быть свободным, но только не независимым от Тебя. Покажи мне, как обрести истинную свободу сердца, которая позволит мне быть учеником, которым Ты призвал меня стать.

Глава 35

Закон Духа

Библия показывает, что Бог правит Своим Царством в полном соответствии со Своим совершенным законом. Благие Божьи законы определяют и защищают свободу в жизни Его учеников, вместо того чтобы произвольно ограничивать нас. Ключом же ко вхождению в Царство Божье и наслаждению его свободой, властью и защищённостью является Дух Божий. Апостол Павел подчёркивает, что для полной радости и плодотворной жизни в Божьем Царстве мы должны служить, мотивируемые не законническим толкованием Божьего Слова, которое он называет «буквой», а служением в Духе Божьем. Павел пишет: «…способность наша от Бога. Он дал нам способность быть служителями Нового Завета, не буквы, но духа, потому что буква убивает, а дух животворит» (2 Кор 3:5-6).

Божьи законы духовны, но они и практичны в том смысле, что имеют дело с реальными человеческими ситуациями. Божьи законы также целенаправленны, они должны

Ключами к жизни в полноте Божьего закона является способность распознавать Божьи цели и следовать духу Божьих законов.

были сформировать Израиль как общество, призванное Богом быть образцом Его Царства. Если мы начнём отделять Божьи заповеди от заложенных в них Богом целей и практических результатов, ради которых эти заповеди и были даны, и будем соблюдать их исключительно в рамках религиозной практики, это будет означать, что мы неверно истолковываем Божьи намерения и попадаем в ловушку бесплодного законничества, подобно фарисеям времён Иисуса. Именно поэтому важно понимать, что важными ключами к жизни в полноте Божьего закона является способность распознавать Божьи цели и следовать духу Божьих законов.

Две личности в Библии более других помогают нам понять дух Божьих законов и ходить в них. Первый – это Сам Иисус, второй – Апостол Павел. Где был Иисус, когда Божий голос прогремел над горой Синай и Бог сошёл, чтобы написать Свои законы на каменных скрижалях, которые держал Моисей? Иногда мы думаем, что на Синае был только Бог Отец, но это, конечно же, не так. Иисус, единородный Сын Божий, от вечности и навеки един с Отцом. Это означает, что Он всегда был и всегда будет в полном согласии с Божьими заповедями. Теологически можно утверждать, что именно Иисус вместе с Богом Отцом написал Тору для народа Израиля.

Иисус является источником вдохновения для всего Ветхого Завета. Так мог ли Он, когда ходил по земле, нарушать Божьи повеления? Ни в коем случае! Если бы Иисус нарушил хоть одну заповедь, это было бы грехом и Он уже не смог бы быть безгрешным Агнцем Божьим, совершенной жертвой для нашего искупления. Вместо этого мы видим, как Иисус постоянно учит народ и демонстрирует следование духу, а не букве Божьих законов.

Возьмём, к примеру, описанный в Евангелиях случай, когда Иисус исцелил человека в синагоге в субботу.

> *Случилось же и в другую субботу войти Ему в синагогу и учить. Там был человек, у которого правая рука была сухая. Книжники же и фарисеи наблюдали за Ним, не исцелит ли в субботу, чтобы найти обвинение против Него. Но Он, зная помышления их, сказал человеку, имеющему сухую руку: встань и выступи на средину. И он встал и выступил. Тогда сказал им Иисус: спрошу Я вас: что должно делать в субботу? добро или зло? спасти душу или погубить? Они молчали. И, посмотрев на всех их, сказал тому человеку: протяни руку твою. Он так и сделал; и стала рука его здорова, как другая (Лк 6:6-10).*

Фарисеи были убеждены, что, исцелив человека, Иисус нарушил Божью заповедь о запрете всякой работы в субботу, и поэтому они, сговорившись, искали возможности остановить или даже убить Его. Сегодня мы должны задать тот же вопрос, который задал Иисус. Что, с точки зрения Бога и в соответствии с Его законом, можно делать в субботу? Божье *намерение* в отношении субботы состоит в том, чтобы дать нам отдых, восстановить и освежить наши силы после трудов прошедшей недели и подготовить нас к плодотворному служению в предстоящие шесть дней. Суббота сосредоточена не сама на себе, а на том, как она служит нам до конца следующей после неё недели. Может ли быть лучший день, чтобы исцелить человека от парализующей его инвалидности?! Это означало бы, что впервые за многие годы он сможет позаботиться о себе и с пользой послужить своей семье. А значит, Иисус не нарушал Божьего повеления отдыхать в субботу! Будучи Сыном Божьим, Он раскрыл её совершенное предназначение. Иисус сказал: «Суббота для человека, а не человек для субботы; посему Сын Человеческий есть господин и субботы» (Мк 2:27-28). В этом и есть дух, а не буква Божьего закона.

Как мессианские евреи понимали заповедь о субботнем покое в свете учений и примера Иисуса? Послание к Евреям было написано мессианским евреем и адресовано другим евреям – последователям Иисуса того времени. 3-я и 4-я главы посвящены богодухновенному толкованию субботы с точки зрения Нового Завета. Автор подчёркивает (цитируя Псалом 94), что народ Израиля не смог войти в субботний покой, который Бог дал ему в Своих повелениях, когда евреи собрались у горы Синай.

Если и существовало поколение Божьего народа, которое должно было беспрекословно повиноваться словам Торы, то это было поколение людей, видевших, как святой огонь сошёл на Синай, и получивших Божьи заповеди от самого Моисея. Продолжая размышления, автор Послания к Евреям говорит, что Божий покой достигается верой в Бога и прекращением всякой работы, начинаемой и производимой по нашей собственной человеческой инициативе и желанию. Что же касается вопроса о необходимости соблюдать субботу, то пять раз в тридцати пяти коротких стихах 3-й и 4-й глав Послания к Евреям автор использует слово «*сегодня*». Он словно говорит нам, что если бы Иисус учил о субботе в Нагорной проповеди, Он мог бы сказать следующее: «Вы слышали, что день седьмой свят, это суббота для Господа. А Я говорю вам, что и сегодняшний, и каждый другой день должны быть святы для Бога. Отложите своё тщеславие и честолюбие и стремитесь *ежедневно* входить в Его покой через полное доверие Ему».

Учение Иисуса в Новом Завете подняло планку требований Божьего закона до уровня совершенства и перенесло фокус в послушании Богу с внешнего поведения на внутреннюю посвящённость и послушание сердца. Иисус учил, что Божий закон – это Бог, управляющий внутренним человеком по закону сердца или духа. Хотя это учение было радикальным, оно никак не было новым для Израиля. За столетия до прихода Иисуса пророк Иеремия сказал:

> *Вот, наступают дни, говорит Господь, когда Я заключу с домом Израиля и с домом Иуды новый завет, не такой завет, какой Я заключил с отцами их в тот день, когда взял их за руку, чтобы вывести их из земли Египетской; тот завет Мой они нарушили, хотя Я оставался в союзе с ними, говорит Господь. Но вот завет, который Я заключу с домом Израилевым после тех дней, говорит Господь: вложу закон Мой во внутренность их, и на сердцах их напишу его, и буду им Богом, а они будут Моим народом. И уже не будут учить друг друга, брат брата и говорить: «познайте Господа», ибо все сами будут знать Меня, от малого до большого, говорит Господь, потому*

что Я прощу беззакония их и грехов их уже не воспомяну более (Иер 31:31-34).

Интересно, что слова в еврейском тексте, обозначающие «новый завет», *брит хадашá* – это те же слова, которые используются в современном иврите для обозначения собраний книг Нового Завета. Большинство евреев сегодня считают Новый Завет чуждой для них и нееврейской книгой. Многие с удивлением читают в своих еврейских Писаниях Танаха, Ветхого Завета, пророчества Иеремии о том, что Бог заключит *новый завет* ни с кем иным, как с народом Израиля и Иудеи. Иеремия говорит, что Бог намерен написать Свой закон в сердцах Своего народа, а это значит, что каждый человек будет нести личную ответственность перед живым Богом. Данное пророчество Иеремии – это описание действия Духа Божьего, царящего внутри каждого человека.

Приведу историю, которая иллюстрирует разницу между буквой и духом закона, а также процесс достижения духовной зрелости. Представьте себя трёхлетним ребёнком. Рядом с вашим домом проходит оживлённая дорога с крутым поворотом, возле которого есть пешеходный переход и светофор. Отец выводит вас за руку на тротуар и самым серьёзным голосом говорит, что ни при каких обстоятельствах нельзя выходить на проезжую часть, когда на пешеходном переходе горит красный свет. Прежде чем начать переход, надо непременно дождаться, пока загорится зелёный, и никаких исключений в этом правиле нет. Если вы не послушаетесь, вас ждёт наказание. Таков закон вашего любящего отца.

Теперь перенесёмся во времени на десять лет вперёд. Вам тринадцать, и вы чувствуете себя очень взрослым. Вам уже не нужен отец, чтобы перейти дорогу. Теперь вы идёте один, и нет нужды напоминать, что нельзя выходить на оживлённую дорогу на красный свет. Вы подошли к переходу, на светофоре красный свет, поэтому вы останавливаетесь и ждёте. Вы уже усвоили наставление своего отца. То, что когда-то было его законом, теперь часть вас самих. Кроме того, за эти годы вы видели несколько очень серьёзных аварий на перекрестке, поэтому полностью согласны с мудростью наставлений своего отца. Ваше послушание стало привычным и автоматическим почти на подсознательном уровне. Именно это имел в виду пророк Иеремия, когда писал о Божьем законе, написанном в сердцах Его народа.

Но однажды, когда вы послушно стоите у тротуара, ожидая зелёного сигнала светофора, происходит нечто, что становится одновременно испытанием и вашего послушания закону отца, и вашего понимания его характера. Вы видите на другой стороне дороги неуверенно идущую с тростью пожилую женщину, которая сходит с бордюра на пешеходный переход. Она либо плохо видит, либо дезориентирована и, очевидно, не заметила, что на светофоре всё ещё горит красный свет. У вас нет никаких сомнений – она идёт навстречу опасности.

Вы мгновенно понимаете несколько вещей: через секунду из-за поворота на полной скорости выедет машина, водитель не успеет остановиться и собьёт её. Вы точно знаете, с какой скоростью машины ездят по этой улице! Однако в это же мгновение вы понимаете и кое-что ещё: если немедленно выбежать на дорогу, есть вероятность вовремя добраться до женщины и помочь ей вернуться в безопасное место на тротуаре. Но что делать? По-прежнему горит красный свет. Отец всегда строго запрещал вам даже ступать на дорогу до тех пор, пока свет не сменится на зелёный, и этот закон теперь написан в вашем собственном сердце.

С другой стороны, даже в тринадцать лет вы достаточно зрелы, чтобы понять, что *целью* вашего отца и его закона о красном свете было защитить вашу жизнь и жизнь других людей. Вы знаете его характер и то, что спасение человеческой жизни является одной из его высших ценностей. Поэтому вы немедленно спрыгиваете с бордюра, бежите к женщине и помогаете ей вернуться в безопасное место!

Это иллюстрация действия закона духа жизни во Христе Иисусе, о котором Павел писал в 8-й главе Послания к Римлянам. Если бы вы следовали букве закона, женщина могла бы получить тяжёлые травмы или даже погибнуть в аварии. Всё выглядит так, словно вы нарушили букву закона, но, поступив таким образом, вы выполнили более высокое требование в духе закона. Вы сделали это в полной уверенности, что, увидев спасение старушки из окна, ваш отец выйдет из дома и не будет ругать вас за нарушение его правила, а скорее обнимет вас и поблагодарит за хорошо выполненную работу. Возможно, он даже скажет: «Я вижу, что ты взрослеешь, развиваешь мужество и здравый смысл. Ты готов взять на себя бóльшую ответственность!».

На мой взгляд, учиться жить в духе Божьих законов – это что-то вроде обучения вождению автомобиля. Управление автомобилем даже на обычных скоростях – совсем не тривиальная задача. Всего несколько секунд неосторожного вождения могут любого человека сделать массовым убийцей! Когда вы ведёте автомобиль, вы действуете в очень сложной системе законов. Законы физики управляют поведением автомобиля на различных скоростях, в различных дорожных условиях и независимо от того, едете ли вы прямо или поворачиваете. Законы инженерии связаны с дизайном и конструкцией каждого автомобиля и его двигателя, а сложные законы химии регулируют всё, что связано с топливом.

Во время вождения мы также должны постоянно помнить и о законах, регулирующих поведение человека. Ребёнок, играющий с мячом на обочине дороги, скорее всего, будет вести себя не так, как пожилой человек или подросток на велосипеде. Затем, конечно же, мы должны соблюдать местные правила дорожного движения, подчиняясь знакам, дорожной разметке и светофорам. Водитель автомобиля буквально погружён во множество законов одновременно. И всё же после нескольких лет практики мы благополучно и спокойно действуем в рамках этих законов, слушая при этом музыку или думая о чем-то своём. Конечно, вы должны быть постоянно начску, чтобы бсзопасно управлять автомобилсм. Но когда вы хорошо овладеваете необходимыми для вождения навыками, бо́льшая часть этого процесса становится подсознательной и автоматической. Это ещё одна иллюстрация того, как мы должны усваивать дух Божьих законов. Выработанный навык законопослушного поведения, проявленный Иисусом в Его собственной жизни, является целью нашего ученичества.

Вопросы для обсуждения:

1. В чём разница между буквой и духом Божьего закона?
2. Почему важно понимать цель и Божественное намерение, стоящие за Божьими законами?
3. Могу ли я вспомнить случай из своей жизни, когда я повиновался духу, а не букве закона?

Молитва:

Господи, помоги мне любить и уважать все Твои законы и возрастать, как подобает Твоему ученику, в духе законопослушания.

Глава 36

Сыновья спрашивают: «Почему?»

Апостол Павел неоднократно и убедительно разъяснял ученикам важность и смысл Божьих законов. Этому способствовала его фундаментальная подготовка, так как до своей чудесной встречи с Иисусом по дороге в Дамаск он был весьма ревностным фарисеем. О своём религиозном происхождении он писал Филиппийцам: «[Я] обрезанный в восьмой день, из рода Израилева, колена Вениаминова, Еврей от Евреев, по учению – фарисей, по ревности – гонитель Церкви Божией, по правде законной – непорочный» (Флп 3:5-6).

Однако, направляясь в Дамаск, чтобы преследовать тех, кого он считал нераскаявшимися нарушителями Божьих законов, Павел встретился с воскресшим Господом и стал преданным учеником Иисуса. После этого и его жизнь, и служение стали свидетельством радостной свободы и силы в Духе Божьем, которых мало кто достиг с тех пор. Неотделимая от дисциплины и полноты понимания Божьего закона,

Ключ к пониманию духа Закона сокрыт в одном слове: «Почему?»

свобода Павла в следовании за Божьим Духом побуждала миллионы людей на протяжении веков следовать по его стопам. Именно Павел стал первым апостолом языческих народов и написал почти треть текстов Нового Завета.

Павел дал нам важнейший ключ к толкованию буквы Божьих законов и пониманию духа закона – ключ, благодаря которому мы можем перейти от буквы к духу, не потеряв при этом полноты смысла Божьего закона. Ключ этот сокрыт в одном слове: «Почему?» Позвольте мне объяснить это на примере учения Павла в 4-й главе Послания к Галатам. «Ещё скажу: наследник, доколе в детстве, ничем не отличается от раба, хотя и господин всего: он подчинён попечителям и домоправителям до срока, отцом назначенного. Так и мы, доколе были в детстве, были порабощены вещественным началам мира; но когда пришла полнота времени, Бог послал Сына Своего Единородного, Который родился от жены, подчинился закону, чтобы искупить подзаконных, дабы нам получить усыновление» (Гал 4:1-5).

Павел пишет Галатам, что с маленьким ребёнком, даже если он законный наследник всего, обращаются так же, как с рабом, пока он не станет взрослым. По словам Павла, мы стали Божьими детьми по вере, и для нас буква Божьего закона была подобна опекуну, назначенному защищать нас и руководить нами, пока мы были незрелыми младенцами. Но теперь как наследники Бога мы достигаем зрелости через веру в Иисуса, совершенного Сына Божьего. Мы больше не должны вести себя ни как рабы, ни как малые дети, слепо подчиняющиеся командам опекунов, которые говорят нам, что нужно делать. Тора, записанный закон Бога, который является нашим *опекуном*, имеет дело с элементарными и прикладными вопросами нашей земной жизни. Но наша цель состоит в том, чтобы возрасти, научиться понимать *дух* и *цели* Божьих законов и ходить в них.

Поскольку мы Его дети, мы взываем к Богу «Авва!», что означает «Отец» или «Папа». Когда отец даёт своему ребёнку какое-то повеление, настоящему и зрелому сыну или дочери не просто разрешается спросить, от него или от неё ожидается вопрос: «Папа, пожалуйста, объясни мне, почему?» Рабы же и маленькие дети не должны подвергать сомнению законы своего господина или отца. Их обязанность – слушать и повиноваться. Однако взрослый ребёнок, который является наследником своего отца, должен действовать с пониманием, поскольку однажды он или она будет править во всём доме. Поэтому мы должны задавать Богу вопрос «Почему?» в отношении всех Его заповедей. Например, мы должны спросить: «Папа, почему Ты повелеваешь отдыхать в субботу?» Как только мы задаём этот вопрос, ответ Бога, основанный на примерах Иисуса из Нагорной проповеди, кажется очевидным. Думаю, Он сказал бы: «Смысл не в том, что ты посвящаешь Мне один день недели, а шесть оставляешь себе. Я повелеваю тебе отдыхать один день в неделю, чтобы, отдохнув и набравшись сил и здоровья, ты мог служить Мне всю неделю!».

Это показывает нам, что суть соблюдения субботы не в

том, чтобы не отвечать на телефонные звонки, не водить машину или не проводить церковное служение в определённый день недели.

Суббота – это дисциплинированное почитание Бога, позволяющее регулярно отдыхать, чтобы ежедневно служить в Его Царстве в полноте сил и бодрости. Павел писал, что эти законы касаются «вещественных начал», то есть элементарных вещей, которые должен знать каждый. Божьи законы не предназначались для того, чтобы ввергнуть нас в систему их принудительного соблюдения, что Павел называет рабством. Мы призваны к свободе, но истинная свобода несёт с собой и большую ответственность.

Вопросы для обсуждения:

1. Чем зрелые сыновья и дочери отличаются от рабов и маленьких детей (Гал 4:1-7)?
2. Как вопрос «Почему?» становится ключом к свободе в рамках Божьих законов?
3. Могу ли я указать примеры христианских правил или традиций, которые следует подвергнуть сомнению?

Молитва:

Отец Небесный, я хочу достичь зрелости сына или дочери в Твоём доме. Научи меня уважительно спрашивать: «Почему?» и стремиться быть более похожим на Тебя.

Глава 37

Любовь превыше всего

Полнота Божьего закона выражается в искупительной, преобразующей и вечной любви Бога. Его совершенная любовь – это любовь личная, которая берёт своё начало ещё до сотворения мира и не прекратится после его исчезновения. Его любовь уникальна, потому что в своих проявлениях она учитывает совокупную сложность устройства человеческой личности, ваши сильные стороны, ваши недостатки и ограничения. Божья любовь искупительна, так как она касается вашей жизни в тот момент, когда вы понимаете, что ваше извечное предназначение никогда не может быть достигнуто вашими собственными силами. Его любовь преображает нас, потому что Божья любовь, воплощённая в Его Сыне Иисусе, – это сила, которая помогает каждому ученику выйти за рамки нашей тленной природы и обрести нетленную вечную жизнь.

Принимая Божью любовь, в Нём мы обретаем способность искренне любить других. Божья любовь должна перетекать сквозь нас к другим людям. Если мы пытаемся эгоистично сохранить Божью любовь только для себя, она незримо ускользает от нас. Но когда мы делимся Его любовью с другими, её поток увеличивается. Иногда, мы чувствуем себя опустошёнными, и это наиболее подходящее время, чтобы проявить Божью любовь к другим. Когда мы дарим немного любви окружающим нас людям, мы наполняемся Богом, даже не стремясь к этому.

Любовь восполняет то, чего в нас недостаёт. Она может сделать нас смелыми, когда мы боимся. Ученик Иисуса Иоанн писал: «В любви нет страха, но совершенная любовь изгоняет страх, потому что в страхе есть мучение. Боящийся несовершен в любви. Будем любить Его, потому что Он прежде возлюбил нас» (1 Ин 4:18-19). Когда вы говоритс другому человеку «Я люблю тебя», эти слова могут иметь бесчисленное множество значений и оттенков. Но если вы искренни, есть две истины, лежащие в основе этого утверждения. Во-первых, это значит, что вы признаёте уникальность другого человека и цените то неповторимое место, которое он занимает в вашей жизни. На самом деле вы не любите кого-то, если думаете, что он такой же, как и все, кого вы знаете. Вторая истина заключается в том, что для вас этот человек обладает, по крайней мере, такой же ценностью, как и вы сами, а значит, его чувства, потребности и права нужно уважать и защищать, как свои собственные. Это основа настоящей любви.

Вечная уникальность каждого человека и его право на «жизнь, свободу и стремление к счастью»[8] исходят только от Бога. Наука, политика, религия или человеческое сочув-

---

[8] Цитата из Декларации независимости Соединенных Штатов Америки, 1776 г.

ствие не могут породить такую любовь.

Библия говорит, что истинная, чистая любовь исходит от Бога, потому что такова Его природа, и наша реакция на Божью любовь проявляется в любви к Нему и другим людям, которых Он сотворил. Иоанн, которого считают самым молодым из апостолов и тем, кого Иисус любил больше всех, писал: «"Возлюбленные! будем любить друг друга, потому что любовь от Бога, и всякий любящий рождён от Бога и знает Бога. Кто не любит, тот не познал Бога, потому что Бог есть любовь» (1 Ин 4:7-8).

Иисус сказал, что две величайшие заповеди, данные Израилю, а через Израиль и всему миру, говорят о любви. Цитируя слова Божьего закона из Второзакония 6:5 и Левит 19:18, Иисус сказал: «"Возлюби Господа Бога твоего всем сердцем твоим и всею душою твоею и всем разумением твоим" – сия есть первая и наибольшая заповедь; вторая же подобная ей: "возлюби ближнего твоего, как самого себя"; на сих двух заповедях утверждается весь закон и пророки» (Мф 22:37-40).

Апостол Павел писал: «Ибо весь закон в одном слове заключается: люби ближнего твоего, как самого себя» (Гал 5:14) и «Любовь не делает ближнему зла; итак, любовь есть исполнение закона» (Рим 13:10). Апостол Иаков называл Божью заповедь любви «царским законом»: «Если вы исполняете закон царский, по Писанию: "возлюби ближнего твоего, как себя самого", – хорошо делаете» (Иак 2:8). Исполнение «царского закона» начинается с учеников Царя. Апостол Иоанн пишет, что Иисус учил: «Заповедь новую даю вам, да любите друг друга; как Я возлюбил вас, так и вы да любите друг друга. По тому узнают все, что вы Мои ученики, если будете иметь любовь между собою» (Ин 13:34-35).

Любовь может иметь мощное политическое влияние. Целью политики является организация жизни людей на благо всего общества. Она занимается правильным управлением и включает в себя использование власти, чтобы, с одной стороны, требовать от людей определённого, приемлемого в обществе поведения, а с другой стороны, наказывать тех, кто не желает подчиняться этим требованиям. И демократии, и диктатуры издают законы. Разница заключается в том, с какой целью принимаются различные законы и как они применяются. Закон лежит в основе политики, и мы все знаем, что даже лучшие демократические правительства нередко оказываются неспособными принять хорошие законы. Но независимо от того, какое правительство руководит нашей страной, ученики Иисуса всегда связаны Божьими законами любви.

Но независимо от того, какое правительство руководит нашей страной, ученики Иисуса всегда связаны Божьими законами любви.

Иисус сказал, что Его ученики – «соль земли» и «свет мира» (Мф 5:13-16). Эти ученики сеют семена Божьего закона любви в сердца всех людей, и, чтобы жить в мире и свободе, этот закон Бога должен поддерживаться и почитаться выше гражданского права любого народа. Божья любовь необходима для созидания сильных наций, где разные народы и разные расы добровольно объединяются под единым органом власти.

Через индивидуальную веру и в результате процесса

ученичества Божья любовь должна прежде всего наполнить сердца и умы политических лидеров, и тогда решения, которые они принимают в отношении жизни других людей, будут направлены на благо, а не во зло. Такие лидеры, будучи учениками Иисуса, становятся силой, объединяющей людей и строящей сильные и продуктивные общества.

Когда Бог стал Царём Израиля в пустыне (Исх 19:5-6), Его шатёр был поставлен посреди стана. Его облачные и огненные столпы вели людей днём и ночью, и Он впервые объединил двенадцать колен в единую нацию. Спустя годы, уже войдя в Землю обетованную, Израиль отверг верховную власть Бога и избрал себе царей из людей. В конце концов, эти правители довели народ до катастрофы и не смогли сохранить единство нации перед лицом её врагов.

Только одному царю из людей вожди всех двенадцати племён Израиля доверяли достаточно, чтобы сплотить нацию, и этим царём был Давид – человек, чьё сердце было полностью предано Господу. Возможно, из-за клятвы Давида не уничтожать семью Саула (1 Цар 24:20-22), возможно, в память о братской любви к своему другу Ионафану, которая не угасла даже после его смерти, получивший политическую власть Давид и его племя Иуды не отомстили самому малому в Израиле колену Вениамина, из которого происходили Саул и Ионафан. Давид стал известен как человек по сердцу Бога, и другие десять колен пришли к нему в Хеврон и помазали его царём над всем Израилем (2 Цар 5:1-3). В одном из своих вдохновенных псалмов Давид пел Богу: «Блажен народ, у которого Господь есть Бог, – племя, которое Он избрал в наследие Себе. С небес призирает Господь, видит всех сынов человеческих; с престола, на котором восседает, Он призирает на всех, живущих на земле: Он создал сердца всех их и вникает во все дела их» (Пс 32:12-15).

В современном мире роль церкви состоит в том, чтобы быть Божьим инструментом в установлении Его Царства на земле. Однако это не обязательно предполагает *отождествление* себя с одной политической партией или кандидатом и противоборство с другой. Основное призвание церкви – производить учеников Божьего Царства, мужчин и женщин, духовно подготовленных для того, чтобы представлять Божью любовь в любом месте общества, куда они направляются для служения. Правительства меняются к лучшему, когда ученики Иисуса, призванные к служению в политике или в государственных структурах, проявляют Божью любовь и честность в своих повседневных словах и поступках. Каждая поместная церковь играет жизненно важную роль в формировании таких искупленных и преображённых учеников.

Как выглядит закон Божий, когда он выходит из церкви в общество? Апостол Павел писал: «Любовь долготерпит, милосердствует, любовь не завидует, любовь не превозносится, не гордится, не бесчинствует, не ищет своего, не раздражается, не мыслит зла, не радуется неправде, а сорадуется истине; всё покрывает, всему верит, всего надеется, всё переносит. Любовь никогда не перестаёт… А теперь пребывают сии три: вера, надежда, любовь; но любовь из них больше» (1 Кор 13:4-8, 13).

Божий закон любви управляет внутренним человеком, сокровенными побуждениями его сердца. Именно там сокрыт корень Божьего Царства, и именно из этого корня исходит его сила. Институциям и движениям, которые сосредоточены на том, что можно увидеть невооружённым глазом, суждено возвышаться и падать, но истина, вложенная в сердце Божьей любовью, не умрёт никогда. Эта любовь приносит Его Царство на землю и никогда не перестаёт (1 Кор 13:8).

«Быв же спрошен фарисеями, когда придёт Царствие Божие, отвечал им: не придёт Царствие Божие приметным образом, и не скажут: “вот, оно здесь”, или: “вот, там”. Ибо вот, Царствие Божие внутрь вас есть» (Лк 17:20-21).

Вопросы для обсуждения:

1. Почему в Библии закон любви является высшим законом Бога?
2. Как Божий закон любви мог изменить мой народ?
3. Почему истинная любовь должна включать и справедливость, и милосердие ко всем?

Молитва:

Господи, я верю, что Твоя любовь – высший закон в Твоём Царстве. Научи моё сердце любить подобно Тебе и покажи мне, как применять жертвенную силу Твоей любви в моей жизни и работе.

Глава 38

Божьи законы о питании

Много лет назад, когда я жил в Токио, среди моих друзей был раввин Еврейского общинного центра, с которым я познакомился, когда посещал собрания в синагоге. Несколько раз мы обедали вместе с ним и его женой в местных ресторанах, и я прекрасно помню, как трудно было найти место, где могли приготовить еду, соответствующую его ограничениям в питании. Среди прочего, еврейская традиция запрещает употребление в пищу свинины или моллюсков, а также одновременное употребление мясных и молочных продуктов. Каждый раз мой знакомый раввин просматривал меню в поисках кошерных, то есть разрешённых законом Моисея видов рыбы, а затем просил повара приготовить её на фольге, а не на гриле, который до этого мог использоваться для приготовления не кошерных блюд.

Пытаясь лучше понять происходящее, я обратился к Библии и, конечно же, убедился, что Бог запретил, среди прочего, есть свиней, рептилий, летучих мышей, хищных птиц, грызунов и моллюсков. Это заставило меня задуматься о духе библейских законов о питании. Обратившись к Нагорной проповеди, я попытался понять, как бы мог Иисус трактовать законы кашрута. Как вы помните, в Своём учении о Божьих законах Иисус неоднократно использовал конструкцию «Вы слышали, что сказано древним... а Я говорю вам…». Каждый раз Он цитировал одну из заповедей, которые Моисей получил на Синае, а затем излагал Своё собственное толкование – толкование Мессии и Царя. В каждом случае Иисус поднимал планку одной из заповедей закона, данного Израилю, на более высокий, совершенный уровень. Так что бы Он сказал об употреблении в пищу свинины?

Чтобы ответить на этот вопрос, скажем, что, во-первых, три тысячи лет назад, когда были даны Божьи законы, не было ни холодильников, ни знаний о вирусах, бактериях или микроскопических паразитах. Мы знаем, что свиньи в дикой природе едят всё, включая человеческие фекалии. Раньше я думал, что коренные жители таких мест, как остров Калимантан, невосприимчивы к болезням, связанным с употреблением в пищу диких кабанов, а также свиней, содержащихся в загонах под домами, но позже узнал от местных врачей, что это не так. Известны случаи, когда целые деревни заболевали от употребления заражённой свинины. Конечно, во времена Моисея употребление в пищу недоваренной свинины, дикой летучей мыши или крысы могло привести к серьёзному заболеванию, смерти или даже вызвать эпидемию.

Другие рыбы, птицы и животные, запрещённые законом Божьим к употреблению в пищу, – это существа, которые питаются со дна водоёмов или едят гниющую плоть мёртвых животных. Опять же, эти виды диких животных с гораздо большей вероятностью вызовут проблемы со здоровьем, чем овцы, козы, куры, коровы и рыбы с плавниками и чешуёй, которые разрешены в пищу законом. Бог проявляет заботу о нашем физическом здоровье. Божественное здоровье лучше Божественного исцеления! Я думаю, что сегодня, обращаясь к заповедям о питании, Иисус напомнил бы нам, что наши тела – это «храм Святого Духа» (1 Кор 6:19), и повелел бы делать всё возможное, чтобы питаться здоровой пищей и развивать хорошие привычки в еде.

Бог проявляет заботу о нашем физическом здоровье. Божественное здоровье лучше Божественного исцеления!

Еда, несомненно, играет заметную роль в религиозных обычаях по всему миру. Почему Иисус не обратился к этому напрямую в Своей самой важной проповеди о законе? Я думаю, причина кроется в том, что, хотя пища и важна, в Божьем Царстве она всё же не настолько значима, как другие нравственные проблемы. Кулинарные привычки и предпочтения занимают важное место среди поверхностных слоёв культуры, но не являются её краеугольными камнями. Согласно еврейской традиции, в Божьих законах, данных Израилю через Моисея в первых пяти книгах Библии, насчитывается 613 заповедей, но лишь менее 5% этих заповедей касаются пищи.

Иисус обличал религиозных людей за неумение определять, в какой степени важна та или иная Божья заповедь: «Горе вам, книжники и фарисеи, лицемеры, что даёте десятину с мяты, аниса и тмина, и оставили важнейшее в законе: суд, милость и веру; сие надлежало делать, и того не оставлять» (Мф 23:23). Апостол Павел подытожил это высказывание такими словами: «Ибо Царствие Божие не пища и питие, но праведность и мир и радость во Святом Духе» (Рим 14:17).

Божьи законы, в том числе и законы о еде, изначально были даны Моисею с целью формирования и построения общества, которое почитало бы Бога как своего Царя. Это общество, народ Израиля, было прообразом великолепного Божьего Царства на земле. Пища же, безусловно, жизненно важна для любого народа и любой культуры. Регулирование и охрана всего, связанного с процессом снабжения продовольствием, обычно является обязанностью правительства и подпадает под категорию общественного здравоохранения. Три тысячи лет назад Бог словом Своим сформировал Израиль из массы бывших рабов в законопослушный народ как пример для всего мира. С самого начала Бог как Царь Израиля, демонстрировал Своё доброе и любящее правление, давая, среди прочего, повеления о питании, общественном здоровье и личной гигиене.

Например, в Торе есть многочисленные указания об омовении водой. Эти заповеди не были задуманы Богом как религиозные ритуалы или просто традиции. Сегодня во многих кошерных ресторанах, получивших удостоверение от раввинов о соблюдении еврейских традиций приготовления пищи, на входе стоят металлические кувшины и специальные краны для проточной воды, и соблюдающие традиции посетители могут ритуально омыть руки перед едой. В тех же ресторанах в туалетах могут быть таблички со словами: «Сотрудники обязаны вымыть руки, прежде чем вернуться к работе». Я думаю, второй пример омовения рук больше соответствует изначальным Божьим заповедям. Даже среди первых инструкций, данных органами общественного здравоохранения для борьбы с пандемией вируса COVID-19, было частое мытьё рук. Древняя библейская мудрость сохраняет свою практическую пользу и в современном мире.

Употребление определённой пищи или отказ от неё ничего не добавляет к Божьему принятию человека и не уменьшает его. Тем не менее наша любовь к ближним побуждает нас уважать обычаи и верования других людей. Апостол Павел писал: «Ради пищи не разрушай дела Божия. Всё *чисто* [на греческом *kathara* – «духовно чисто»], но худо человеку, который ест на соблазн. Лучше не есть мяса, не пить вина и не делать ничего такого, от чего брат твой претыкается, или соблазняется, или изнемогает. Ты имеешь веру? имей её сам в себе, пред Богом. Блажен, кто не осуждает себя в том, что избирает» (Рим 14:20-22).

Вопросы для обсуждения:

1. Почему то, что мы едим, так важно для Бога?
2. Есть ли какие-то продукты, которые я буду или не буду есть из-за своей веры?
3. Почему христианам следует уважать кулинарные обычаи других людей?

Молитва:

Господи, пожалуйста, помоги мне принять дисциплину здорового питания и сохрани меня от того, чтобы стать преткновением для кого-либо в Твоей пастве из-за того, что я ем или пью. Помоги нам всем оставаться сосредоточенными на самых важных ценностях в Твоём Царстве.

Глава 39

Праздники Господни

Данные Израилю Божьи законы содержат также и полный годовой календарь. Эти заповеданные Богом времена года организованы вокруг семи центральных праздников, а также других знаменательных дат, постов, суббот и особых дней в году. Праздники и различные обряды придают повседневной жизни израильтян упорядоченный и осмысленный ритм и по сей день являются частью еврейской культуры. Хотя большинство праздников связаны с годовым циклом аграрной жизни израильского народа или же отмечают какое-либо библейское или историческое событие, все они имеют важную духовную составляющую, поскольку в течение всего года через них по-разному выражается почтение к Богу. В Библии эти особые дни и времена года называются не праздниками Израиля, а «праздниками Господними» (2 Пар 2:4).

Как и в случае с остальными Божьими законами, заповеди о праздниках являются частью богодухновенного Писания и имеют искупительную цель. Христиане не должны игнорировать их как незначимые культурные мелочи, но и не должны пытаться создать из них законническую систему религиозных обрядов, помня, что праздники Господни играют важную роль в утверждении культуры Божьего Царства.

Они заповеданы в Библии, и каждый ученик Господа, еврей он или обращённый язычник, должен знать и уважать установленные Богом особые периоды в течение года. Вместе с тем все мы должны научиться соблюдать праздники Господни в духе, а не по букве закона.

Из истории мы знаем, что менее чем через триста лет после того, как верующие из язычников впервые были названы христианами в Антиохии (Деян 11), первый христианский император Константин запретил «иудейские» праздники в Римской империи и перенёс Шабат с седьмого дня (субботы) на воскресенье. Библейский праздник Песах был запрещён и заменён христианизированным праздником весеннего плодородия языческого происхождения, который стал известен как Пасха. Никто точно не знает, откуда произошло это название, но в англоязычной культуре его можно проследить до англо-саксонской богини весны по имени *Остара*[9]. По сей день кое-где пасхальные праздники включают в себя крашеные яйца и кроликов[10], которые были древними дохристианскими символами плодородия.

Хотя он и был исключён из христианской традиции почти две тысячи лет назад, из всех библейских праздников

---

[9] На английском языке Пасха называется *Easter*, и именно это название восходит к имени богини весны *Остара*, или *Eastre* на древнеанглийском языке.

[10] Одним из традиционных атрибутов Пасхи (*Easter*) в западных странах является пасхальный кролик, который, будучи весьма плодовитым животным, стал символом богини Остары.

именно праздник Песах наиболее ярко иллюстрирует Божьи искупительные цели. На Песах отмечается избавление Израиля от египетского рабства. Его празднуют вечером накануне семидневного «праздника опресноков» (Лев 23:5-6). В течение целой недели все жители Израиля должны есть пресную выпечку, чтобы вспоминать записанную в Библии историю поспешного выхода еврейского народа из рабства в Египте, когда у них не было времени ждать, пока поднимется квасное тесто для хлеба.

> *И сказал Господь Моисею и Аарону в земле Египетской, говоря: месяц сей да будет у вас началом месяцев, первым да будет он у вас между месяцами года. Скажите всему обществу сынов Израилевых: в десятый день сего месяца пусть возьмут себе каждый одного агнца по семействам, по агнцу на семейство (Исх 12:1-3).*
>
> *Ешьте же его так: пусть будут чресла ваши препоясаны, обувь ваша на ногах ваших и посохи ваши в руках ваших, и ешьте его с поспешностью: это – Пасха Господня. А Я в сию самую ночь пройду по земле Египетской и поражу всякого первенца в земле Египетской, от человека до скота, и над всеми богами Египетскими произведу суд. Я Господь. И будет у вас кровь знамением на домах, где вы находитесь, и увижу кровь и пройду мимо вас, и не будет между вами язвы губительной, когда буду поражать землю Египетскую. И да будет вам день сей памятен, и празднуйте в оный праздник Господу во все роды ваши; как установление вечное празднуйте его. Семь дней ешьте пресный хлеб; с самого первого*

дня уничтожьте квасное в домах ваших, ибо кто будет есть квасное с первого дня до седьмого дня, душа та истреблена будет из среды Израиля (Исх 12:11-15).

Можно сказать, что Вечеря Господня – протестантское хлебопреломление, Святое Причастие у православных, и католическая месса – всё это христианские отражения Песаха, которые сформировались на протяжении веков. *Pascha Nostrum*, что в переводе с латыни означает «Наша Пасха» – это гимн, который исторически исполнялся как католиками, так и протестантами в пасхальный период. Первые слова гимна можно найти в *Книге общих молитв* Епископальной церкви, они хорошо известны в англоязычном мире: «Христос, Пасха наша, заклан за нас; посему будем праздновать не со старой закваской, закваской злобы и зла, но с опресноками искренности и истины. Аллилуйя».

Когда я был ребёнком, мои родители были членами Епископальной церкви, поэтому я был крещён и прошёл обряд конфирмации в этой христианской традиции. Было это за многие годы до того, как у меня произошла личная духовная встреча с Иисусом и я посвятил себя тому, чтобы стать Его учеником. Пока я рос и посещал местную Епископальную церковь, я какое-то время был «служкой», т.е. помощником священника. По воскресеньям я надевал специальное одеяние поверх обычной одежды и помогал руководителю общины подавать причастие. Он читал молитвы, а затем людей приглашали выйти вперёд и преклонить колени, и мы подносили им вино из большой серебряной чаши и отдельные круглые вафли из белого пресного хлеба с печатью епископского креста. Несмотря на то, что мне недоставало настоящей веры, я знал, что это нечто святое и предназначенное для соединения людей с Богом.

Моя жизнь изменилась, когда я в молитве обратился к Иисусу с просьбой о спасении. Начав новую жизнь веры в возрасте двадцати трёх лет, я женился на мессианской еврейке и, готовясь к служению, начал посещать библейскую школу. Благодаря семье моей жены я узнал, что Песах в еврейском мире – это большой ежегодный семейный праздник, корни которого уходят в традиции, восходящие к временам библейской древности. Каждый год родственники и близкие друзья собираются вместе, чтобы устроить праздничную трапезу из специально приготовленных блюд, рассказать библейские истории, прочитать книгу, называемую *Агадой*, и спеть традиционные песни. Это большое событие называется Седер, и семьи проводят весь день в приготовлениях к вечернему празднованию в своих домах. Когда приходит время, все едят опресноки, называемые мацой, рассказывают историю освобождения Израиля из Египта и поднимают четыре чаши вина – две до трапезы и две после неё. Иногда даже раскладывают специальные подушки, чтобы гости могли полулежать, что служит символическим заявлением: «Когда-то мы тяжело трудились, будучи рабами в Египте, но теперь мы свободные люди и можем расслабиться благодаря Божьему избавлению».

В первые годы после уверования в Иисуса, благодаря празднованию Песаха и изучению Нового Завета в семинарии, в моём сознании начало формироваться понимание связи между Песахом и Вечерей Господней. Конечно, Иисус и Его ученики были евреями, которые жили в контексте еврейского закона и еврейской традиции. Песах был большим событием и особым праздником для всех людей в их культуре.

В ходе традиционного пасхального Седера рассказывается история Божьих чудес при дворе фараона и у Красного моря.

В синоптических Евангелиях (от Матфея, Марка и Луки), что ученики спросили Иисуса, где Он хочет, чтобы они приготовили Пасху. Ответ Иисуса находим в Евангелии от Луки: «Он сказал им: вот, при входе вашем в город, встретится с вами человек, несущий кувшин воды; последуйте за ним в дом, в который войдёт он, и скажите хозяину дома: “Учитель говорит тебе: где комната, в которой бы Мне есть пасху с учениками Моими?” И он покажет вам горницу большую устланную; там приготовьте. Они пошли, и нашли, как сказал им, и приготовили пасху” (Лк 22:10-13).

Позже я узнал, что подготовка к Пасхе – весьма нетривиальная задача. Необходимо сделать покупки, приготовить еду и подготовить комнаты, и всё это нужно закончить до начала празднования. В течение всего дня в доме царит волнение и ожидание вечернего торжества, когда все соберутся на Седер. Этот особый праздник был близок сердцу Иисуса, как и всем Его соотечественникам.

Пасхальная трапеза Иисуса должна была стать «последней вечерей» с Его самыми близкими друзьями, которые к тому времени были Ему даже ближе, чем семья. В Евангелии от Луки записано: «И, когда настал час, Он возлёг, и двенадцать Апостолов с Ним» (Лк 22:14). Возлежание на подушках за пасхальным столом было знакомым для них обычаем, как и для некоторых современных евреев. Именно во время этой вечери Иисус сказал Своим ученикам: «Очень желал Я есть с вами сию пасху прежде Моего страдания, ибо сказываю вам, что уже не буду есть её, пока она не совершится в Царствии Божием» (Лк 22:15-16).

В ходе традиционного пасхального Седера рассказывается история Божьих чудес при дворе фараона и у Красного моря. Одно из блюд на Седере символизирует собой глину, из которой рабы-евреи строили города фараона в Египте, другие – горечь рабства и солёные слёзы, пролитые поколениями людей, которым никогда не позволялось быть чем-то бóльшим, чем «гастарбайтеры». Песах – это праздник выхода из рабства и обретения свободы! Бог повелел израильтянам заколоть по агнцу для каждой семьи и помазать его кровью дверные косяки и перекладины их домов, чтобы смерть, поразившая египтян, «прошла» мимо этих жилищ. Народу Израиля было приказано есть жертвенного агнца с горькими травами и пресным хлебом на закате дня, собравшись всей семьёй.

Во время пасхальной трапезы с учениками, пересказав историю о Божьем суде над египтянами и о спасших народ Израиля чудесах Бога, Иисус, как пишет Лука, «взяв хлеб и благодарив, преломил и подал им, говоря: сие есть Тело Моё, которое за вас предаётся; сие творите в Моё воспоминание» (Лк 22:19). Все, кто сидел за столом с Иисусом в ту святую ночь, понимали, что опреснок в Его руках был необычным хлебом. Это был опреснок свободы, особый хлеб, который Израилю когда-то было велено есть, чтобы помнить о скоро грядущем избавлении от рабства. Теперь же Сам Мессия Израиля открывал духовную суть и изменяющую жизнь истину, скрытую в Божьих заповедях относительно освящённых Им праздников.

Во время Седера подаются четыре бокала вина. Каждая чаша имеет символическое значение, соответствующее четырём обещаниям, данным Богом народу Израиля во время исхода из Египта и записанным в книге Исход, 6:6-7: «Я выведу вас. Я избавлю вас от рабства. Я спасу вас. Я приму вас Себе в народ». Третья чаша, которую поднимают сразу после ужина, – это чаша искупления. Трудно сказать наверняка, но есть еврейские источники, согласно которым эта традиция насчитывает более двух тысяч лет. Если это действительно так, то становится понятно, почему в Новом Завете отмечено, что именно эту третью чашу Иисус подал Своим ученикам в ту ночь.

Вот как об этом написано у Луки, 22:20: «Также [подал] и чашу после вечери, говоря: сия чаша есть новый завет в Моей Крови, которая за вас проливается». Это была чаша искупления, третья чаша пасхального Седера, ставшая сердцевиной самого святого христианского торжества – Евхаристии, Святого Причастия, Вечери Господней.

Фактически Иисус говорил: «Я есть Песах. Моя кровь станет вашей жертвой, вашим покровом и вашей защитой. Благодаря Мне смерть пройдёт мимо вас, и принятие вами хлеба, как символа Моего жертвенного Тела – поддержит вас на пути к духовной свободе».

Иисус считал Песах Божьим праздником и не отменил закон о Песахе для Израиля, а скорее раскрыл его внутренний духовный смысл и изначальный замысел Бога в отношении Своего избранного народа. Он сказал: «Нет больше той любви, как если кто положит душу свою за друзей своих» (Ин 15:13). Эта «бóльшая любовь» была явлена, когда совершенный Человек отдал Свою жизнь в самом сердце той культуры, которую Бог создал для Своего народа Израиля. Не имея намерения принизить значимость праздников Господних, Иисус навсегда изменил смысл Песаха и библейского календаря, придав им новый смысл. Исполнение Иисусом Песаха в высшем его значении и последовавшие за этим события произвели духовную революцию. Это было началом «нового и живого пути», открытого сначала для евреев, а затем и для всего человечества.

Сегодня я убеждён, что библейское вѝдение, которое я приобрёл благодаря пониманию связи между Песахом и Вечерей Господней, должно быть донесено до каждого христианина во всём мире. Это часть работы по восстановлению Божьего Царства на земле и распространению в каждом народе подлинного Евангелия Царства, основанного на Божьих заповедях для Израиля. С точки зрения некоторых, это придаст новую глубину христианским или еврейским традициям, которым мы следовали годами. Для других связь между Песахом и Пасхой будет свежим и поразительным откровением от Бога.

С практической точки зрения, если вы мессианский еврей, истинное значение Песаха должно восстановиться и обновиться для вас и вашей семьи как способ почитания Агнца Божьего, которому должно быть отведено центральное место в ваших ежегодных празднованиях. Если вы представитель западной культуры и одного из христианских течений, то такие праздники, как Пасха и Рождество, несмотря на их языческие корни, всё равно могут нести и отражать искупительные ценности. Ваша культурная среда даже в отрыве от веры в Бога Израиля в большей или меньшей степени признаёт, что эти праздничные времена имеют христианское или библейское происхождение и значение. Когда Бог призывает нас служить другим людям, эффективная передача Божьей истины требует вхождения в их культуру, а не её огульного уничтожения или перекройки. Говоря это, я считаю, что все христиане должны знать, любить и уважать библейские праздники Господни. Более того, я призываю христианских пасторов учить своих прихожан значению Песаха и учиться проводить мессианский Седер, чтобы открыть новое измерение реальности и ценности слов Иисуса и Его жертвы для всех верующих.

Однако если вы представитель народа, который только начал принимать истину Библии впервые в своей истории и большинство христиан среди вас являются верующими в первом поколении, то это совсем другая ситуация! Теперь, когда вы стали христианами, вам необходимы праздники, посвящённые истинному и живому Богу – Богу Библии. Зачем вам импортировать западные христианские праздники с языческими корнями, которые не росли в вашей культурной почве? Почему бы не начать с праздников Господних, данных Божественным откровением Израилю, адаптируя их таким образом, чтобы прославлять Бога в контексте вашей культуры? Разве многие из нас сегодня не делают именно это с песнями прославления? Никто не знает вдохновенных мелодий, которые царь Давид первоначально играл на своей арфе. Несмотря на это мы используем данное Богом творческое наследие, адаптированное к нашей культуре и современным музыкальным вкусам, чтобы создавать новые мелодии с использованием библейских тестов (чаще всего в переводе) для поклонения и хвалы Богу!

Западные христиане пришли к таким праздникам, как Пасха и Рождество, встроив эти библейские события в контекст своей культуры. Несмотря на явные искажения, коммерциализацию и злоупотребления, эти праздники всё же сослужили им хорошую службу и помогли повернуть западную культуру ко Христу более чем на тысячу лет.

Подводя итог, можно смело сказать, что все ученики Иисуса должны знать библейские праздники Господа, которые занимают одно из центральных мест в богодухновенном Слове и несут в себе искупительные ценности Бога. Праздники Господни являются неотъемлемой частью культуры Его Царства. Благодаря им мы гораздо лучше понимаем Библию. Как вы думаете, почему для Иисуса Навина и народа Израиля было так важно отметить первый Песах после перехода через Иордан и вхождения в Землю Обетованную? Почему Иерусалим был наполнен евреями со всего древнего мира во время событий, описанных во 2-й главе книги Деяний, когда впервые излился на апостолов Святой Дух? Пятидесятница приобретает более глубокое значение, если мы понимаем, что это лишь другое название библейского праздника недель, *Шавуот,* – одного из трёх «паломнических» праздников, в которые Бог заповедал всем мужчинам Израиля собираться для поклонения в Иерусалиме.

Однако, какими бы ценными ни были библейские праздники, мы подходим к ним так же, как и ко всем Божьим заповедям, уважая и соблюдая их в *духе* послушания, а не в бездумном исполнении буквы закона. Вот, например, что писал апостол Павел о поведении христиан в связи с различием культурных традиций в питании и соблюдении праздников:

> *«Иной отличает день от дня, а другой судит о всяком дне равно. Всякий поступай по удостоверению своего ума. Кто различает дни – для Господа различает; и кто не различает дней – для*

Господа не различает. Кто ест – для Господа ест, ибо благодарит Бога; и кто не ест – для Господа не ест, и благодарит Бога» (Рим 14:5-6).

Вопросы для обсуждения:

1. Почему библейские праздники называются «праздниками Господними»?
2. Какая связь между Песахом и Вечерей Господней?
3. Должны ли все христиане изучать и знать библейский календарь?

Молитва:

Господи, пожалуйста, дай мне любовь ко всем Твоим праздникам, описанным в Библии. Даже если я не привык к ним, я знаю, что они драгоценны для Тебя и учат нас важным истинам о Твоём Царстве.

Глава 40

Свобода Павла

Прежде всего, Павел был дисциплинированным последователем Мессии Иисуса, Который призывал всех Своих учеников отречься от себя и положить свою личную жизнь на служение другим (Мф 16:24). Жертва Павла, его «смерть» для собственной религиозной идентичности и знакомой ему культуры открыли ему дверь к осуществлению уникального призвания. Он был способен адаптироваться к особенностям культуры любого народа, в котором нёс служение. Было ли это свидетельством отсутствия прямоты у Павла? Можно ли назвать Павла «культурным хамелеоном»? Нет, он просто повиновался высшей и неизменной истине, Божественному закону, будучи «послушным небесному видению» (Деян 26:19) и демонстрируя культуру Божьего Царства.

Вот что Павел писал о своей свободе в Иисусе:

Ибо, будучи свободен от всех, я всем поработил себя, дабы больше приобрести: для Иудеев я был

> *как Иудей, чтобы приобрести Иудеев; для подзаконных был как подзаконный, чтобы приобрести подзаконных; для чуждых закона – как чуждый закона, – не будучи чужд закона пред Богом, но подзаконен Христу, – чтобы приобрести чуждых закона; для немощных был как немощный, чтобы приобрести немощных. Для всех я сделался всем, чтобы спасти по крайней мере некоторых. Сие же делаю для Евангелия, чтобы быть соучастником его (1 Кор 9:19-23).*

Ни один человек, кроме Самого Иисуса, не принёс учение о Царстве Божьем такому множеству людей, как Павел. И спустя почти две тысячи лет после написания богодухновенные послания Павла по-прежнему ведут людей в Божье Царство. Получив образование раввина, он знал Божий библейский закон лучше, чем большинство людей его времени. Но благодаря вере в Иисуса он обрёл такую свободу в Боге, которой мало кто достиг с тех пор. Свобода Павла давала ему возможность представлять вечное Царство Божье и при этом сохранять культурную самобытность людей, к которым он был послан. У Павла была свобода и духовная способность служить многим, как евреям, так и язычникам, а результатом его апостольского служения стало межкультурное преобразование.

Суверенное правление Божьего Святого Духа в личной жизни Павла привело его к обретению поистине могущественной свободы. В сердце Павла как ученика Иисуса стало местом встречи двух величайших истин – Божьего закона и Божьей благодати. Настоящая свобода находится там, где соприкасаются справедливость и милосердие. Псалмопевец писал: «Милость и истина сретятся, правда и мир облобызаются» (Пс 84:11). Божий закон дал Павлу определение вечного Царства, но удивительная благодать, которую он испытал в Божьем Духе, позволила ему жить в этом Царстве. В своём вдохновенном послании Павел излил своё сердце лидерам церкви в Риме. Проследите за развитием следующих пяти утверждений, в которых Павел объясняет стоящую перед ним проблему, а затем описывает Божье решение:

1. «…закон свят, и заповедь свята и праведна и добра» (Рим 7:12).

2. «…мы знаем, что закон духовен, а я плотян, продан греху» (Рим 7:14).

3. «…по внутреннему человеку нахожу удовольствие в законе Божием, но в членах моих вижу иной закон, противоборствующий закону ума моего и делающий меня пленником закона греховного, находящегося в членах моих. Бедный я человек! кто избавит меня от сего тела смерти?» (Рим 7:22-24).

4. «Итак, нет ныне никакого осуждения тем, которые во Христе Иисусе живут не по плоти, но по духу, потому что закон духа жизни во Христе Иисусе освободил меня от закона греха и смерти» (Рим 8:1-2).

5. «…чтобы оправдание закона исполнилось в нас, живущих не по плоти, но по духу» (Рим 8:4).

Если следовать за мыслями этого помазанного служителя, то они становятся дорожной картой к нравственной свободе – свободе сердца, избавленного от греха, свободе Самого Бога. Мы не достигнем этой цели, игнорируя законы Бога, отвергая их (во имя благодати) или считая раздражающими ограничениями нашей свободы. Игнорируя Божьи законы, мы скорее боремся с Божественными стандартами, подобно попавшей в ловушку птице, и эта борьба будет длиться, пока наше своеволие не умрёт. Тогда Дух жизни во Христе Иисусе, тот самый Дух, который воскресил Его из мёртвых, возьмёт верх и начнёт воплощать нравственное совершенство Бога в нашей жизни. Апостол Павел писал: «Я сораспялся Христу, и уже не я живу, но живёт во мне Христос» (Гал 2:19-20). Этот обмен своей жизни на жизнь Христа дал Павлу доступ к неограниченной свободе и силе Бога. Он писал Филиппийцам: «Всё могу в укрепляющем меня Иисусе Христе» (Флп 4:13).

> Мы боремся с Божественными стандартами, подобно попавшей в ловушку птице пока наше своеволие не умрёт.

Вот почему Павел мог написать следующие вдохновенные слова противящейся Коринфской церкви: «Всё мне позволительно, но не всё полезно; всё мне позволительно, но ничто не должно обладать мною. Пища для чрева, и чрево для пищи; но Бог уничтожит и то и другое. Тело же не для блуда, но для Господа, и Господь для тела» (1 Кор 6:12-13). «Все мне позволительно, но не всё полезно; всё мне позволительно, но не всё назидает. Никто не ищи своего, но каждый пользы другого» (1 Кор 10:23-24).

Все, кто следует за Иисусом как за своим Господом, идут по одной дороге через пустыню от рабства и греха к свободе и жизни. Единственная по-настоящему святая личность среди нас – это Святой Дух. Когда мы находимся в Его присутствии, мы на мгновение ощущаем вкус свободы, и этого достаточно, чтобы сделать ещё несколько шагов вперёд. Есть время для отдыха, а есть время, чтобы идти дальше. Есть сражения, которые нужно вести, и враги, которых нужно победить. Подобно Аврааму, мы видим вдалеке город, строителем и создателем которого является Бог, и поэтому мы не унываем. На этом пути, порой довольно трудном, с нами происходит нечто удивительное – мы начинаем испытывать радость.

Радость – это Божий дар свободным людям. Это не то же самое, что счастье. У счастья есть причины. Если вы достигли давно желанной цели, женились, родили ребёнка, купили дом или новую машину, у вас есть все основания чувствовать себя счастливым. Но радость – это дух, и это дар небес. Радость приходит к нам, когда мы становимся свободными, казалось бы, без всякой причины. Эту радость невозможно обуздать или приручить. Такая радость приносит своё искристое пламя и зажигает что-то сухое и готовое загореться в наших сердцах. Когда вы чувствуете эту радость, вы знаете, что способны на всё, чего требует Бог! Нам всем нужно испытать такую радость, ибо, как сказано в Писании, «радость пред Господом – подкрепление для вас!» (Неем 8:10).

Дух благочестивой радости может побудить вас смеяться или плакать, внушить желание танцевать или громко восклицать перед Богом. В текст песни прославления «Я могу петь о Твоей любви всегда» (*I Could Sing of Your Love Forever*) её автор Мартин Смит из группы *Delirious* включил такой куплет:

Танец меня манит,
Глупо, что сказать?
Но, лишь увидев свет Твой,

Мир сам закружит в танце
С радостью, что есть у нас.

Христианский мыслитель и писатель К. С. Льюис говорил, что радость – это «неудовлетворённое желание, которое само по себе более желанно, чем любое другое удовольствие». В своей книге «Удивлённые радостью» Льюис чётко отделяет радость от счастья и удовольствия. Он пишет: «Сомневаюсь, чтобы кто-либо вкусивший её [радость] когда-либо променял бы её на все удовольствия мира, будь и одно, и другое в его власти. Только вот радость никогда не находится в нашей власти, а удовольствие часто да».

Подобно автору песни прославления, которая коснулась сердец миллионов людей во всём мире, и К. С. Льюису, чьи книги любимы многими поколениями читателей, Божьи служители обретают влияние, если используют свои дары, чтобы проповедовать Божью свободу и радость. Люди остро чувствуют благочестивую и радостную свободу и откликаются на неё, так как в каждом человеческом сердце есть что-то, что глубоко её жаждет. «И возвратятся избавленные Господом и придут на Сион с пением, и радость вечная над головою их; они найдут радость и веселье: печаль и вздохи удалятся» (Ис 51:11).

Вопросы для обсуждения:

1. Могу ли я описать природу и источник свободы и радости Павла?
2. Являются ли ценности духовной свободы Божьего Царства важными для меня?
3. Свободны ли мы сейчас? Будем ли мы свободны на небесах?

Молитва:

Господи, Ты сказал, что истина сделает нас свободными. Пожалуйста, делай меня всё более и более свободным человеком, которому знакомо чувство Твоей радости в повседневной жизни.

Часть 5

По всему миру

И проповедано будет сие Евангелие Царствия по всей вселенной, во свидетельство всем народам; и тогда придёт конец (Мф 24:14).

Глава 41

Всемирное Царство

Божья стратегия для всего мира выходит за рамки отдельных народов и нацелена на сообщества наций. Божий план начинается с отдельного человека, включает в себя семью и распространяется на собрания семей – племена или этнические группы и целые народы. Библия показывает, что народ возникает в результате согласия различных племён объединиться, управляться изнутри как один народ и взаимодействовать с остальным миром как единое целое. Царство Божье включает в себя Божий план на каждом из этих уровней. Мы знаем, что Он правит всей Вселенной, но перейти от Божьего плана для отдельного человека прямо к Божьему плану для мира просто нереально.

Рост – это всегда процесс, складывающийся из поступательных шагов. На каждом этапе роста существуют свои серьёзные проблемы и возможность неудачи. Не каждый человек создаёт семью. Не всякая семья становится племенем. Не всякая группа племён становится нацией. Кроме этого, в истории есть немало примеров, когда нации терпели крах, распадались и даже прекращали своё существование.

От первых дней в книге Бытие Божий план заключался в том, чтобы всё человечество объединилось в единое Царство под властью Его Мессии, Князя мира. На протяжении всей истории существовали несчётные подделки этого международного единства, включая многочисленные попытки человеческих лидеров и наций построить империи с помощью военной силы, политических союзов, экономической мощи или религиозного влияния.

После каждой из двух великих войн XX века государства-победители предпринимали попытки сформировать международные органы, способные обеспечить мир. В 1920 году, после Первой мировой войны, была создана Лига Наций, а в 1945 году возникла Организация Объединённых Наций. Ни один из этих международных институтов, созданных с надеждой и немалой долей идеализма, не смог добиться мира и согласия между народами мира.

В будущем система глобального контроля под руководством Антихриста, как это предсказано в книге Откровения, будет последней амбициозной попыткой человеческого лидерства объединить мир. Эта попытка станет плодом отчаяния и страха перед глобальной мировой войной, смешанных с идеалистическими надеждами, но в конечном итоге обратится в обманчивую, деспотичную и демонически вдохновлённую тиранию.

Читая притчу Иисуса о пшенице и плевелах, мы видим, как Он противопоставил народ Божьего Царства людям мира:

> *Другую притчу предложил Он им, говоря: Царство Небесное подобно человеку, посеявшему*

доброе семя на поле своём; когда же люди спали, пришёл враг его и посеял между пшеницею плевелы и ушёл; когда взошла зелень и показался плод, тогда явились и плевелы. Придя же, рабы домовладыки сказали ему: «господин! не доброе ли семя сеял ты на поле твоём? откуда же на нём плевелы?» Он же сказал им: «враг человек сделал это». А рабы сказали ему: «хочешь ли, мы пойдём, выберем их?» Но он сказал: «нет, – чтобы, выбирая плевелы, вы не выдергали вместе с ними пшеницы, оставьте расти вместе то и другое до жатвы; и во время жатвы я скажу жнецам: соберите прежде плевелы и свяжите их в связки, чтобы сжечь их, а пшеницу уберите в житницу мою» (Мф 13:24-30).

По словам Иисуса, безбожное общество будет развиваться, стремясь проникнуть внутрь Божьего Царства и препятствовать его развитию вплоть до скончания века. Тогда Бог проведёт чёткое разграничение между теми, кто, пытаясь служить себе, вольно или невольно служил «правителю мира сего» (как Иисус называл дьявола), и теми, кто жил, чтобы служить истинному Богу. Дела тех, кто игнорировал Бога или считал Его врагом, будут уничтожены, и будет провозглашено с небес: «Царство мира соделалось царством Господа нашего и Христа Его, и будет царствовать во веки веков» (Откр 11:15).

Но пока этот час не настал, мы, ученики Иисуса, должны участвовать в духовной брани. Павел писал: «…наша брань не против крови и плоти, но против начальств, против властей, против мироправителей тьмы века сего, против духов злобы поднебесной» (Еф 6:12). Великое противостояние дьявола Богу, начавшееся на небе, разыгрывается на земле в многовековой борьбе за сердца и умы человечества. С момента сотворения мира главной целью этого противостояния было мировое господство. На карту поставлено всё и вся в нашем мире. Благодаря развитию технологий и доступности путешествий современный мир стремительно «сжимается», поэтому, по сравнению с предыдущими эпохами, сегодня намного легче разглядеть всю совокупность мировой духовной войны. Начавшаяся в 2019 году и распространившаяся по всему миру пандемия коронавируса ясно показала, насколько взаимосвязанными и уязвимыми для сбоев стали наши международные системы и институты.

Безбожное общество будет развиваться, стремясь проникнуть внутрь Божьего Царства и препятствовать его развитию вплоть до скончания века.

Мы живём в эпоху глобализации, которая связывает экономики мира в одну огромную «глобальную деревню». Этот процесс неизбежен и будет только ускоряться в последние дни. Грех, преступность, коррумпированные правительства, войны и болезни также обретают более глобальные формы. Но Божий план, согласно которому Его Царство должно охватить весь мир, начался с самого сотворения. Ещё до того, как были созданы современные национальные государства, Бог сказал Аврааму: «В тебе и в твоём семени благословятся все племена земные!» Почти за две тысячи лет до мировых войн и Организации Объединённых Наций

Иисус уже сказал Своим ученикам: «Идите по всему миру и научайте все народы!».

Каким образом Божий план подготовки учеников может быть успешным в контексте глобальных властных структур нашего мира? Деловые, политические и военные организации мира, выступающие против Царства Божьего, по своей конструкции напоминают пирамиды с несколькими влиятельными и высокооплачиваемыми людьми наверху и массой людей внизу. Чётко определённые иерархические уровни отделяют одних от других. Царство же Божье представляет собой очень «плоскую» структуру, где Сам Царь желает и имеет возможность ежедневно говорить непосредственно с каждым членом Своего Царства! Наиболее уязвимой частью любого вооружённого формирования является её система управления и контроля. Представьте себе огромную армию, в которой главнокомандующий и главный стратег напрямую разговаривает с каждым солдатом на местах в режиме реального времени. Насчитывающее миллиарды членов во всех племенах и народах мира Царство Божье уже не остановить и, в конечном счёте, оно непобедимо. Но замедление в его распространении возникает, если мы не справляемся с задачей снаряжения тех, кто находится на передовой духовного противостояния, или когда мы пытаемся подражать или конкурировать с земными царствами и организациями.

Вопросы для обсуждения:

1. Есть ли у Бога глобальный и вечный план для Его Царства?
2. Могу ли я ожидать, что мир будет становиться всё лучше и лучше до возвращения Господа?
3. Почему существует конфликт между системой мира и продвижением Божьего Царства?

Молитва:

Господи, Ты настолько возлюбил весь мир, что послал Иисуса умереть за него. Пожалуйста, дай мне Своё мировоззрение и покажи мне Свою совершенную любовь к каждому народу.

Глава 42

Что такое нация?

Нация – это важнейшее социальное и политическое образование современности. Однако не существует общепринятого определения того, что формирует нацию или побуждает людей воспринимать себя единой нацией. Как следствие, национальная идентичность является сегодня источником споров и борьбы во всём мире. Может ли отдельная нация быть действительно поликультурной или многорасовой, или всегда должна быть как минимум одна доминирующая культура, язык или раса? Обязана ли доминирующая группа обеспечивать полное равенство других меньшинств, живущих рядом? Что происходит, когда традиционно доминирующая группа перестаёт быть доминирующей? Вопросы национального самоопределения создают дилеммы, лежащие в основе конфликтов, радикально влияющих на всю современную политику и на жизни миллиардов людей.

Чем отличается нация от политической структуры государства? Нация может быть большой группой людей, так или иначе связанных общей историей, расовой принадлежностью, языком или культурой. Есть масса вариаций связей, ведущих к образованию наций. Они могут быть очевидными или неявными, физическими или даже воображаемыми. С другой стороны, основные определения государства более ясны, чем определения нации, но и они вовсе не исключают конфликты. Политическое государство, как правило, имеет определённую географическую территорию и некоторую форму суверенного правления, способного принимать законы и обеспечивать их соблюдение в отношении своих граждан.

Может ли отдельная нация быть действительно поликультурной или многорасовой, или всегда должна быть как минимум одна доминирующая культура, язык или раса?

Сегодня нет ни одного крупного государства, которое считалось бы исключительно национальным формированием, образованным одной этнической группой и объединённым общим языком и культурой в установленных и признанных географических границах. Двумя нациями, превозносившими сугубо этнический подход к государственности в первой половине XX века, были Германия и Япония. Катастрофические результаты Второй мировой войны заставили мир переоценить значение этноцентричных национальных моделей. Развитие эффективной международной инфраструктуры путешествий и коммуникаций наряду с глобализацией мировой экономики медленно, но неуклонно объединяют мир (особенно в мегаполисах) в плюралистическую «глобальную деревню». Вместе с тем могущественные религиозные силы, расовые предрассудки и глобальные экономические сдвиги продолжают способствовать культурному и политическому столкновению цивилизаций по всему миру.

На фоне этой сложной мозаики рас, культур и государств возникает вопрос: «Какова в сегодняшнем противоречивом мире роль Царства Божьего?» Обращается ли Библия к этим важным вопросам нашего времени? Где в этой картине находится Бог? В Библии ясно сказано, что у Бога есть план искупления для всех народов, то есть для «всякого колена и языка, и народа и племени» (Откр 5:9).

Христианство имеет двухтысячелетнюю историю, прошедшую через эпохи правления многих царей, подъёма и падения царств и империй, мировых войн, становления демократий и сверхдержав. Однако сегодня мы, судя по всему, не в состоянии справиться с новыми и более серьёзными вызовами национального развития и глобализации в рамках эпохи постмодернизма. Евангельские верующие неплохо понимают Божий план индивидуального спасения и научились «сосредотачиваться на семье». В то же время у нас нет глубокого и комплексного понимания Божьего плана для всей нации. Мы знаем, что Иисус есть «Князь мира» (Ис 9:6), знаем, что правление Его Царства принесёт полноту мира на землю, но, кроме общего понимания необходимости молиться об этом, христиане часто не находят согласия в способах практического воплощения этой цели.

Разделение или объединение людей в нации является частью Божьего искупительного плана спасения мира. Из

Библии мы знаем, что Бог создал людей, а также семьи, роды, племена и нации для исполнения Своих благих целей на Земле. Бог сотворил людей по Своему образу и сказал им: «Плодитесь и размножайтесь, и наполняйте землю, и обладайте ею» (Быт 1:28). После грехопадения у Адама и Евы родились дети, и семьи начали мигрировать по земле. Грех поразил человеческое сердце и распространился среди людей, как смертоносный вирус. После потопа трое сыновей Ноя размножились в семьи и племена. Именно в связи с этим слово *«народы»* впервые появляется в Библии, в 10-й главе книги Бытие: «От сих населились острова народов в землях их, каждый по языку своему, по племенам своим, в народах своих» (Быт 10:5).

Разделение или объединение людей в нации является частью Божьего искупительного плана спасения мира.

Родословия, записанные в книге Бытие, показывают, что по мере умножения человечества на земле семьи превращались в племена или роды, а с течением времени этнически родственные племена заключали соглашения друг с другом, объединяясь в более крупные группы людей, известные нам как нации.

В этот момент Бог снова явным образом вышел на сцену истории мира со Своим планом благословения и искупления всего человечества. Он призвал Аврама (имя которого Бог позже изменил на Авраам) выйти из родной страны и своего народа, стать эмигрантом и даже беженцем, первооткрывателем, которому уже в преклонном возрасте и практически в одиночку было доверено начать нечто новое. Обращаясь к Авраму, Бог сказал ставшие широко известными слова:

> *Пойди из земли твоей, от родства твоего и из дома отца твоего, в землю, которую Я укажу тебе; и Я произведу от тебя великий народ, и благословлю тебя, и возвеличу имя твоё, и будешь ты в благословение; я благословлю благословляющих тебя, и злословящих тебя прокляну; и благословятся в тебе все племена земные (Быт 12:1-3).*

Остальная часть книги Бытие и бóльшая часть книги Исход посвящены тому, как начиная от Авраама Бог создавал отдельные семьи, затем племена и, в конечном итоге, целую нацию. Этот созданный Богом народ был известен как Израиль по его новому имени, данному Богом внуку Авраама Иакову. Семьи сыновей Иакова, или «колена Израилевы», стали началом нации, обещанной Аврааму Богом. Это был не Божественный выбор, основанный на фаворитизме, а целенаправленная и важная часть Божьего плана искупления для всего человечества. Израиль как нация был задуман Богом и избран Им, чтобы стать инструментом в Его руках для благословения всех народов мира. Позже, о чём повествует книга Исход, Бог провозгласил Себя Царём этого народа, и таким образом Израиль стал образцом или шаблоном того, что впоследствии будут называть Царством Божьим.

Начав с одного человека, Авраама, Бог повелел народу Израиля быть этнически «чистым». Членство в этой нации было ограничено генетическими детьми Авраама, Исаака и Иакова, хотя положения о справедливом и любящем обращении с пришельцами были частью законного правления Бога как Царя Израиля. Заповеданное Богом отделение Израиля от других народов является причиной того, что уже в Новом Завете, появившемся более чем через тысячу лет после дарования закона через Моисея, откровение о равенстве евреев и язычников в Божием Царстве провозглашается апостолом Павлом как раскрытие «тайны». Он писал, что и язычникам дано «быть сонаследниками, составляющими одно тело, и сопричастниками обетования Его во Христе Иисусе посредством благовествования» (Еф 3:6).

Люди созданы Богом, чтобы прилепляться к своим семьям и отдавать предпочтение тем, кто связан с ними кровными узами или общностью культур. Вдохновлённый Духом Божьим, апостол Павел описал, как Бог выводит Свой избранный в качестве образца народ Израиля за пределы этнической и культурной «чистоты» к плюрализму, основанному на общей вере и жертвенной любви Самого Царя. «А теперь во Христе Иисусе вы, бывшие некогда далеко, стали близки Кровию Христовою. Ибо Он есть мир наш, соделавший из обоих одно и разрушивший стоявшую посреди преграду, упразднив вражду Плотию Своею, а закон заповедей учением, дабы из двух создать в Себе Самом одного нового человека, устрояя мир» (Еф 2:13-15).

Сам того не зная, Павел закладывал основу не только для роста христианства во всём языческом мире, но и для возникновения многих этнически разнообразных и демократических обществ, существующих сегодня. В Декларации независимости Соединённых Штатов Америки (1776 г.), новой суверенной нации на Американском континенте, её отцы-основатели писали: «Мы исходим из той самоочевидной истины, что все люди созданы равными и наделены их

Творцом определёнными неотчуждаемыми правами, к числу которых относятся жизнь, свобода и стремление к счастью».[11] Эта убеждённость, вера и чувства, которые хранили в своих сердцах отцы-основатели почти триста лет назад, несомненно, уходят своими корнями в новозаветные писания Павла.

Это подводит нас к «тайне» или дилемме современных национальных государств. Ни мечта о расово или культурно «чистой» нации, ни стремление к созданию многонационального государства не могут быть полностью достигнуты вне Царства Божьего. Внутреннее противоречие этих двух идеалов похоже на спиральную пружину, которая двигает и в значительной степени формирует современную политику. Но из Библии мы узнаём, что у Бога есть план и для каждого человека, и для каждой семьи, для племени, нации и всего мира!

В соответствии с Его планом, люди должны воспитываться и развиваться в семьях. Объединения семей становятся племенами; по согласию племена объединяются в нации. Семьи, племена, языки (языковые группы, включая их культуры) и народы – все они должны стать важными частями Божьего искупительного плана по установлению Его Царства на земле. Когда Иисус давал Великое Поручение Своим ученикам, Он сказал: «Итак, идите, научите все народы…» (Мф 28:19). Конечно, примером служения Иисуса является ученичество в небольшой, тесно сплочённой группе людей. Но Великое Поручение раскрывает Божий стратегический план по преобразованию целых народов.

Воплощение Великого Поручения на национальном

---

[11] Перевод Декларации независимости США на русский язык на сайте Госдепартамента США.

уровне через стремление собрать ещё большее число людей на ещё более крупные евангельские собрания обречено на неудачу. Подсчёт числа людей, посещающих еженедельные собрания, в качестве мерила успеха или неудачи в служении стал фатальной ошибкой многих церквей. Стратегический план Бога заключается в том, чтобы Его мудрое, любящее и искупительное правление распространилось на всю землю. Полнота пришествия Божьего Царства означает, что все люди по всему миру будут учениками Иисуса. При этом важно помнить, что Бог использует разные тактические методы ученичества на каждом уровне – индивидуальном, семейном, племенном, национальном и всемирном. Есть вечные и благочестивые принципы, одинаковые на всех уровнях, но каждый уровень имеет и свою специфику. Вы не можете вести целые нации и страны по пути ученичества так же, как ведёте по нему людей, с которыми знакомы лично.

Разные лидеры, избранные, уполномоченные и наставленные Богом, наделены дарами, чтобы действовать на разных уровнях, каждый из которых по-особому важен. Однако, когда дело доходит до управления миром, только Бог имеет право на роль лидера такого уровня и достоин её. В будущем человеческий правитель, известный как Антихрист, попытается построить и контролировать всемирную систему правления, но это закончится катастрофой. Однако вселенский суверенитет Бога уже стал реальностью для тех, кто верит в Него, и именно Его суверенное правление будет полностью реализовано после возвращения Иисуса на землю.

Вопросы для обсуждения:

1. Сколько разных этнических групп я могу выделить в стране, в которой живу?
2. Есть ли трения между «племенами» в моей стране? Согласны ли все эти «племена» на объединение и общее для всех правление?
3. Как Церковь может быть выражением этнического разнообразия в моём народе, находясь под властью Божьей справедливости и милости?

Молитва:

Господи, дай мне страстную любовь ко всем людям моего народа. Помоги мне любить их так же, как их любишь Ты, и являть им всеобъемлющую природу Твоего Царства.

Глава 43

Двойное гражданство

Пока мы живём в этом мире, каждый ученик Царства Божьего всегда будет иметь как минимум два гражданства – земное и небесное. Хотя многие люди имеют несколько паспортов и являются гражданами более чем одной страны, у большинства есть одна страна, которую они считают своей родиной и по законам которой живут. Даже если эти законы являются полностью светскими или вдохновлены нехристианской религией, высшая власть, стоящая за законом, управляющим народами, исходит от Бога. Вот что апостол Павел писал верующим в Риме:

> *Всякая душа да будет покорна высшим властям, ибо нет власти не от Бога; существующие же власти от Бога установлены. Посему противящийся власти противится Божию установлению. А противящиеся сами навлекут на себя осуждение. Ибо начальствующие страшны не для добрых дел, но для злых. Хочешь ли не бояться-*

ся власти? Делай добро, и получишь похвалу от неё (Рим 13:1-3).

Каждый ученик Царства Божьего всегда будет иметь как минимум два гражданства – земное и небесное.

Эти слова Писания обращены к нам сегодня точно так же, как и к тем, кому были адресованы почти две тысячи лет назад. Верующие должны подчиняться государственной власти, существующей в любой стране, где мы живём или работаем, потому что эта власть исходит от Бога. Бог делегирует правительствам всех стран часть Своей власти, силы и ответственности. Он ставит правителей и смещает их в соответствии со Своими совершенными планами и справедливым судом. Наше подчинение государственной власти не зависит от того, насколько мы согласны с политикой государственных лидеров. Легитимность правительства не зависит от нашего согласия. Обязанность же правительства состоит в том, чтобы защищать общество и служить его интересам. Бог берёт на себя ответственность судить правительства, когда они совершают зло. Он же обещал слышать молитвы Своего народа, когда они вопиют к Нему о несправедливости, и Он может смещать правительственных лидеров, когда они творят зло в Его глазах.

По сегодняшним меркам, римское правление двухтысячелетней давности можно было бы считать жестоким и несправедливым. Тем не менее, по словам Павла, ученики должны были платить налоги и прилагать все усилия, чтобы почтительно подчиняться несовершенному правительству, зная, что у нас есть более высокая ответственность и посвящённость Богу. Павел писал: «Для сего вы и подати платите, ибо они – Божии служители, сим самым постоянно занятые. Итак, отдавайте всякому должное: кому подать – подать; кому оброк – оброк; кому страх – страх; кому честь – честь. Не оставайтесь должными никому ничем, кроме взаимной любви; ибо любящий другого исполнил закон» (Рим 13:6-8).

На земле нет ни одного совершенного правительства, сравнимого с Царством Божьим, где Иисус правит как Царь. Но Божье Слово ясно: в Божьем Царстве закон любви Иисуса является высшим из всех законов. Он повелел нам любить Бога всем, что есть внутри нас, любить ближних, как самих себя (Мф 22:36-40), жертвенно любить друг друга (Ин 15:13-17) и даже любить врагов своих (Мф 5:44).

Любовь, которую заповедал нам Иисус, – это нечто намного больше, чем просто эмоции. Она практична и влияет даже на политические процессы. Во времена Иисуса и Павла Израиль переживал острые политические конфликты. Из истории мы знаем, что менее чем через сорок лет после распятия Иисуса восстание против римского владычества привело к опустошению Израиля. Даже Иисус был искушаем людьми, желавшими вовлечь Его в крупнейший политический вопрос тех дней – набирающую обороты борьбу евреев против римского гнёта.

> *Тогда фарисеи пошли и совещались, как бы уловить Его в словах. И посылают к Нему учеников своих с иродианами, говоря: Учитель! мы знаем, что Ты справедлив, и истинно пути Божию учишь, и не заботишься об угождении кому-либо, ибо не смотришь ни на какое лицо; итак, скажи*

нам: как Тебе кажется? позволительно ли давать подать кесарю или нет? Но Иисус, видя лукавство их, сказал: что искушаете Меня, лицемеры? покажите Мне монету, которою платится подать. Они принесли Ему динарий. И говорит им: чьё это изображение и надпись? Говорят Ему: кесаревы. Тогда говорит им: итак, отдавайте кесарево кесарю, а Божие Богу (Мф 22:15-21).

Иисуса искушали Его влиятельные еврейские враги, фарисеи и иродиане, которые спрашивали, законно ли народу Израиля платить подать кесарю. Зная, что большинство людей ненавидит римское правление, они стремились заманить Иисуса в ловушку, где Ему пришлось бы выбрать одну из сторон в национальных спорах и сделать нелепый выбор между Его верными еврейскими последователями и римским правительством.

Ненависть к Риму, и особенно к необходимости платить ему налоги, была особенно сильна в Галилее. Среди учеников Иисуса, в основном галилеян, был по крайней мере один радикальный борец против Рима – Симон Зелот (а также сборщик римских налогов Матфей). Мудро отвечая своим искусителям, Иисус, по сути, сказал, что мы имеем двойное гражданство и обязаны подчиняться как земному, так и небесному правлению. Говоря это, Иисус, несомненно, знал, что, будучи евреями, и фарисеи, и даже иродиане должны согласиться с тем, что их наивысшим долгом является повиновение Богу.

Сегодня ученики Иисуса также сталкиваются с подобными ситуациями. Мы знаем, что Бог справедлив и милостив ко всем без фаворитизма. Но мир оказывает на нас большое давление, чтобы побудить принять чью-либо сторону в политических дебатах. У нас постоянно возникает соблазн поддержать популярное в народе мнение, платформу политической партии, политику правительства, этническую повестку дня. Иногда мы чувствуем давление со стороны людей, желающих видеть нас на своей стороне в ожесточённых конфликтах нашего времени.

Начнём с того, что принимать участие в решении проблем современности – благо для верующих. Мы должны участвовать в жизни нашего общества как хорошие граждане. Мы должны голосовать, обсуждать, дискутировать и даже баллотироваться! Однако было бы ошибкой увлекаться дебатами и *отождествлять* себя исключительно с конкретной общественной повесткой, государственной политикой или политической партией. Вот что писал апостол Павел: «От глупых и невежественных состязаний уклоняйся, зная, что они рождают ссоры; рабу же Господа не дóлжно ссориться, но быть приветливым ко всем, учительным, незлобивым» (2 Тим 2:23-24). «Наше же жительство – на небесах, откуда мы ожидаем и Спасителя, Господа нашего Иисуса Христа, Который уничижённое тело наше преобразит так, что оно будет сообразно славному телу Его, силою, которою Он действует и покоряет Себе всё» (Флп 3:20-21).

Что бы мы ни делали или ни говорили как граждане, мы должны делать это во имя Иисуса. С Ним мы отождествляем себя прежде всего остального. Он наш Царь и причина, по которой мы выходим в общественное пространство в качестве граждан своей страны. Среди нас должны быть люди, призванные Богом к профессиональному служению в политике. Они могут и должны высказываться по актуальным вопросам. Однако все без исключения верующие имеют двойное гражданство, и наше небесное гражданство должно быть приоритетным, потому что оно важно не только для нас, но и для других. Мы хотим, чтобы неверующие люди в нашем обществе в первую очередь видели в членах церкви учеников Иисуса, а не сторонников того или иного политического лидера, той или иной партии, той или иной стороны конфликта.

Для спасения мира жизненно необходимо, чтобы общество знало нас прежде всего как людей истины, которые из послушания Богу любят всех людей. Наша идентичность заключается в том, что при любой власти мы будем делать то, что правильно перед Богом, с любовью протягивая руку нуждающимся, независимо от того, на чьей они стороне.

Учёные считают, что послание Павла в Рим, написанное в Коринфе около 58 года н. э., было последним большим посланием, которое он написал. Примерно через шесть лет, в 64 году, после великого пожара в Риме, император Нерон начал жестокие гонения на христиан. Большинство историков считают, что Павел был казнён за пределами Рима примерно в это время.

Родившись римским гражданином, Павел понимал и мышление римлян, и их политическую систему. Он писал это послание, зная, что римская власть может быть смертельным врагом и Евангелия, и еврейского народа. Нельзя забывать, что именно римская власть распяла Иисуса. Тем не менее Павел писал, что верующие должны подчиняться римскому правительству. Это подчинение на протяжении долгих лет стоило ученикам Иисуса в Риме многих страданий и жертв, но настал день, когда Рим пал, а их вера изменила весь мир.

Несмотря на богодухновенные слова Павла о необходимости починяться власти государства и уважать политических лидеров, настанет время, когда мы, сохраняя уважение, должны будем не только не соглашаться, но даже отказываться подчиняться. Вопреки указу вавилонского царя, Даниил продолжал молиться Богу. Он был наказан, но Бог избавил его от смерти во львином рву. Пётр и Иоанн бросили вызов совету Синедриона и отказались прекратить проповедовать об Иисусе. Не всегда легко решить, как служить и Богу, и человеку. Для этого нет простой формулы. Единственный ответ – Дух Иисуса в нашей жизни. Мы должны полагаться на Его мудрость и быть готовыми объяснить другим, почему мы берём на себя обязательство любить Бога и служить как Ему, так и нашему обществу.

Когда в Риме только началась проповедь Евангелия, Павел увидел в этом рассвет нового дня. Он писал: «Ночь прошла, а день приблизился: итак, отвергнем дела тьмы и облечёмся в оружия света» (Рим 13:12). Он призывал учеников в Риме пробудиться для пришедшей в их жизнь духовной битвы, и «облечься» в Господа Иисуса Христа.

Подобно этому и нам сегодня пора пробудиться и выйти навстречу яростному духовному конфликту наших дней! Вопрос лишь в том, будем ли мы отображать неискажённый образ Иисуса, распространяя весть о Нём своим послушанием жертвенной любви к каждому человеку, даже если мы с ним не согласны. Это решение может иметь свою цену для нас – мы не всегда будем политкорректны, но сыграем роль в приходе Его Царства на землю.

Вопросы для обсуждения:

1. Говорит ли Божье Слово, что мы должны подчиняться нашим национальным правительствам?
2. Что, по моему мнению, значит быть «гражданином неба»? (Флп 3:20)
3. Как я понимаю слова Павла о необходимости «облечься» в Господа Иисуса? (Рим 13:14)

Молитва:

Господи, пожалуйста, дай мне мудрости и смелости быть и хорошим гражданином Твоего Небесного Царства, и хорошим гражданином моей страны. Помоги мне быть примером для тех, кто знает меня, но ещё не верит в Тебя.

Глава 44

Евреи и язычники равны

Павел, мессианский еврейский апостол, писал, что и язычникам уготовано «быть сонаследниками, составляющими одно тело, и сопричастниками обетования Его во Христе Иисусе посредством благовествования» (Еф 3:6). Со времён Павла и до наших дней отношения между евреями и язычниками в общине новозаветных верующих имели огромное значение для церкви. Это особенно верно сейчас, когда еврейский народ вернулся на свою землю, а мессианские еврейские общины снова возникают по всему миру.

Еврейский народ был образован и избран Богом для особой роли – быть Его примером для остального человечества. Начиная с призвания одного человека, Авраама, Бог созидал народ Израиля, желая, чтобы через потомство Авраама «благословились все племена земные» (Быт 12:3). Божественное призвание Авраама, а в нём и всего народа Израиля, заключалось в том, чтобы стать отображением Божьего Царства на земле. В книге Исход, 19:5-6 переданы слова Бога: «Итак, если вы будете слушаться гласа Моего и соблюдать завет Мой, то будете Моим уделом из всех народов, ибо Моя вся земля, а вы будете у Меня царством священников и народом святым; вот слова, которые ты скажешь сынам Израилевым».

Спустя много веков после событий, о которых говорится в книгах Бытие и Исход, Павел написал, что даже в случае неверия и непослушания Божье избрание и Его цели в отношении народа Израиля никогда не изменятся. «В отношении к благовестию, они враги ради вас; а в отношении к избранию – возлюбленные Божии ради отцов. Ибо дары и призвание Божие непреложны» (Рим 11:28-29).

Из Нового Завета мы узнаём, что Божий план состоит в установлении Его Царства через Личность и действия Иисуса Мессии. Служение Иисуса, которое затем распространялось через Павла и апостолов, заключалось в том, чтобы взращивать учеников, призванных и из иудеев, и из язычников. Роль же Израиля, как благословения для всех других народов и модели Божьего Царства, может быть раскрыта во всей полноте, только когда Иисус будет почитаем в качестве «Царя Иудейского». Уникальное призвание Израиля стать библейским примером Божьего народа, также показывает, что в Небесном Царстве у каждой нации есть уникальное место и роль, поскольку Бог является Творцом всего.

Апостол Павел объяснил это, используя образ двух маслин в 11-й главе Послания к Римлянам: «Если же некоторые из ветвей отломились, а ты, дикая маслина, привился на место их и стал общником корня и сока маслины, то не превозносись перед ветвями. Если же превозносишься, то вспомни, что не ты корень держишь, но корень тебя. Скажешь: “ветви отломились, чтобы мне привиться”. Хорошо. Они отломились неверием, а ты держишься верою: не гордись, но бойся» (Рим 11:17-20).

Как видно, Павел считал страх Божий правильной реакцией язычников на откровение о том, что язычники «привиты» к дереву Авраама исключительно верой в Иисуса. Сегодня, когда нам известна история страданий Израиля за последние две тысячи лет, нетрудно понять пророческие слова о суровом обращении Бога с отломанными ветвями. Но, продолжая, Павел подчеркнул, что и христиане из язычников могут пострадать в руках Божьих так же, как и иудеи, если впадут в неверие. В следующих стихах читаем: «Ибо если Бог не пощадил природных ветвей, то смотри, пощадит ли и тебя. Итак, видишь благость и строгость Божию: строгость к отпадшим, а благость к тебе, если пребудешь в благости Божией; иначе и ты будешь отсечён» (Рим 11:21-22).

Это открывает нам ту сторону Бога, которую мы не спешим исследовать – Его суд. В периоды своего послушания еврейский народ являет Божий пример сияния Его славы. Но и в своём непослушании Израиль продолжает быть примером, но на этот раз – Божьего наказания. В Божьей семье всех народов у Него множество детей, и Он любит каждого из нас Своей вечной искупительной любовью. Однако в этой семье есть только один «старший брат», и это Израиль, народ, который Бог сотворил, призвал и избрал быть Его образцом или эталоном для всех народов. Зная еврейскую историю скитаний и преследований за последние две тысячи лет, мы, несомненно, согласимся, что воспитание евреев было намного строже нашего!

Но говорит ли Библия, что евреи и язычники являются братьями и сёстрами в Божьей семье? Вот что писал Павел: «Все вы сыны Божии по вере во Христа Иисуса; все вы, во

Расизм по своей сути является отрицанием образа Бога в людях, которых Он создал непохожими на нас.

Христа крестившиеся, во Христа облеклись. Нет уже Иудея, ни язычника; нет раба, ни свободного; нет мужеского пола, ни женского: ибо все вы одно во Христе Иисусе. Если же вы Христовы, то вы семя Авраамово и по обетованию наследники» (Гал 3:26-29).

Ясно, что в этой семье верующих и евреи, и язычники равноценны перед Богом, но вместе с тем имеют различные роли в соответствии со своим призванием. Бог ожидает, что мы отложим в сторону всякое неприятие и зависть, порождённые нашими различиями, чтобы мы могли действовать как единое целое в Теле Господа. «Ибо Он есть мир наш, соделавший из обоих одно и разрушивший стоявшую посреди преграду, упразднив вражду Плотию Своею, а закон заповедей учением, дабы из двух создать в Себе Самом одного нового человека, устрояя мир, и в одном теле примирить обоих с Богом посредством креста, убив вражду на нём» (Еф 2:14-16).

Расизм по своей сути является отрицанием образа Бога в людях, которых Он создал непохожими на нас. Расовые предрассудки – это оскорбление Бога как Творца. Трудность борьбы с расизмом заключается в том, что бóльшая его часть скрыта на подсознательном уровне. Наша этническая идентичность дана нам Богом и утверждается в процессе нашего воспитания. Войны, предрассудки, унижение, несправедливость, дискриминация или насилие вселяют в человеческие сердца страх и ненависть к тем, кто отличается от нас. Воспитание расовых стереотипов и убеждение в унаследованной расовой неполноценности или расового превосходства только укореняют наше естественное предпочтение быть с теми, кто похож на нас. Чтобы любить все расы одинаково, как это делает Бог, требуется умертвить в себе определённую часть нашей человеческой природы. Но именно в этом состоит призвание граждан Его Царства.

Разделение между евреями и язычниками, с библейской точки зрения, является корнем всех этнических разделений, потому что было установлено Самим Богом. Именно поэтому объединение евреев и язычников в «одного нового человека» через господство Иисуса настолько приоритетно для Бога. Это объединение становится лекалом исцеления межнациональной розни во всем мире. Евреи и язычники равно испытывают потребность в искуплении через пролитую кровь Иисуса, Агнца Божьего. Страдания Иисуса предназначены для того, чтобы поглотить ненависть и плотское соперничество между евреями и язычниками. Он умер за всех, воскрес из мёртвых для всех и дал нам Свой Святой Дух как залог полного равенства и совершенной любви в Божьем Царстве.

Вопросы для обсуждения:

1. Почему так важно, чтобы Бог сделал из евреев и язычников «одного нового человека» в Своём Царстве? (Еф 2:13-16)
2. Сталкивался ли я когда-либо с расовыми предрассудками? Что я испытывал в эти моменты?
3. Почему Царство Бога является местом равного принятия всех рас?

Молитва:

Господи, помоги мне как Твоему ученику противостоять расовой несправедливости и предрассудкам, и особенно ненависти к Твоему народу, Израилю.

Глава 45

Мужчины и женщины равны

Почему глава о равенстве мужчин и женщин в Божьем Царстве актуальна и важна в разделе о всемирных аспектах этого Царства? Хотя бы потому, что примерно половина всего человечества – это мужчины, а другая половина – женщины! Если эти две огромные группы могут быть эффективно объединены для достижения Божьих целей, тогда и объединение отдельных наций становится не такой уж сложной задачей. Тот же стих из 3-й главы Послания к Галатам, который определяет равенство между евреями и язычниками в Царстве, также касается призвания и равной ценности мужчин и женщин. «Нет уже Иудея, ни язычника; нет раба, ни свободного; нет мужеского пола, ни женского: ибо все вы одно во Христе Иисусе» (Гал 3:28).

Для Бога мужчины и женщины абсолютно равны по их ценности. Бог не считает, что один пол изначально превосходит другой. Однако равноценность не означает взаимозаменяемость по характеру, ролям и обязанностям. Согласно

Для Бога мужчины и женщины абсолютно равны по их ценности.

Библии, на шестой день творения «сотворил Бог человека по образу Своему, по образу Божию сотворил его; мужчину и женщину сотворил их» (Быт 1:27). Человечество – это единственная часть Вселенной, созданная по образу Божию, и полнота этого Божественного образа включает в себя как мужчин, так и женщин. В суверенном Божьем акте творения не было различия в значимости или внутренней ценности между двумя полами. Равенство мужчин и женщин перед Богом и основанная на этом равенстве любовь между мужчинами и женщинами были почти уничтожены грехопадением. Однако благодаря Божьему искуплению, предложенному в Новом Завете, было восстановлено их равенство вместе с различием ролей и нерушимостью союза.

В Библии недвусмысленно и ясно сказано, что роли мужчин и женщин в Божьем Царстве различны. В общем, Бог видит приоритет мужчины в том, чтобы лидерство лежало на его плечах. В браке муж является главой жены и семьи (Еф 5:23). Все авторы Библии, все левиты и священники, все лично избранные Иисусом апостолы были мужчинами. Лидерство также означает быть первым в следовании за Богом, первым приносить жертву, первым смиряться и первым признавать свой грех. Эффективное духовное лидерство требует действия Божией благодати в характере ученика.

Лидерство – это не просто наличие признанного авторитета. Лидерство в Царстве Божьем означает стремление идти вперёд, *следуя за* Богом. Мы становимся лидерами в Теле Христовом только когда мы идем за Ним, а другие люди следуют за нами. Не позволяя одним идти за лидерами, бессмысленно давать другим право вести за собой.

Кто-то сказал: «Если вы думаете, что вы лидер, но за вами никто не идёт, значит, вы просто вышли на прогулку!» Благочестивое лидерство производит благочестивое влияние на других, и поэтому следующие за Богом женщины могут естественным образом становиться лидерами для других. И мужчины, и женщины нуждаются в Божьей благодати, чтобы и вести за собой, и идти за другим лидером. Иисус, величайший лидер в мире, был совершенным последователем Бога. Он сказал: «Я… ничего не делаю от Себя, но как научил Меня Отец Мой, так и говорю» (Ин 8:28) и «Сын ничего не может творить Сам от Себя, если не увидит Отца творящего: ибо, что творит Он, то и Сын творит также» (Ин 5:19).

Имея таланты во всём спектре человеческих способностей, женщины избраны и одарены Богом совершенно особым и уникальным даром рождать, вскармливать и воспитывать детей, формируя их характер. Многие женщины обладают ещё одним уникальным даром: создавать сообщества, где люди связаны в единую сеть заботливыми и доверительными отношениями. С некоторым обобщением можно сказать, что мужчины ведут, а женщины привносят устройство (Притч 14:1). Одно не важнее другого и, конечно же, бывают исключения. Хотя большинство лидеров в Библии – мужчины, Девора была пророчицей и судьёй, а также служила военачальником над армиями Израиля. Она называла себя «матерью в Израиле» (Суд 5:7), но, без сомнения, была влиятельным национальным лидером, по мере необходимости эффективно решая вопросы жизни и смерти как в отношении мужчин, так и в отношении женщин.

Эсфирь – это ещё один библейский пример женщины, по милости Божьей ставшей царицей и эффективным национальным лидером. В Новом Завете апостол Павел назвал Прискиллу и её мужа Акилу своими близкими «сотрудниками», а также упомянул, что они руководили домашней церковью (Рим 16:3-4).

Нам необходимо полагаться на Божий Дух, чтобы признавать и ценить данную нам от Бога уникальность личности и призвания в самих себе и в других людях. Мы особенно нуждаемся в Божьей благодати, чтобы при необходимости подчиниться Божьему призванию, данному другим, и быть способными слышать Его голос, говорящий к нам через людей. Термин *взаимное подчинение* часто используется для описания такого благочестивого сотрудничества как в браке, так и в Теле Христовом. Хотя библейское лидерство в основном принадлежит мужчинам, все верующие считаются частью «Нового Иерусалима» (Откр 21:2, 9-10), который не случайно называется «невестой, женой Агнца». Это означает, что в Царстве Божьем мужчины и женщины в равной степени должны развивать «женское» качество скромной, но исполненной силы Духа чистоты и подчинения в любви, чтобы следовать за нашим Царём на протяжении всей вечности.

Наши уникальные призвания, личность и судьба, определённые Божьей благодатью и Его совершенным планом, священны. Бог – суверенный Бог. В Псалме 74:7-8 говорится: «Не от востока и не от запада и не от пустыни возвышение, но Бог есть судия: одного унижает, а другого возносит». Нельзя отказать женщине занимать руководящую позицию только на основании её пола.

В Божьем Царстве есть и равноценность мужчин и женщин, и многообразие даров в пределах и под защитой Его суверенитета.

Вопросы для обсуждения:

1. Полностью ли равны мужчины и женщины в глазах Бога?
2. Есть ли разница между равенством и функциональностью в Божьем Царстве?
3. Почему мужчинам и женщинам важно работать вместе как равным перед Богом, чтобы осуществить цели Его Царства?

Молитва:

Господи, очисти моё сердце от любой предвзятости в отношении женщин как менее ценных по сравнению с мужчинами. Исцели и освободи всех людей Твоего Царства, чтобы они вместе ходили в свете Твоей справедливости и любви.

Глава 46

Учимся на примере Израиля

Мы уже говорили о том, что народ Израиля был образован Богом, начиная с призвания и благословения одного человека, Авраама, чьё имя означает «отец многих народов» (Быт 17:5). Когда Бог впервые заговорил с Авраамом, Он рассказал ему о главных составляющих Божественного плана, на выполнение которого уйдут тысячи лет. Бог сказал, что произведёт от потомков Авраама великий народ, который станет благословением для всех племён земных (Быт 12:1-3). Именно это и было Божественной целью и призванием сформировавшегося с годами народа Израиля, названного по имени внука Авраама, Иакова, имя которого Бог изменил на Израиль. Нерушимый Завет был величайшим даром Бога Аврааму и его потомкам после него, а все данные Богом обещания записаны для нас в книге Бытие.

По прошествии многих столетий апостол Павел написал в своём богодухновенном Послании к Римлянам, что в отношении Израиля «дары и призвание Божие непреложны» (Рим 11:29).

Крейг Кинер, профессор Нового Завета в теологической семинарии Эсбери, писал: «Павел не считает Божьи обетования, данные этническому Израилю, отменёнными, но лишь отсроченными (Втор 4:25-31). Бог всё ещё хранит завет с праотцами (Втор 7:8). Привитие язычников [к природной маслине Израиля][12] (Рим 11:17) не означает, что они вытесняют еврейский народ (Рим 11:18), словно Бог больше в нём не заинтересован. Возвращение всего этнического Израиля к завету с Богом в последние дни объединит их с уже привитыми язычниками и с еврейским остатком, который уже приобщился к завету».

Бог всегда хотел, чтобы Израиль понимал, что статус «избранной» нации имеет значение только в контексте важности других наций для Бога.

Бог всегда хотел, чтобы Израиль понимал, что статус «избранной» нации имеет значение только в контексте важности других наций для Бога. Роль Израиля состоит в том, чтобы быть священнической нацией, служащей всему человечеству в качестве Божьего примера. Через двенадцать столетий после Авраама мы можем видеть этот акцент в молитве Соломона при освящении первого храма в Иерусалиме:

Если и иноплеменник, который не от Твоего народа, Израиля, придёт из земли далёкой ради

[12] Добавлено переводчиком

имени Твоего, ибо и они услышат о Твоём имени великом и о Твоей руке сильной и о Твоей мышце простёртой, – и придёт он, и помолится у храма сего, услышь с неба, с места обитания Твоего, и сделай всё, о чём будет взывать к Тебе иноплеменник, чтобы все народы земли знали имя Твоё, чтобы боялись Тебя, как народ Твой, Израиль, чтобы знали, что именем Твоим называется храм сей, который я построил. (3 Цар 8:41-43)

Почти через двести лет после Соломона великий пророк Исаия сказал: «И сыновей иноплеменников, присоединившихся к Господу, чтобы служить Ему и любить имя Господа, быть рабами Его, всех, хранящих субботу от осквернения её и твёрдо держащихся завета Моего, Я приведу на святую гору Мою и обрадую их в Моём доме молитвы; всесожжения их и жертвы их будут благоприятны на жертвеннике Моём, ибо дом Мой назовётся домом молитвы для всех народов» (Ис 56:6-7).

С учётом того, что Бог уделял особое внимание поклонению людей, не принадлежащих к народу Израиля, когда при Ироде завершилось строительство великого храма в Иерусалиме, в храмовый комплекс была включена большая внешняя площадь, называемая «двором язычников». Это место было специально отведено для людей со всего мира, чтобы они могли собираться и поклоняться Богу Израиля.

Однако ко временам Иисуса двор язычников был захвачен торговцами, которым разрешалось обменивать деньги для храмовых приношений и продавать жертвенных животных евреям, которые во множестве приезжали туда для поклонения, особенно на три паломнических праздника – Пасху (Песах), Пятидесятницу (Шавуот) и Кущи (Суккот).

Посягательство на саму возможность поклонения язычников живому Богу разгневало Господа, и Иисус изгнал торгующих, употребив довольно крепкие слова. В Евангелии от Иоанна говорится, что Он использовал кнут, сделанный из верёвок, чтобы подчеркнуть силу Божьего гнева (Ин 2:13-17). Вот как об этом написано в Евангелии от Марка:

И учил их, говоря: не написано ли: «дом Мой домом молитвы наречётся для всех народов»?

Пришли в Иерусалим. Иисус, войдя в храм, начал выгонять продающих и покупающих в храме; и столы меновщиков и скамьи продающих голубей опрокинул; и не позволял, чтобы кто пронёс через храм какую-либо вещь. И учил их, говоря: не написано ли: «дом Мой домом молитвы наречётся для всех народов»? А вы сделали его вертепом разбойников. (Мк 11:15-17)

Использование Иисусом слов Исаии из 7-го стиха 56-й главы (см. выше) показывает, что Его беспокоила не торговля сама по себе (ведь еврейским паломникам издалека действительно нужно было менять деньги и покупать жертвенных животных), а место, выбранное для этого торговцами, что выражало их презрение к праву иноземцев поклоняться Богу Израиля. Вполне возможно, что торговцы находились на территории храма благодаря финансовым договорённостям с первосвященниками. Если же это действительно было так, лишение их источника комиссионных и откатов было ещё одной причиной, по которой влиятельные люди в Иерусалиме желали изгнания Иисуса.

В самом начале Своего служения, когда Иисус пришёл в Назарет читать Писание и проповедовать в Своей родной синагоге, Он прочитал мессианское пророчество Исаии в первых стихах 61-й главы, а затем смело провозгласил, что Он и есть Тот, о Ком говорят эти вдохновенные слова. Иисус сказал: «Ныне исполнилось Писание сие, слышанное вами» (Лк 4:21).

Иисус недвусмысленно объявил всем присутствующим, что Он есть Помазанник Божий, то есть Мессия из пророчества Исаии, и люди в Назарете благосклонно отреагировали на Его неожиданное провозглашение. Составитель Евангелия, Лука, записал следующее: «И все засвидетельствовали Ему это, и дивились словам благодати, исходившим из уст Его, и говорили: не Иосифов ли это сын?» (Лк 4:22). Возможно, они рассуждали, что если Иисус действительно окажется долгожданным Мессией, то что в этом может быть плохого для Назарета? Ведь в то время их маленький городок определённо не входил в список «популярных туристических достопримечательностей Галилеи»! Но эти стихи были только началом проповеди Иисуса в тот день. Продолжая, Он стал говорить о двух еврейских пророках, которые служили язычникам, напоминая тем самым толпе в синагоге об обязанности избранного народа благословлять языческие народы. После этого настроение собравшихся кардинально изменилось!

> *И сказал: истинно говорю вам: никакой пророк не принимается в своём отечестве. Поистине говорю вам: много вдов было в Израиле во дни Илии, когда заключено было небо три года и шесть месяцев, так что сделался большой голод по всей земле. И ни к одной из них не был послан Илия, а*

только ко вдове в Сарепту Сидонскую; много также было прокажённых в Израиле при пророке Елисее, и ни один из них не очистился, кроме Неемана Сириянина. Услышав это, все в синагоге исполнились ярости и, встав, выгнали Его вон из города и повели на вершину горы, на которой город их был построен, чтобы свергнуть Его; но Он, пройдя посреди них, удалился. (Лк 4:24-30)

Евреи, которые жили во времена Иисуса в Назарете, были не просто безразличны по отношению к язычникам. Напротив, они враждебно относились даже к напоминанию об их месте в Божьем плане для всего мира. Все находившиеся в синагоге не могли не знать пророчества Исайи о призвании Израиля нести мессианский свет миру. «Я, Господь, призвал Тебя в правду, и буду держать Тебя за руку и хранить Тебя, и поставлю Тебя в завет для народа, во свет для язычников» (Ис 42:6).

“И Он сказал: мало того, что Ты будешь рабом Моим для восстановления колен Иаковлевых и для возвращения остатков Израиля, но Я сделаю Тебя светом народов, чтобы спасение Моё простёрлось до концов земли» (Ис 49:6).

Израиль был образован и воспитан Богом, чтобы стать народом, несущим Его свет другим народам. Но Израиль стал избранным народом, который предпочёл не быть избранным! В одной из Своих притч Иисус показал, что лучше сказать «нет!» на повеление Отца, а затем раскаяться и пойти выполнить Его волю, чем сказать «да», но так никогда и не исполнить волю Отца. Каждый ученик должен быть настолько ревностным в послушании и настолько бояться ослушаться Бога, чтобы никогда не отказываться исполнять волю нашего небесного Отца.

Израиль был образован и воспитан Богом, чтобы стать народом, несущим Его свет другим народам. Но Израиль стал избранным народом, который предпочёл не быть избранным!

В результате своего непослушания Израиль испытал на себе всю строгость Божьего суда. Иисус оплакивал Иерусалим и говорил: «Иерусалим, Иерусалим, избивающий пророков и камнями побивающий посланных к тебе! сколько раз хотел Я собрать детей твоих, как птица собирает птенцов своих под крылья, и вы не захотели! Вот, оставляется вам дом ваш пуст!» (Мф 23:37-38)

В этих нескольких словах: «Вот, оставляется вам дом ваш пуст!» – Иисус предсказал ужасное разрушение, которому подвергнется Иерусалим менее чем через сорок лет после Его распятия, а также последовавшие за этим столетия скитаний и гонений и даже ужасы Холокоста. Но вслед за этим Он также сказал: «Ибо сказываю вам: не увидите Меня отныне, доколе не воскликнете: “Благословен Грядущий во имя Господне!”» (Мф 23:39).

Приближаясь к концу Своего земного служения, Иисус сказал Иерусалиму: «Не увидите Меня отныне, доколе не воскликнете…». Сегодня народ Израиля вернулся на свою землю после долгих столетий скитаний. В современном Израиле мессианские евреи перефразируют слова Иисуса, наполняя Его обещание новым смыслом. Обратная, положительная сторона фразы «Ты *не увидишь* Меня, *пока не* скажешь…», в том, что «*увидишь* Меня, *когда* скажешь…».

Слова «Благословен Грядущий во имя Господне», взятые из 117-го Псалма, стали словами молитвы, провозглашения и песен в современных мессианских общинах и в Иерусалиме, и по всему Израилю.

В современном Израиле растёт и укрепляется движение мессианских евреев, которые приветствуют Иисуса на Его родине в единстве с арабами-христианами и братьями и сёстрами из всех народов. Параллельная этому движению трансформация происходит также и во многих христианских общинах по всему миру. Новое поколение церквей во многих странах начинает признавать и чтить пророческое призвание и значение Израиля.

Для Израиля и церкви начинается рассвет новой эры, которой суждено повлиять на весь мир. Это неразрывно связано с целями и силой Святого Духа, который изливается на святую Невесту Господа, Его Тело, состоящее из мессианских евреев и христиан – бывших язычников из всякого колена, языка и народа!

Последний вопрос, который горел в сердцах учеников Иисуса, и Его ответ имеют особое значение для нас сегодня. «Они, сойдясь, спрашивали Его, говоря: не в сие ли время, Господи, восстановляешь Ты царство Израилю? Он же сказал им: не ваше дело знать времена или сроки, которые Отец положил в Своей власти, но вы примете силу, когда сойдёт на вас Дух Святый; и будете Мне свидетелями в Иерусалиме и во всей Иудее и Самарии и даже до края земли» (Деян 1:6-8).

Апостолы хотели знать, когда воскресший из мёртвых и исполненный власти и силы Иисус восстановит правление Бога над их народом. Иисус не сказал им: «Нет, этого не произойдёт», но и не сказал, когда это случится. Его ответ подразумевал долгий процесс, в результате которого Бог будет полноправно править как Царь не только Израилем, но и всем миром. Перед Своим распятием Иисус уже объяснил ученикам: «И проповедано будет сие Евангелие Царствия по всей вселенной, во свидетельство всем народам; и тогда придёт конец» (Мф 24:14).

Более того, ученики Иисуса как Его «свидетели» должны были сыграть в этом процессе ключевую роль, исполнившись силой через излияние Святого Духа на празднике Пятидесятницы. Глобальные аспекты Божьего плана были описаны столетиями ранее в прекрасном пророчестве Исайи, которое исполняется у нас на глазах и в Израиле, и в церкви.

«Восстань, светись, Иерусалим, ибо пришёл свет твой, и слава Господня взошла над тобою. Ибо вот, тьма покроет землю, и мрак – народы; а над тобою воссияет Господь, и слава Его явится над тобою. И придут народы к свету твоему, и цари – к восходящему над тобою сиянию» (Ис 60:1-3).

Вопросы для обсуждения:

1. Является ли Израиль Божьим примером как в послушании, так и в непослушании?
2. Справился ли Израиль во времена Иисуса с ролью примера Божьей любви ко всем народам?
3. Что я могу узнать на примере Израиля о роли церкви в современном обществе?

Молитва:

Господи, позволь нам учиться на примере Израиля, нашего «старшего брата» в Божьем Царстве. Мы хотим быть светом для мира. Пожалуйста, не позволь, чтобы в глазах неверующих людей наши общины выглядели, как сосредоточенные на самих себе или как духовные «клубы по интересам».

Глава 47

Пересекая границы культур

Слово «*культура*» происходит от слова «*культивировать*», то есть выращивать, ухаживать, воспитывать или взращивать. Мы используем это слово, когда говорим о лабораторном выращивании «культивированного жемчуга» или «культивируемых бактерий». Культура – это среда, в которой растут и созревают живые организмы. Человеческие культуры играют важную роль в нашем развитии как личностей и социально сознательных взрослых. Любая человеческая культура живёт, рождается и развивается, подобно коралловым рифам, которые незаметно разрастаются в большие комплексы. Некоторые становятся процветающими экосистемами, полными разнообразия, красок и творчества, в то время как другие костенеют вокруг дисфункционального поведения или враждебных Божьим целям ценностей. Как и всё живое, культуры также могут переставать расти, увядать и умирать.

Некоторые говорят, что культура подобна айсбергу,

плывущему по морю. Из-за большого веса над водой видна лишь малая часть айсберга. Бо́льшая часть его находится под водой, где, как в случае с «Титаником», он может представлять опасность для любого, кто подойдёт слишком близко, не приняв должных мер предосторожности. Поверхностные элементы культуры, такие как язык, обычаи, одежда, еда, музыкальные вкусы и другие атрибуты, очевидны. Более глубокими и по-настоящему весомыми аспектами культуры являются её ценности и убеждения. Будучи сокрыты на уровне подсознания, эти аспекты культуры и менее заметны, и меньше поддаются изменениям.

Во всех человеческих культурах есть и свои хорошие стороны, и недостатки.

Сила культуры очевидна на уровне племени, так как она объединяет людей вокруг общих ценностей, расовой идентичности, языка, традиций, образования и религии. Как только культура сформировалась, её очень трудно изменить из-за глубокого влияния, которое она оказывает на молодых людей в период их взросления. Поскольку нации формируются на основе соглашения различных племён, в некоторых странах национальная культура навязывается диктатурой или религиозным принуждением доминирующей культуры, в то время как в других странах идут постоянный диалог и противостояние между субкультурами в их национальном сообществе. Поскольку роль культуры в формировании нашей индивидуальной и общественной жизни огромна, она оказывает своё далеко идущее влияние как в положительном смысле, так и в отрицательном.

Во всех человеческих культурах есть и свои хорошие стороны, и недостатки. Посмотрите на родную для вас культуру, и вы сразу же увидите в ней проявления любви, справедливости и принятия. Но при более внимательном рассмотрении вы сможете увидеть и её жестокость, и сексуальную эксплуатацию, и расизм. Великое желание Бога состоит в том, чтобы исцелить все народы через «имплантацию» основанной на Божьих законах культуры Его Царства. Ученичество несёт в себе потенциал изменения культуры, и мы знаем, что Иисус послал Своих учеников в мир, чтобы в конечном итоге Его учениками стали все народы. Хотя в Библии и нет слова *культура*, она немало говорит о законах, традициях, праздниках, песнях и содержит истории о героях, влюблённых, царях, воинах и чудотворцах.

Могучая концепция культуры представлена в Библии как минимум двумя словами. Первое из них, «мир», то есть земное сообщество людей, относится к безбожной, языческой культуре, а второе, «закон», – к культуре, данной Богом Израиля. Апостол Иоанн писал Своим ученикам: «Не любите мира, ни того, что в мире» (1 Ин 2:15а). Греческое слово Нового Завета, обозначающее мир, – это *космос*, от которого мы получили такие слова, как, например, «косметический» и «космополит». Это слово означает взаимосвязанную систему вещей и явлений, характерных для нынешнего века. В приведённом выше стихе Иоанн, еврейский ученик Иисуса, возможно, использует метод параллелизма, характерный для еврейских текстов, чтобы приравнять понятие «мир» к материальным благам в этом мире, которые никогда не должны быть объектом нашего поклонения.

Однако Иисус сказал Никодиму, соблюдающему закон религиозному израильскому лидеру: «…так возлюбил Бог мир [*космос*], что отдал Сына Своего Единородного, дабы всякий верующий в Него не погиб, но имел жизнь вечную» (Ин 3:16). Этим Иисус показал, что, несмотря на отвержение Бога миром, Он по-прежнему продолжает заботиться о Своём падшем творении и ради его искупления готов пожертвовать тем, что Он любит больше всего.

На примере Израиля в Библии нетрудно увидеть связь между культурой и законом. Интегрированные в каждую культуру писаные и неписаные законы нужны для определения и защиты ценностей и убеждений, которыми дорожат люди. Даже беглое прочтение Торы показывает нам, что Божий закон для Израиля включал в себя заповеди, касающиеся ведения бизнеса и сделок с недвижимостью, семейных отношений, сексуальной морали, образования, правосудия, справедливого обращения с рабочими и иностранцами, приемлемых и запрещённых продуктов питания, разрешённой и запрещённой одежды, песен для исполнения, ценностей для наставления детей, правильных отношений между людьми, заботы об общественном здравоохранении и ещё многих других важных тем. Согласно Торе, весь народ Израиля должен был быть «святым», то есть предназначенным или отделённым Богом для Своих целей. Все общество и культура Израиля должны были отражать славу и главенство Божьего суверенного правления, а ядром израильской культуры и, соответственно, культуры Царства Божьего являлись библейские законы.

Стать учеником Господа означает заново родиться в Его Царстве (Ин 3:7, 1 Пет 1:23), где мы наконец-то получаем дух усыновления (Рим 8:15), который делает Бога нашим любящим Отцом. Наше новое гражданство теперь на небесах (Флп 3:20). Мы учимся слышать Слово Божье, понимать Писание и интерпретировать Божий закон в духе жизни, а не как обременительные приказы деспотичного и лишённого связи с миром диктатора. Культура Царства Божьего – это среда, в которой и происходит процесс роста к зрелости, называемый ученичеством. Вне всякого сомнения, Божье Царство обладает весьма яркой культурой, которая может стать духовным лекарством для раздираемых внутренними противоречиями культур этого мира.

Одна из самых важных ролей поместной церкви – это создание среды, в которой молодые христиане могут впитывать в себя небесную культуру, формирующую наши мысли, поведение и даже форму речи. Это особенно важно, когда речь идёт об отношении к отличающимся от нас людям. Зрелые христиане и ученики Господа должны быть чуткими к расовым и культурным предрассудкам. Мы представители Царства, в которое входят все народы, поэтому мы должны уважать ценности созидательного сосуществования различных культур.

Однако для воплощения в жизнь мечты о мирно переплетающихся и взаимообогащающих культурах необходимо существование высшей небесной власти, определяющей справедливость и милосердие и дающей справедливый и объективный культурный стандарт для всех. Без этого мультикультурализм становится культурой релятивизма. Кто сможет сказать, чьи ценности имеют приоритет в ситуации неизбежных конфликтов культур? Отсутствие общих культурных стандартов непременно приведёт к конфликтам, несправедливости и выживанию самых голосистых, сильных и влиятельных.

У учеников Иисуса есть призвание и обязанность (Рим 1:14-17) быть верными и нашему Царю, и Царству, которому мы принадлежим, и культуре ученичества, которая нас питает. Это означает во всяком месте демонстрировать высшие ценности нашей культуры: любовь, истину, справедливость и безграничную милость Божью. Мы с уважением относимся к различным культурам мира, но не можем отрицать ни того, кто мы есть, ни того, Кому мы принадлежим. Поступая так, мы можем пересечь границы любой культуры, неся культуру Царства, куда бы ни послал нас Господь.

Вопросы для обсуждения:

1. Как слово «*культура*» относится к месту, где выращивают живые организмы?
2. Означает ли любовь ко всем людям принятие ценностей всех культур?
3. Есть ли в Божьем Царстве культура со своими ценностями и верованиями? Как бы я её описал(а)?

Молитва:

Господи, научи меня вечным ценностям и основополагающим убеждениям культуры Твоего Царства. Дай мне силы быть живым свидетельством того, кто вырос и воспитан в Божьем доме.

Глава 48

Аутсайдеры приносят изменения

Похоже, что всякий раз, когда Бог хочет изменить существующую культуру или начать совершенно новое движение, Он находит «аутсайдера» для выполнения этой работы. Аутсайдер – это человек, который этнически не принадлежит к доминирующей группе, не разделяет её ценности и обычаи, а иногда даже не говорит на её языке. В Японии иностранец называется *гайдзин*. Это слово состоит из двух китайских иероглифов, называемых *кандзи*. Первый символ означает «снаружи», а второй – «человек». Таким образом, иностранец в японской культуре буквально является «человеком извне».

Прежде чем Бог заключил Свой завет с Аврамом и изменил его имя на Авраам, Он призвал его стать аутсайдером. Бог сказал: «Пойди из земли твоей, от родства твоего и из дома отца твоего в землю, которую Я укажу тебе» (Быт 12:1). До конца своей жизни Авраам так и оставался чужаком в земле обетованной. Но Бог всё же сдержал Своё обещание, о котором сказано в следующем стихе: «И Я произведу от тебя великий народ, и благословлю тебя, и возвеличу имя твоё, и будешь ты в благословение» (Быт 12:2).

Моисей – это ещё один пример человека, которого Бог обратил в чужака и которому раз за разом приходилось смиренно принимать свою новую идентичность. На протяжении всей жизни Моисею никогда не позволяли полностью стать единым целым с окружающими его людьми. С самого рождения он был еврейским рабом, выросшим при дворе фараона и получившим такое же воспитание, как принц Египта. В возрасте сорока лет Моисей, возможно, отчаянно боровшийся за свою истинную личность, убил надзирателя-египтянина, который жестоко обращался с рабом-евреем.

Послс этого оп стал беглецом и нашёл убежище среди мадианитян, где был чужеземцем, а по прошествии сорока лет жизни с ними практически полностью ассимилировался. Моисей женился на мадианитянке, создал семью, говорил на их языке и был частью племени. Но Бог обратился к нему из горящего куста и послал обратно в Египет в возрасте восьмидесяти лет.

После противостояния с фараоном, разделения Красного моря и руководства племенами Израиля в течение следующих сорока лет Моисей стал легендарным вождём. Но в культурном отношении он никогда не был таким же, как люди, лидером которых он являлся. В годы странствования в пустыне он был среди них единственным израильтянином, который никогда не был рабом. Все его соотечественники говорили и вели себя как рабы. У них была культура рабов, и, вероятно, они даже рассказывали анекдоты о египтянах, популярные среди невольников. Моисей же не был частью этого – он был культурным аутсайдером даже среди своего народа.

Безусловно, и Иисус всегда был абсолютным аутсайдером. Да, Он стал человеком и жил среди Своего народа Израиля, но был ли когда-либо до Него и будет ли после Него другой человек из той же категории? Его происхождение как единородного Сына Божьего навеки уникально. Он сказал Своим соотечественникам: «Вы от нижних, Я от вышних; вы от мира сего, Я не от сего мира» (Ин 8:23).

До того как Иисус пришел на землю, Он уже провёл вечность с Богом, Своим Отцом, на небесах. Когда Иисус учил о Царстве Божьем, основная трудность, с которой Он сталкивался, заключалась в том, чтобы понятным образом донести до подобных нам простых и грешных людей то, что было предельно ясно для Него, но не имело аналогов в этом мире. Иисус прожил Свою жизнь здесь, на земле, как чужестранец, даже находясь в Своей семье, но именно Он принёс перемены, способные спасти мир.

Апостол Павел родился в традиционной религиозной еврейской семье, которая соблюдала субботу и праздники Господни, заучивала наизусть Слово Божье и старалась соблюдать заповеди Торы. Однако Павел не родился в земле Израиля, а был римским гражданином в грекоязычном городе Тарсе, который сейчас находится на юге Турции. В детстве он мог играть с друзьями-неевреями, но в юношеском возрасте его отправили в Иерусалим и готовили на должность раввина при наставничестве Гамалиила, одного из ведущих еврейских религиозных лидеров того времени. Глядя на его жизнь, легко увидеть, что Павел никогда не имел такой роскоши, как быть частью доминирующей группы в своей культуре. Он всегда был аутсайдером.

В детские годы Павел был еврейским мальчиком в языческом городе. Позже, в Иерусалиме, он не был коренным израильтянином или членом давних иерусалимских родов фарисеев и саддукеев. Другие молодые студенты-раввины, должно быть, были связаны родственными узами с семьями священников, с теми, кто служил в великом храме и даже в Синедрионе. Но Павел был евреем из *диаспоры*, выросшим за границей среди язычников. Возможно, именно для того, чтобы компенсировать это, он стал чрезмерно ревностным «фарисеем из фарисеев», ревностным до такой степени, что был более радикальным гонителем мессианской секты евреев – последователей бескомпромиссного проповедника *Ешуа* (Иисуса), чем даже его наставник Гамалиил.

Позже, уже будучи верующим в Иисуса, Павел продолжал оставаться чужаком даже после встречи по дороге в Дамаск с воскресшим Господом, призвавшим его в ученики и апостолы. Все первые апостолы Иисуса были галилеянами и лично ходили с Господом. У Павла же не было ни одной из таких «верительных грамот». И наконец, будучи евреем, он был чужаком и среди язычников, к которым был послан с апостольской миссией, хотя и отлично понимал их язык и ценности.

Благодаря своему происхождению и воспитанию Павел идеально подходил для межкультурного понимания, которое Бог дал ему через откровение, и для апостольского служения, ставшего результатом этого откровения. Обнаружение Павлом своей истинной идентичности и принадлежности к культуре Божьего Царства произошло благодаря его радикальному отождествлению со смертью и воскресением Иисуса.

Уверовав в Иисуса, Павел стал врагом в глазах своих соблюдающих религиозные обычаи еврейских соотечественников и бывших друзей, которые затем несколько раз пытались его убить. Павел бежал от вскормившей его еврейской культуры, но позже вернулся, вдохновлённый своей новой верой.

Павел, возможно, как никто другой понимал свободу, которую нашёл в Божьем Царстве, и учил этому других. Обращаясь к общине в Филиппах, которую он основал, Павел писал: «Наше же жительство – на небесах, откуда мы ожидаем и Спасителя, Господа нашего Иисуса Христа, Который уничижённое тело наше преобразит так, что оно будет сообразно славному телу Его, силою, которою Он действует и покоряет Себе всё» (Флп 3:20-21).

В жизни всех упомянутых выше библейских лидеров положение аутсайдера стало важным элементом для использования их Богом в качестве Своего инструмента перемен. Истина в том, что у большинства есть какая-то часть жизни, которая отличает их от других людей, или какой-то личный опыт, который заставляет их чувствовать себя аутсайдерами. Но быть аутсайдером или осознавать наличие в себе того, что находится за пределами родного для вас окружения – это неотъемлемая часть лидерства.

Лидеры стоят особняком и имеют возможность объективно смотреть на свою ситуацию. Лидеры выходят за пределы общепринятой сегодняшней реальности, чтобы задать вопрос «а что, если?». Такой тип творческого мышления необходим, чтобы открывать новые направления и готовить планы на случай непредвиденных обстоятельств, когда простое следование старым методам обречено на неудачу. Иногда жизнь с вопросом «а что, если?» может привести вас к тому, что вы станете аутсайдером, в то время как все остальные будут вполне довольны существующим положением вещей.

Иосиф в Египте был именно таким лидером. В детстве ему снились сверхъестественные сны о лидерстве, которые отделяли его от других и заставляли постоянно жить с вопросом: «А что, если мои сны реальны?» Позже из-за этих пророческих снов и уникальных черт личности самые близкие члены семьи отвергли его и продали в рабство чужестранцам.

За отказ иметь безнравственные отношения с женой своего нового господина в Египте Иосиф был брошен в тюрьму как отверженный среди отверженных. Так дороживший положением любимого сына в избранной Богом семье, Иосиф стал чужеземцем, рабом и каторжником. Но через тринадцать лет после того, как его предали братья, Иосиф оказался единственным из всех мужчин великой империи, кто был способен предвидеть, что случится с Египтом. Он единственный смог ответить на вопрос фараона: «А что, если процветанию и могуществу нашего народа внезапно придёт конец?».

Иосиф заплатил непомерно высокую цену как аутсайдер, но стал одним из величайших лидеров, описанных в Библии.

Значит ли это, что всем Божьим лидерам обязательно быть аутсайдерами в своей собственной культуре? Однозначно нет! Инсайдеры развивают и направляют культуру изнутри. Инсайдеры строят организации, создают влиятельные сообщества, возглавляют церкви, политические партии и целые нации. В общем, инсайдеры объединяют людей и создают системы. Бог использует аутсайдеров, чтобы принести изменения.

Вопросы для обсуждения:

1. Случалось ли такое, что ко мне относились как к постороннему? Что я чувствовал в такие моменты?
2. Почему Авраама, Моисея, Иисуса и Павла считали «аутсайдерами»?
3. Каковы преимущества и недостатки положения аутсайдера?

Молитва:

Господи, помоги мне быть терпеливым всякий раз, когда со мной обращаются как с аутсайдером и заставляют чувствовать себя отвергнутым. Пожалуйста, позволь мне увидеть положительную сторону в том, что другие не всегда принимают меня.

Глава 49

Малые группы – сильные группы

Я завершаю эту книгу во время пандемии коронавируса COVID-19, которая начала охватывать мир в 2019 году. Это, пожалуй, первый случай в истории, когда весь мир одновременно заболел одной болезнью. Микроскопический вирус размером с миллионную долю миллиметра смог остановить всю мировую экономику. Невидимые без электронных микроскопов, сотни таких вирусов могут уместиться на площади меньше диаметра человеческого волоса!

Мир на себе узнал, что маленький размер не обязательно означает слабость или бессилие. Подобным образом и церковный мир начинает понимать, что большой размер не обязательно означает большую духовную силу. Введённые правительствами и связанные с распространением коронавируса карантины привели к закрытию дверей многих церковных собраний. Христиане стали использовать телефоны, компьютеры и Интернет для участия в поклонении, молитвах и обучении. Чтобы справиться с уникальными вызовами наших дней, Церковь начала сосредотачиваться на объединении разрозненных людей в виртуальные собрания. Онлайн-трансляции в социальных сетях помогали сделать небольшие встречи верующих доступными максимально большому числу людей.

Царство Божие вечно и неизменно, но Церковь как Божий инструмент распространения Царства должна меняться. Форма, которую принимает Церковь в любую эпоху, неизбежно отражает её адаптацию к окружающей культуре. Иерархия католической церкви напоминает гигантское королевство, похожее на монархии той эпохи, в которой она зарождалась и развивалась. С другой стороны, некоторые протестантские церкви сегодня больше напоминают современные корпорации, играющие важную роль в промышленном развитии национальных государств.

Современные медиа-сообщества влияют на Церковь, подталкивая её к переходу на *сетевую* модель. Церковь будущего, становясь все более децентрализованной, будет расти за счёт небольших групп, объединённых при помощи технологий в обширные сети с общим видением и с доверительными, назидательными отношениями. Самый быстрый рост христианства в наши дни происходит не на Западе, а в развивающихся странах, где приобретение зданий для церковных служений может сталкиваться с правительственным сопротивлением или просто быть непомерно дорогим. Из-за повсеместного распространения смартфонов всё больше христианских собраний и конференций будут организовываться в онлайн-формате, что значительно сократит расходы на проезд и проживание и одновременно заметно увеличит число возможных участников.

Во время пандемии коронавируса церкви по всему миру

были вынуждены перейти на онлайн-встречи. Небольшие группы служителей проводили богослужения с песнями, проповедями и молитвами, «приходя» в дома своих прихожан с помощью видео и компьютерных технологий. Обычным явлением стали молитвенные онлайн-собрания с десятками, сотнями, а иногда и тысячами участников из разных уголков мира. Церковь не должна отказываться от прогресса и новой духовной «территории» и после того, как кризис утихнет. В своей книге «Дома, которые меняют мир» христианский писатель Вольфганг Симсон дальновидно обращается к теме реформирования структуры современной церкви. Симсон пишет: «Церковь должна стать маленькой, чтобы быть большой. Большинство современных церквей просто слишком велики, чтобы обеспечивать настоящее общение. Они слишком часто превращались в “общины без общения”. Новозаветная Церковь состояла из небольших групп, в которых обычно было по 10–15 человек».

В течение двадцати лет я был членом правления организации, занимающейся поощрением роста церквей по всему миру. В то время председателем этого международного совета был старший пастор крупнейшей в мире церковной общины с сотнями тысяч прихожан, а в правление входило около шестидесяти других известных лидеров служений и старших пасторов нескольких крупнейших церквей мира.

Каждый год международное собрание правления и конференция проходили в разных городах по всему миру. Цель всегда заключалась в том, чтобы ободрять друг друга, а также побудить десятки тысяч людей, присутствовавших на конференциях и молитвенных собраниях, распространять Царство Божье на земле за счёт еженедельного численного увеличения посещаемости церковных собраний.

Ряд руководителей, с которыми я познакомился в те годы, были очень одарёнными Божьими служителями, а также по-настоящему смиренными и великодушными людьми. Однако перед уходом из правления в 2016 году я понял, что наше внимание к численному росту как основному показателю успеха в служении может оказаться весьма недальновидным.

Наше внимание к численному росту как основному показателю успеха в служении может оказаться весьма недальновидным.

Проблема кроется в том, что легко спутать организационную *форму* церкви в конкретную историческую эпоху с её основной *функцией*. Функция церкви – толковать принципы закона Царства Божьего и являть любовь в нашем поколении, чтобы взращивать учеников Иисуса. Создание численно больших общин путём привлечения людей к посещению огромных еженедельных собраний может привести к развитию успешного служения, но в конечном итоге только воспитание учеников расширяет пределы Божьего Царства в любой стране.

Модель ячеечной церкви, в которой все прихожане разделены на небольшие группы, иногда называемые домашними группами, что способствует более тесному общению, обучению и молитве, стала популярной всего лишь одно поколение назад и к настоящему времени имеет множество форм по всему миру. Сам по себе меньший размер этих групп не делает их более эффективными для Господа. Вѝдение и лидерство – вот что имеет решающее значение. Если ячеечная модель используется с целью увеличить «материнское» собрание, то ячейкам не удастся воспитать новых лидеров, которые слышат голос и водительство Бога и приносят плоды, развивая новые сферы служения. В таком случае они лишь будут производить последователей, верных модели и цели численного роста.

Подобно вызванными пандемией COVID-19 ограничениями на христианские собрания, преследования со стороны враждебно настроенных по отношению к христианской вере правительств хотя и болезненны, но всё же могут оказаться полезными для церкви. Если преследование принимает форму жёсткого ограничения размера групп, в которых верующие могут собираться, или даже полного запрета всех религиозных собраний, это означает, что каждая небольшая группа верующих должна иметь ответственного лидера, знающего каждого члена группы и доверяющего им всем. Иисус был величайшим наставником лидеров среди всех, кто когда-либо ходил по этой земле! Хотя у Него Самого было эффективное служение большим массам людей, Его главный фокус в служении был сосредоточен на работе с относительно небольшими группами учеников. Дух Иисуса и сегодня продолжает действовать среди нас таким же образом. Если огонь гонений вынуждает Церковь производить больше малых групп и больше лидеров, в конечном итоге это приведёт к положительному результату и к расширению Царства Божьего.

Формы, которые принимает Церковь, должны соответствовать её функции, а не наоборот. Если функция церкви состоит в том, чтобы производить учеников, то Церковь должна быть сформирована как «фабрика» по производству

Формы, которые принимает Церковь, должны соответствовать её функции.

искупленных и духовно зрелых человеческих жизней. Большинство бизнес-менеджеров понимают, что в производстве внимание должно быть сосредоточено на качестве продукции и эффективности процесса, а не на размере фабрики. Если же руководство увеличивает объём рабочей силы и инвестирует в недвижимость или дорогостоящее оборудование, продолжая при этом производить меньше продукции, да ещё и более низкого качества, такой бизнес вскоре придётся закрыть.

Справедливо ли утверждать, что некоторые современные церкви подобны электростанциям, которые сжигают много топлива и вырабатывают электроэнергию, но при этом потребляют всю произведённую энергию только лишь для того, чтобы увеличить свои размеры? С каждым годом сама электростанция становится всё больше и больше, но прокладывается очень мало проводов, чтобы освещать пребывающие во тьме населённые пункты за пределами электростанции!

Вот почему основной Божий закон в Его Царстве говорит о любви, которая назидает людей на пути к их личному призванию и Божественному предназначению. Иисус отдал Свою жизнь за весь мир из-за любви как к верующим, так и к неверующим. Как «Пастырь Добрый», Он был величайшим пастором из когда-либо живших. Он мог бы создать крупнейшую церковную организацию Своей эпохи, но просто отказался это делать. Вместо этого изо дня в день Он стремился формировать образ Божий в Своих немногочисленных учениках, повелевая им любить так, как любил Он, брать свой крест и следовать за Ним. Поэтому и мы всё ещё следуем за Ним и по-прежнему движимы той же любовью к ученикам даже через две тысячи лет после того, как Он закончил Свою работу и передал ответственность за Своё Царство на земле другим.

Человечество веками мечтало о машинах, способных «думать» как люди, но принцип работы современного цифрового компьютера был разработан только во время Второй мировой войны. К 1950-м годам началась гонка по производству более крупных и мощных компьютеров, и вокруг таких компаний, как IBM, Honeywell, NCR, Control Data и других развилась целая индустрия. Первые цифровые компьютеры представляли собой огромные одиночные машины, называемые *мейнфреймами*, для запуска и обслуживания которых требовался целый штат специалистов. Вскоре компьютеры стали более мощными и компактными, так что их можно было найти во многих офисах, исследовательских институтах и на фабриках, где работали сотрудники без специальной подготовки.

Затем появились компьютерные сети и персональный компьютер. Группы небольших компьютеров, объединённых в сеть, оказались более мощными, гибкими и дешевыми, чем крупные машины. С изобретением Интернета сеть стала важнее самого компьютера. Крошечные компьютеры, называемые *смартфонами*, теперь доступны даже детям. Они мгновенно обрабатывают огромные объёмы данных из «облака», которое может находиться в любой точке планеты. Компьютер, который когда-то был центром целой отрасли, теперь является просто средством доступа к всемирной информационной сети. Становясь всё меньше по размеру, компьютеры делают гораздо больше, чем когда-либо прежде.

Это современная картина для церкви будущего. Развитие Интернета оказало огромное влияние на то, как люди в современной культуре занимаются своими повседневными делами. Обычные магазины и торговые центры уступают место онлайн-покупкам и доставке на дом. Точно так же традиционные церкви уступят место общинам, которые собираются небольшими группами для совместной молитвы и снаряжения учеников, при этом объединяясь в масштабные *сети*, чтобы сохранять единство веры и делиться ресурсами с миллионами братьев и сестёр по всему миру. Большие церкви могут успешно воспитывать учеников, если уделяют основное внимание духовному снаряжению каждого своего члена и постоянному развитию новых лидеров. А для этого нужно принять стратегию роста за счёт небольших и автономных домашних групп или ячеек. Если вы принадлежите к большой церкви и понимаете, что общего богослужения самого по себе недостаточно для вашего роста как ученика Иисуса, ищите возможности возрастать вместе с несколькими другими братьями и сёстрами *в дополнение* к вашему еженедельному посещению церкви.

Когда мы посещаем те места в Европе, куда христианство пришло более тысячи лет назад, полезно внимательно посмотреть на впечатляющие соборы, которые были построены как место общения, обучения и поклонения. На строительство некоторых из этих соборов ушло более века, а их сегодняшняя стоимость оценивается в миллиарды долларов. Теперь же мы понимаем, что эти дни прошли, и для воплощения Божьих целей последнего времени уже нет нужды вновь браться за такие проекты.

Точно так же и инвестиции в церковные здания стоимостью в десятки и даже сотни миллионов долларов – это та модель роста, которая уходит в прошлое. Самым важным ресурсом в церкви всегда были люди, сосредоточенные на взращивании учеников. Иметь большое удобное здание – это великое благословение, но для того, чтобы в церкви Иисуса были молитвы, поклонение, библейское учение, ученичество и духовный рост, ей никогда не требовались «рукотворные храмы».

Каков оптимальный размер группы для эффективного воспитания учеников? Однажды Иисус сказал: «Если двое из вас согласятся на земле просить о всяком деле, то, чего бы ни попросили, будет им от Отца Моего Небесного, ибо, где двое или трое собраны во имя Моё, там Я посреди них» (Мф 18:19–20). Самые важные встречи в нашей жизни почти всегда происходят один на один и лицом к лицу. Когда два или три человека соглашаются целенаправленно разделять с другими и принимать преображающую истину жизни Иисуса, то это и есть настоящее ученичество в силе нашего Господа. Иисус занимался с двенадцатью молодыми людьми, но большинство из нас будут более эффективны с меньшим количеством людей. Взрывной же рост церкви начинается, когда почти каждый в Теле Господа стремится стать учеником и готов помочь стать учениками нескольким другим людям.

Вопросы для обсуждения:

1. Что лучше подходит для обучения и снаряжения учеников – малые группы или большие собрания?
2. Почему Церковь так высоко ценит большие собрания? Могут ли христиане извлечь пользу как из очень маленьких, так и из очень больших собраний?
3. Должен ли я быть частью небольшой группы, нацеленной на возрастание в вере и выработке благочестивого характера?

Молитва:

Господь Иисус, пожалуйста, избавь меня от уверенности в том, что большие группы важнее, чем маленькие. Помоги мне сосредоточиться на нескольких самых близких мне людях, чтобы наилучшим образом послужить их духовному росту.

Глава 50

Люби своего соседа

Упоминаемый в 21-й главе книги Откровение Новый Иерусалим – это образ небес, огромный город, размером сопоставимый с Австралией, поднимающийся ввысь более чем на полторы тысячи километров. Он построен для общества, всецело сфокусированного на Боге. Это новый мир, в котором явное присутствие Бога непрерывно наполняет город Своим светом. Небеса описаны в Библии в образе города, который и был целью поиска и видением веры Авраама.

> *Верою Авраам повиновался призванию идти в страну, которую имел получить в наследие, и пошёл, не зная, куда идёт. Верою обитал он на земле обетованной, как на чужой, и жил в шатрах с Исааком и Иаковом, сонаследниками того же обетования; ибо он ожидал города, имеющего основание, которого художник и строитель – Бог (Евр 11:8-10).*

После любви к Богу вторая величайшая небесная заповедь повелевает возлюбить ближнего своего.

Как и в любом обществе, в небесном городе должны быть дома, где живут семьи, а также районы или кварталы, где проживают в близком соседстве целые группы семей. После любви к Богу вторая величайшая небесная заповедь повелевает возлюбить ближнего своего. Сегодня существуют также духовные кварталы. Это группы людей, которые Бог связал семейными узами, дружескими отношениями или практическими нуждами. Такие группы собираются у кого-либо дома, чтобы посидеть за ужином, поделиться событиями своей жизни, поддержать друг друга и расти вместе. Понимание того, кто наш ближний, лежит в самом средоточии учения Иисуса – в притче о добром самарянине (Лк 10:25-37).

Церковь является отражением сходящих на землю небес и должна состоять из сообществ, где зрелые ученики собирают людей для поклонения, библейского научения, добрых дел и молитвы. Нынешняя задача Божьего Царства состоит в том, чтобы начать формировать эти соседские отношения и укреплять их от человека к человеку, от семьи к семье и от дома к дому. Такие усилия становятся частью нашего партнёрского сотрудничества с Богом, которое требует от нас и веры, и мудрости. Писание говорит: «Если Господь не созиждет дома, напрасно трудятся строящие его; если Господь не охранит города, напрасно бодрствует страж»” (Пс 126:1), и ещё: «Мудростью устрояется дом и разумом утверждается, и с уменьем внутренности его наполняются всяким драгоценным и прекрасным имуществом» (Притч 24:3-4).

Апостольское лидерство отличается от пасторского служения в церкви или евангелизационных проповедей перед огромными толпами людей. Апостолы – это стратеги, воспитывающие других лидеров, обладающих разнообразными дарами и призваниями. Представьте себе апостола как мэра, который хочет видеть в своём городе разнообразные и здоровые сообщества – сети объединённых в Духе соседей, которые растут благодаря встречам по домам, что является оптимальной формой церкви в преддверии последних времён. С одной стороны, постоянные встречи в группах по принципу соседства требуют большего количества подготовленных лидеров, но, с другой стороны, сама эта модель производит больше лидеров, способных наставлять других. Группы духовных соседей уводят Церковь от культуры «постороннего наблюдателя», где многие пассивно сидят на собраниях и «потребляют» служение нескольких одарённых людей. Умножение же церкви через сети духовных соседей ставит во главу угла задачу формирования лидеров, которые могут взять на себя ответственность за небольшую группу, состоящую из членов семьи, друзей, соседей и коллег, регулярно встречающихся лицом к лицу. Децентрализованные сети небольших групп обходятся дешевле, чем организация массовых собраний, и они легче выживают в условиях гонений. Очень большие периодические собрания, конечно же, занимают важное место в Царстве Божьем. Однако их главная цель состоит в том, чтобы доносить до людей данное им Богом вѝдение, проповедовать Благую весть или мобилизовать верующих для конкретных крупномасштабных проектов.

На своём личном опыте служителя я обнаружил, что в целом объём истины Божьего Слова, которым можно поделиться в любой момент времени, находится в обратной зависимости от количества людей в комнате. Чем больше людей соберётся, тем меньший объём истины можно донести и усвоить. Если у вас когда-нибудь будет возможность, как однажды была у меня, обратиться к целому стадиону верующих, то вам наверняка придётся сосредоточиться на том, чтобы сформулировать и обосновать лишь один-единственный главный тезис!

Христианство выходит на «последний круг» великой гонки, начавшейся в Иерусалиме две тысячи лет назад, и финишная черта уже видна издалека. Сегодня христиане могут окинуть взглядом земной шар и увидеть оставшиеся народы и культуры, где Евангелие Царства ещё не было проповедано. Количество противящихся Евангелию народов постоянно сокращается. Сегодня самые быстрые темпы распространения христианской веры наблюдаются среди тех групп людей, которые ещё совсем недавно были наиболее враждебны к библейской истине.

Настало время привести Церковь в соответствие с Божьими целями последних дней и подготовить её к преодолению ожидающих нас в эти дни трудностей. Сотни миллионов людей по всему миру стремительно входят в Божье Царство. Чтобы справиться с такими вызовами, критически важно подготовить новую «армию» ответственных молодых учеников, которые и сами могут стать лидерами. Плодотворные лидеры поднимают поколение новых лидеров через отношения дружбы и Божьей любви, когда с мудростью и молитвой совместно ищут решения возникающих проблем. Это не происходит в больших собраниях людей.

Критически важные события Царства Божьего всегда происходят в неформальных малых группах среди друзей, дома, а не на глазах широкой публики. Духовные сообщества – это оптимальная среда для воспитания учеников.

Духовные сообщества – это оптимальная среда для воспитания учеников.

Общины соседей, которые собирались по домам, сыграли жизненно важную роль в формировании ранней церкви. После описанного во 2-й главе книги Деяния излияния Святого Духа в Иерусалиме Слово говорит, что «они постоянно пребывали в учении Апостолов, в общении и преломлении хлеба и в молитвах. И каждый день единодушно пребывали в храме и, преломляя по домам хлеб, принимали пищу в веселии и простоте сердца» (Деян 2:42, 46).

Церковь будущего должна развивать формы служения, максимально оптимизированные и подходящие для выполнения её Божественного призвания. Контрпродуктивно ожидать, что современная церковная организационная структура, в основном ориентированная на численный рост, будет постоянно производить высококлассных учеников. Мой друг, пастор Эдмунд Чан из Сингапура, является основателем Глобального альянса международных церквей ученичества (Global Alliance of International Disciplemaking Churches). В своей глубокой книге «Основной подход – целенаправленное ученичество как новое определение успеха в служении»[13] он пишет: «Ученичество – это не один из многих вариантов формы служения, который кто-то может предпочесть другим. Напротив, это основное призвание от Бога! Иисус не говорил: "Идите в мир и начинайте молитвенные движения" (при всей важности молитвы!), или: "Идите в мир и проводите отличные богослужения", или: "Идите в мир и проводите уроки по глубокому изучению Библии" и т. д. Иисус сказал: "Идите в мир и *научите все народы!"* Именно в этом основная Божья миссия для церкви, достижению которой способствуют все остальные служения».

Учеников производят другие ученики, с которыми у них есть личные отношения. По сути, мы можем лучше всего обучать именно тех людей, которые становятся нашими друзьями. Каково оптимальное число учеников? Чтобы ответить, задайте себе вопрос: «Сколько у меня настоящих друзей?» Все люди разные, и есть множество исследований, связанных с этим вопросом, но наиболее распространённые цифры, которые я нашёл, составляют от пяти до двадцати близких друзей на одного человека в конкретный момент времени. Иисус, как мы знаем, выбрал двенадцать.

Дружба, по определению, является важной формой личных доверительных отношений, а некоторые люди по разным причинам не любят выставлять напоказ свою жизнь. Однако если дружба, как часть жизни учеников Иисуса, передана Господу и посвящена на служение Ему, то наши навыки познания, любви и помощи друзьям становятся Его инструментами в снаряжении учеников для вечной жизни и Царства Божьего. Тогда мы сможем обнаружить, что прак-

---

[13] На английском языке книга издана под названием A Certain Kind – Intentional Disciplemaking That Redefines Success In Ministry.

тически каждый, кто принял решение стать учеником Иисуса, может поделиться своими дарами и опытом с несколькими людьми, которым нравится регулярно собираться вместе. Более того, выбирая правильную группу людей для встреч ученичества, некоторые из нас смогут обнаружить, что они действительно одарены в этом.

Библия говорит, что Иисус молился всю ночь, прежде чем избрал двенадцать Своих учеников. Этим людям было суждено стать Его ближайшими друзьями и остаться с Ним до конца. Он выбрал людей, которые не были похожи на Него, и тех, кому и Он поначалу мог не понравиться. Иисус, совершенный Человек, выбрал друзей, которых Отец уже избрал для Него. Один из них, по словам Самого Иисуса, был дьяволом (Ин 6:70), и когда наступил кризис, предал Его. Эта история невероятно глубоко и правдиво отражает природу человеческих отношений, потому что все мы знаем, насколько сильно нас могут ранить наши друзья. Мы очень осмотрительны в выборе своих друзей. Однако без предательства Иуды Иисус никогда бы не смог осуществить Своего замысла на земле. Бог знал абсолютно всё о каждом из двенадцати учеников, которых Он дал Иисусу, и продолжал осуществлять Свой вечный план через их жизнь и дружбу.

Таково видение «соседской церкви». Именно такая форма церковного устройства осознанно преобразует силу дружбы, доводя её до уровня завета с Богом. Это один из самых могущественных даров, данных Богом людям. Солдат на войне знает – когда начнётся бой, ты должен рискнуть или даже пожертвовать своей жизнью ради находящихся рядом с тобой друзей. Ты мог присоединиться к армии из чувства патриотизма, семейной гордости, долга, по принуждению или по любой другой причине. Но когда дело доходит до вопросов жизни и смерти, ты полагаешь свою жизнь за друзей. Иисус сказал, что в этом есть высшее проявление любви: «Нет больше той любви, как если кто положит душу свою за друзей своих» (Ин 15:13).

Небольшие группы друзей, которые становятся командами благодаря преданности общей цели, очень эффективно меняют наш большой и сложный мир. Стив Джобс, основатель корпорации Apple, возможно, был величайшим новатором и бизнес-лидером эпохи цифровых компьютеров. В телеинтервью «60 минут» в 2003 году он сказал: «Моя бизнес-модель – это "Битлз". Это были четверо очень талантливых парней, которые сдерживали негативные наклонности друг друга. Они уравновешивали друг друга, и их общий результат был бо́льшим, нежели просто суммой всех частей. Именно так я вижу бизнес. Великие дела в бизнесе никогда не совершаются в одиночку. Они достигаются командой людей».

Похоже, именно поэтому Иисус сказал Своим ученикам: «Я уже не называю вас рабами, ибо раб не знает, что делает господин его; но Я назвал вас друзьями, потому что сказал вам всё, что слышал от Отца Моего. Не вы Меня избрали, а Я вас избрал и поставил вас, чтобы вы шли и приносили плод, и чтобы плод ваш пребывал, дабы, чего ни попросите от Отца во имя Моё, Он дал вам. Сие заповедаю вам, да любите друг друга» (Ин 15:15-17).

Вопросы для обсуждения:

1. Был ли у меня когда-нибудь духовный друг, который помог мне стать христианином?
2. Чего я ожидаю от своего друга? Может ли Бог использовать дружбу для воспитания учеников?
3. Почему встречи по домам лучше подходят для воспитания учеников, чем публичные собрания?

Молитва:

Господи, я жажду, чтобы меня называли «другом Бога». Научи меня быть Твоим другом и помогать другим подружиться с нами.

Глава 51

Иисус о знамениях конца времён

Библия ясно говорит о том, что у человеческой истории есть конечная цель, к которой она движется под Божьим руководством. Каждый день приближает нас к возвращению Господа и к концу этого века. Мир двигался к своей заключительной кульминации с описанного в книге Бытие момента сотворения человека и со времён патриархов. История меняется, но Бог остаётся прежним. Царства и империи приходят и уходят. Со временем изменились также Израиль и Церковь, но суверенитет Бога, который выражается через Его Царство на небе и на земле, остаётся постоянным и вечным.

Мы с вами находимся в конце времен. В 23-й главе Евангелия от Матфея Иисус предсказал, что Иерусалим и народ Израиля не увидят Его снова, пока не скажут: «Благословен Грядущий во имя Господне!» (Мф 23:39). Сейчас Израиль снова восстановлен как современная нация, и израильские мессианские евреи начинают петь и провозглашать те же вдохновенные слова (Пс 117:26) Иисусу в собраниях по всей своей земле. Две тысячи лет назад, ближе к концу земного служения Иисуса, первые мессианские еврейские ученики беседовали с Ним наедине. «Когда же сидел Он на горе Елеонской, то приступили к Нему ученики наедине и спросили: скажи нам, когда это будет? и какой признак Твоего пришествия и кончины века?» (Мф 24:3). И вот ответ Иисуса на вопрос учеников:

> *Берегитесь, чтобы кто не прельстил вас, ибо многие придут под именем Моим, и будут говорить: «я Христос», и многих прельстят. Также услышите о войнах и о военных слухах. Смотрите, не ужасайтесь, ибо надлежит всему тому быть, но это ещё не конец: ибо восстанет народ на народ, и царство на царство; и будут глады, моры и землетрясения по местам; всё же это – начало болезней. Тогда будут предавать вас на мучения и убивать вас; и вы будете ненавидимы всеми народами за имя Моё; и тогда соблазнятся многие, и друг друга будут предавать, и возненавидят друг друга; и многие лжепророки восстанут, и прельстят многих; и, по причине умножения беззакония, во многих охладеет любовь; претерпевший же до конца спасётся. И проповедано будет сие Евангелие Царствия по всей вселенной, во свидетельство всем народам; и тогда придёт конец (Мф 24:4-14).*

В наши дни становятся всё более очевидными пять знамений, которые Иисус дал в приведённых выше стихах.

1. Обман, лжеучения, лжемессии, дезинформация и «ложные новости» («fake news») стали бесспорной

характеристикой нашего времени. Мы живём в эпоху глобальных потоков информации, когда страны начинают сосредотачивать своё соперничество на атаках через Интернет с использованием ложной информации, предназначенной для подрыва политики и экономики своих врагов и соперников. Постмодернистская и зависящая от информационного потока культура является благодатной почвой для причудливых теорий заговора, идеологии расового превосходства, культов, сект и ложных религий.

2. Войны и слухи о войнах стали новой нормой нашего мира. Глобализация не привела к новой эре мирного сотрудничества и сосуществования, она, скорее, привела к расширению возможностей разрушительных или дисфункциональных обществ влиять на остальную планету или угрожать ей. Трагедия Хиросимы и Нагасаки, а также последовавшая за этим эпоха холодной войны породили в мире глубокий страх перед ядерным оружием и возможностью обладающих им стран использовать столь ужасное оружие массового уничтожения. Уже сегодня такие диктаторские режимы, как Северная Корея и Иран, разрабатывают ядерное оружие, а параллельно с этим мир вступил в эпоху «ограниченных войн», когда могущественные державы используют иностранные марионеточные режимы в попытках «замести следы» своего участия в достижении региональных целей. Спецслужбы и средства массовой информации сталкиваются с проблемой огромного количества конфликтов, происходящих одновременно в разных частях мира. Практически любое место на планете может внезапно

стать новой «горячей точкой».

3. Гонения на верующих достигли новых высот в наш «просвещённый» и «толерантный» век, когда список геноцидов, массовых похищений, обезглавливания, насильственных исчезновений, тюремных сроков для христианских работников и принудительного закрытия церквей становится всё длиннее с каждой неделей.
4. Беззаконие стало духом нашей эпохи. Релятивизм постмодернизма и постправды, подобно религиозной доктрине, вдохновенно проповедуется в западных университетах, которые некогда были величайшими центрами непредубеждённого, основанного на фактах обучения. Многие из этих университетов, особснно в Соединённых Штатах, были основаны столетия назад как библейские колледжи с верой в то, что «истина сделает вас свободными» (Ин 8:32). Ни либеральные демократии, ни репрессивные диктатуры не могут помешать массовой культуре отказаться от моральных и сексуальных ограничений, позволив жестокому обращению с женщинами и детьми, сексуальному рабству, торговле людьми и извращениям стать мейнстримом современного общества.
5. Благая весть о Божьем Царстве проповедуется и демонстрируется «во свидетельство» каждому народу мира перед возвращением Господа. Чтобы проповедовать Евангелие Царства, Церковь должна отвергнуть свои многочисленные небиблейские верования и доктрины, вернувшись к основанному на богодухновенном Писании фундаменту веры. Как знак восстановления последних времён Израиль – народ,

изначально избранный Богом, дабы демонстрировать образ Его Царства на земле, – словно из мёртвых, вернулся на арену истории после почти двухтысячелетнего отсутствия. Основа библейского единства в Божьем Царстве восстанавливается по мере того, как христиане и мессианские евреи объединяются в вере под властью одного Царя. Это Тело Господа, которое определяется не традициями или церковными учениями, а словами Писания от Бытия до Откровения.

Хотя мы можем различить ряд важных знамений нашего времени, которые подготовили почву для возвращения Господа, Иисус назвал этот период истории лишь «началом родовых схваток»[14] (Мф 24:8, Марка 13:8). Любая мать хорошо знает, что родовые схватки начинаются с лёгких и нечастых, но по мере приближения долгожданных родов схватки усиливаются и учащаются.

Так будет и в последние времена: наступит кризис (например, война, стихийное бедствие, эпидемия или экономический крах), за которым последует период затишья, а за ним опять придёт новый кризис большей силы. Как будущие мамы переносят родовые муки? Лично я, конечно же, с этим не знаком. Но я знаю, что на занятиях по подготовке к родам будущих мам учат: «Не сосредотачивайтесь на очередной болезненной схватке, сосредоточьтесь на ребёнке, который должен появиться на свет!». У родовых болей есть цель – они помещают крошечного ребёнка в правильное положение и готовят его к моменту прихода в мир новой жизни.

Глобализация – это не просто экономический и куль-

[14] В Синодальном переводе говорится о начале *болезней*, хотя правильней читать *родовые муки* или *родовые схватки*, как в 1 Фессалоникийцам 5:3, где то же слово переведено с греческого языка на русский как *родовые муки*.

турный тренд, который интересно или модно обсуждать. Весь мир словно подвергается сжатию, будучи взаимосвязан невообразимыми ранее способами. Библия предсказывает, что перед возвращением Господа мир сформируется в единую политическую и экономическую систему, противостоящую Божьему Царству. А правящей силой этой системы станет дух Антихриста.

> *И он сделает то, что всем, малым и великим, богатым и нищим, свободным и рабам, положено будет начертание на правую руку их или на чело их, и что никому нельзя будет ни покупать, ни продавать, кроме того, кто имеет это начертание, или имя зверя, или число имени его (Откр 13:16-17).*

Хотя мы ещё не подошли к этому периоду конца времён, мы уже можем чувствовать родовые схватки в окружающем нас мире и видеть очертания грядущих событий, предсказанных в Писании.

Двадцатый век пережил две великие войны, которые начались в Европе и которые иногда рассматриваются как первая и вторая части единого масштабного конфликта. Результатом этого стала первая по-настоящему Мировая война, в которой участвовали все континенты и практически все страны на планете. За годы боёв погибли десятки миллионов людей, а мир навсегда изменился. Уже в этом столетии мы пережили поистине глобальную пандемию со вспышкой коронавируса (COVID-19), которая началась в Китае, но затем быстро перекинулась практически на все страны на планете. Вся мировая экономика едва не остановилась из-за быстрого распространения этой коварной и смертоносной инфекции, не признававшей ни политических, ни географических, ни расовых, ни религиозных границ.

Но и Евангелие Царства также определяет развитие истории нашего мира. Со времён выхода за пределы Иерусалима две тысячи лет назад Благая весть о новой жизни и преображении распространилась по всему миру. Исследователи миссионерского служения церкви говорят о неуклонном сокращении групп людей и наций, в которых ещё не прозвучало свидетельство о Царстве Божьем. Темп событий последних дней увеличивается, и становится очевидной необходимость всемирного пророческого видения для всех церковных лидеров.

> Настало время подготовить и снарядить молодых учеников, способных противостоять всё более и более тяжёлым испытаниям будущего и сохранять при этом твёрдую веру.

Возвращение Господа станет поистине последним глобальным событием. Это будет конец знакомой нам жизни для каждого народа на земле. Это станет днём Страшного суда и началом совершенно новой эры, ведómой присутствием Самого Бога. Стоит ли нам желать жить в эпоху этого величайшего события? На самом деле зло наших дней для меня уже является достаточно большим вызовом! К тому времени, когда мир достигнет заключительного этапа своей истории, интенсивность «родовых мук» станет ужасающей, и сердца многих людей будут неспособны справиться со страхом. Настало время подготовить и снарядить молодых учеников, способных противостоять всё более и более тяжёлым испытаниям будущего и сохранять при этом твёрдую веру.

Роль Тела верующих во всём мире состоит в том, чтобы «уподобиться невесте» в чистоте её характера и в призвании. Это наша привилегия – подготовить путь для появления Царя царей, заявить о законных правах быть Его невестой и войти на брачный пир. Каковы бы ни были различия в нашем понимании эсхатологии, верующие и изучающие Библию во всём мире в целом сходятся в трёх вещах:

1. Иисус возвращается, чтобы судить мир и положить конец этому веку.
2. Он – Жених, Который идёт, чтобы востребовать Свою невесту, единое Тело всех истинных учеников.
3. Он придёт как Царь, чтобы править Царством Божьим.

Царь царей грядёт, чтобы судить мир, оправдать тех, кто благодаря своей вере признан праведниками, и наказать эгоистичных нечестивцев. Иисусу не хочется найти среди Своих учеников ленивое самодовольство, боязливый паралич, горделивое превозношение или нервный перфекционизм. В Своё возвращение Господь хочет найти веру на земле (Лк 18:8). Он ожидает прогресса, а не совершенства! Иисус сказал: «Кто же верный и благоразумный раб, которого господин его поставил над слугами своими, чтобы давать им пищу во время? Блажен тот раб, которого господин его, придя, найдёт поступающим так; истинно говорю вам, что над всем имением своим поставит его» (Мф 24:45-47).

Вопросы для обсуждения:

1. Откуда я знаю, что мы живём в последние времена? Влияет ли это на мою повседневную жизнь?
2. В чём сходятся почти все верующие относительно возвращения Иисуса?
3. Почему Господь делает упор на прогрессе, а не на уже достигнутом совершенстве в жизни Своих учеников?

Молитва:

Господи, мы знаем, что Твоё возвращение приближается. Пожалуйста, помоги мне и тем, кто меня окружает, подготовиться и быть частью Твоей Невесты.

Глава 52

Дни пророка Илии

В начале книги мы подчеркнули необходимость перемен, и у Бога есть слово ободрения для тех, кто готов позволить Ему изменить свою жизнь. Божье слово для желающих идти вперёд от уже известного к ещё не познанному – это то же самое слово, которое Бог дал Иисусу Навину, ученику Моисея, когда он готовился перейти Иордан и войти в землю своего наследия: «Будь твёрд и мужествен» (Нав 1:6). Когда мы ищем в Библии примеры одновременно сильных и мужественных лидеров, среди тех, кто приходит на ум, все наверняка отметят одного человека – пророка Илию.

Во времена пророка Илии Израиль находился в состоянии резкого духовного упадка. К власти пришёл царь-отступник по имени Ахав, и вместе с царицей Иезавелью они сделали поклонение Ваалу официальной религией Северного царства. Ваал считался богом плодородия, который приносит грозы с проливными дождями в течение всей зимы, обеспечивая процветание сельскохозяйственной экономики. Под руководством череды «жрецов и пророков» простые земледельцы приносили в жертву ложному богу свой урожай, домашний скот и даже своих детей.

Поскольку эта религия была ненавистна Богу Израиля, Он повелел Своему народу очистить землю от идолопоклонства и никогда не участвовать в порочной практике поклонения Ваалу. Но царь Ахав повёл своё царство в направлении, противоположном Божьей воле. Поэтому через пророка Илию Господь сказал, что дождь не сойдёт на землю, пока Господь не заговорит вновь. Всю историю пророка вы можете найти в 3 Книге Царств, в 17-й и 18-й главах.

Даже сегодня, несмотря на наличие крупных опреснительных установок и передовых технологий по сохранению воды, современному Израилю по-прежнему требуется достаточное количество ежегодных осадков для удовлетворения своих потребностей. Современный Израиль обладает промышленно развитой экономикой, ориентированной на высокие технологии, но во времена Илии практически все были фермерами. Отсутствие дождя означало потенциальный экономический крах. После первого года засухи погибали посевы. После второго года гибли животные, а после третьего года от голода начинали умирать люди. Но на третий год засухи Бог снова заговорил с Илией и велел ему идти к Ахаву, царю его народа.

Когда Илия вернулся к Ахаву, его встретили обвинениями в том, что именно он, Илия, стал причиной национального бедствия, пророчествуя засуху тремя годами ранее. Илия ответил с «хуцпо́й» (слово на идише, происходящее от иврита или арамейского и означающее «иметь дерзкую и почти наглую смелость»), что не он, но сам царь несёт ответственность за совращение народа и отказ от праведности

Божьего Царства. Излишне говорить, что встреча пророка и царя в тот день не была дружеской. Тем не менее, было решено, что Илия сразится с лжепророками Ваала на горе Кармил. Победители будут жить, а проигравшие – умрут.

Когда наступил день противоборства, перед Илией на горе Кармил стояли три разные группы его соотечественников. Первой группой был сам царь Ахав и его правительство. Эти люди держали в своих руках рычаги политической власти и имели право казнить Илию. Второй группой были лжепророки, контролировавшие религиозный истеблишмент страны. Они получали доход от жертвоприношений народа и имели поддержку государства. Третья группа, скорее всего, состояла из гражданских лидеров со всей страны, людей культурных и влиятельных, землевладельцев, а также глав знатных семейств и родов.

Библия говорит, что Илия повернулся к народу и сказал: «Долго ли вам хромать на оба колена? если Господь есть Бог, то последуйте Ему; а если Ваал, то ему последуйте» (3 Цар 18:21). Илия обратился в первую очередь к народу потому, что реальную власть в любом народе Бог отдал в руки самого народа. Политические и религиозные лидеры могут обладать огромной властью и даже иметь решающий голос в вопросах жизни или смерти, но в конечном счёте только народ определяет характер своей нации. Иными словами, мы обычно получаем те правительства и религии, которых сами заслуживаем. Либо из апатии, либо из страха народ отказался отвечать Илии, и тогда на горе были приготовлены два отдельных жертвенника и две очень разные жертвы. И лжепророки, и Илия должны были молиться каждый перед своим жертвенником, и Бог, ответивший огнём, должен быть признан истинным богом и победителем. Жертвенник Илии

Мужество Илии коренилось в том, что он не боролся за место на самой вершине социальной пирамиды

был местом чистой и искренней жертвы Живому Богу. Илия не был внешне неуязвимым или недоступным лидером. Принимая этот вызов, он предлагал не что иное, как самого себя в качестве «живой жертвы» ради исполнения Божьих целей в Его народе. Алтарь же лжепророков был сценой для эффектного показа религиозных манипуляций, дававших власть и контроль над жизнями людей.

Где бы мы ни жили, думаю, нам не трудно провести параллели между временами Илии и нашим временем. Многие коррумпированные правительства используют власть государства для подавления свободы поклонения Богу и преследования говорящих правду «разоблачителей». И сегодня существует немало ложных религий, даже в христианском мире. Что придало Илии мужества выстоять в одиночку против почти всех, кто имел голос и вес в его обществе? Он стоял перед людьми самого высокого звания, перед важными общественными деятелями, занимающими авторитетные и престижные должности. Среди них были влиятельные функционеры-политики, признанные религиозные лидеры и неверующая культурная элита, которая презирала его веру.

Мужество Илии коренилось в том, что он не боролся за место на самой вершине социальной пирамиды, а стоял внизу, *вне* всей этой структуры. Говоря о Господе, Илия любил повторять: «Господь, перед которым я стою». Прежде всего он был простым слугой Божьим, который использовал свой пророческий дар, чтобы говорить правду и отвращать свой народ от погибели.

В начале дня великого противостояния Илия обратился к людям, чтобы бросить им вызов. В конце же дня, когда лжепророки потерпели неудачу, Илия снова обратился к тем же людям, которые утром отказались ему отвечать, собрал их вместе и помолился за них. Именно в этот момент с небес сошёл огонь и изменил всё.

В этом суть духа и силы, необходимых для обращения нового поколения лидеров в различных странах к восстановлению Божьего Царства. Как и во времена пророка Илии, нам по-прежнему требуются вера, мужество и самопожертвование, чтобы изменить направленность церковного учения и практики христианства. Тем не менее, перемены нужны уже сейчас. Христиане, духовные сыновья и дочери Авраама, должны вернуться к патриархам Израиля и их библейским еврейским корням. Бог обещал через пророка Малахию, что в конце времён Он воссоединит эти давно разделённые поколения через действие духа Илии: «Вот, Я пошлю к вам Илию пророка пред наступлением дня Господня, великого и страшного. И он обратит сердца отцов к детям и сердца детей к отцам их, чтобы Я, придя, не поразил земли проклятием» (Мал 4:5-6).

Библия говорит, что Илия был обычным человеком, таким же, как вы или я (Иак 5:17), однако он почитается как один из величайших пророков Израиля. Мы знаем, что огонь на жертвенник Илии сошёл с небес, но личная сила и мужество пророка проистекали из того факта, что он стоял в стороне от борьбы за продвижение по социальной лестнице, борьбы, свойственной человеческому обществу как во времена Илии, так и сегодня. Илия сказал: «Я один остался пророк Господень». Тем не менее, он никогда не был по-настоящему одинок, потому что стоял с Господом на твёрдом основании у подножия человеческой пирамиды власти. Пусть пребывавшие в Илии дух и сила вернут веру и мужество ученикам Господа в церкви последних дней.

Сегодня стремительно изменяется политический, экономический и даже культурный мировой порядок, и начинается новая жестокая эра распада и борьбы. Некоторые нации и регионы поднимутся, а другие пошатнутся. В ближайшее время нам предстоит иметь дело с растущим хаосом и авторитарным угнетением в различных частях мира. «Родовые муки» конца времён, предсказанные Иисусом, о чём мы читаем в 24-й главе Евангелия от Матфея, надвигаются на нас со всей неизбежностью. Он также сказал, что беззаконие будет атаковать любовь на каждом уровне человеческого бытия и заставит многие сердца охладеть. Этнические группы столкнутся с кровопролитием, и вновь разгорится огонь религиозных преследований. Однако, несмотря на всё это Божье Царство и Его цели будут стремительно продвигаться вперёд. Иисус сказал: «Многие же будут первые последними, и последние первыми» (Мф 19:30).

Глобальные потрясения наших дней указывают на появление новой группы учеников, подобных сыновьям Иссахара в Библии, которые понимали знамения своего времени и знали, что в этих обстоятельствах должен делать Израиль 2 Пар 12:32). Сыновья Иссахара встали, чтобы всем сердцем поддержать Давида во время потрясений и кризиса восхождения на престол в Иерусалиме. Сегодня неотложный пророческий призыв состоит в том, чтобы воспитать учеников, чья верность Иисусу и Божьему Царству будет абсолютной. Посвящённое ученичество – это высшее качество характера посланников Царя, несущих Его Благую весть народам.

Обращаясь к Своим ученикам, Иисус сказал: «И проповедано будет сие Евангелие Царствия по всей вселенной, во свидетельство всем народам; и тогда придёт конец» (Мф 24:14). Для всех учеников Господа наступило время встать, облачиться в наше духовное снаряжение, вместе молиться и трудиться, чтобы принести в этот мир Его величественное Царство!

Вопросы для обсуждения:

1. Понимаю ли я, почему Илия представлен в Библии столь значимым пророком?
2. Может ли воля людей, устремлённая к добру или ко злу, изменить весь народ? Нужны ли нам сейчас такие лидеры, как пророк Илия?
3. Что происходило в Израиле во времена пророка Илии? Сталкиваюсь ли я с подобными проблемами сегодня?

Молитва:

Господи, Ты сказал через пророка Малахию, что пошлёшь Илию до наступления конца этого века. В моём сердце есть желание иметь такое же помазание, какое было на нём! Прошу, излей на меня Свой Дух силы, мужества и мудрости!

Источники

Глава 1. Органический рост

Ross, Reuven and Yanit, *Go and Make Disciples! A Vision for Strategic Disciple Making,* (Self-published, www.making-disciples.net, 2000). Kindle edition, page 1.

Ross, Reuven and Yanit, *The Call to Radical Discipleship: A Study of Matthew 5-7,* (Self-published, www.making-disciples.net, 2015). Kindle edition.

Coleman, Robert E., *The Master Plan of Evangelism*, (Grand Rapids: Revell, a division of Baker Publishing Company, E-book edition created in 2010). Kindle edition, page 21.

Collins, Jim, *Good to Great – Why Some Companies Make the Leap and Others Don't,* (New York: HarperCollins Publishers Inc., 2001), page 13.

Глава 5. Уникальная личность ученика

Bruce, A. B., The Training of the Twelve – How Jesus Christ Found and Taught the 12 Apostles; A Book of New Testament Biography, (Pantianos Classics first published in 1871). Kindle edition, location 357.

Глава 6. Носки и обувь ученичества

Вестминстерский краткий катехизис – это катехизис,

разработанный в 1646–1647 годах Вестминстерской ассамблеей – синодом английских и шотландских богословов и мирян. Он был составлен, чтобы реформировать Англиканскую церковь на основе шотландского пресвитерианства и сформулировать общие основы вероисповедания (*по материалам Википедии*).

Ladd, George Eldon, *The Gospel of the Kingdom – Scriptural Studies in the Kingdom of God,* (Grand Rapids: William B. Eerdmans Publishing Company, 1959), page 117.

Tan, Kim, Глава on "Holistic Mission" in *Forming Christian Habits in Post-Christendom,* Editors: James Krabill and Stuart Murray (Harrisonburg: Herald Press, 2011).

Др. Ким Тан также является автором книги *The Jubilee Gospel – The Jubilee, Spirit and the Church* (Milton Keynes: Authentic Media, 2008).

Глава 7. Отказаться, чтобы получить больше

Murray, Andrew, *With Christ in the School of Prayer* (Andrew Murray Books, 1895). Chapter 6, Kindle edition, location 583.

Foster, Richard, *Celebration of Discipline – The Path to Spiritual Growth,* (London: Hodder & Stoughton Ltd., 1989). Section on The Purpose of Fasting. Kindle edition, page 68.

Глава 8. Золотые сердца

Arterburn, Stephen and Stoeker, Fred, *Every Man's Battle – Winning the War on Sexual Temptation One Victory at a Time*

(Colorado Springs: WaterBrook Press, 2002). Chapter 8, page 92.

Глава 11. «Вынос Греции» из дома Божьего

Pawson, David, *De-Greecing the Church – The Impact of Greek Thinking on Christian Beliefs* (Pamphlet in the "Explaining" series). (Woodley: Anchor Recordings Ltd., 2017), pages 7 and 10.

Эта брошюра на английском языке, а также две аудиозаписи лекций с тем же названием доступны для скачивания на официальном сайте: www.DavidPawson.org.

Sacks, Jonathan, *The Great Partnership – Science, Religion and the Search for Meaning* (New York: Schocken Books, a division of Random House LLC, 2011), page 61.

Раввин Лорд Джонатан Сакс писал: «Наука разбирает предметы на части, чтобы увидеть, как они работают, [библейская] религия соединяет вещи воедино, чтобы увидеть, что они означают» (*The Great Partnership,* page 39).

Bivin, David and Blizzard, Roy Jr., *Understanding the Difficult Words of Jesus – New Insights from a Hebraic Perspective* (Shippensburg: Destiny Image Publishers, Revised Edition, 1994). Last paragraph of Chapter 1. Kindle edition, location 89.

Глава 13. Восстановление единства Библии

Kaiser, Walter C. Jr., *Recovering the Unity of the Bible: One Continuous Story, Plan, and Purpose* (Grand Rapids: Zondervan, 2009). Chapter 1. Kindle edition, location 308.

Уолтер К. Кайзер-младший – американский евангелист и исследователь Ветхого Завета, писатель, оратор и педагог. Почетный профессор Ветхого Завета колледжа имени Колмана М. Моклера и бывший президент теологической семинарии Гордон-Конуэлл в Южном Гамильтоне, штат Массачусетс. Вышел на пенсию 30 июня 2006 г. (*По данным Википедии*).

Глава 14. Толкование Библии

Цифровые ресурсы для изучения Библии:

Olive Tree Bible Software (www.olivetree.com) Мне нравится ***Olive Tree*** за простоту и удобство использования. Это не очень дорогая программа, которая хорошо работает на моём iPad. Особенно полезна Новая американская стандартная Библия с числами Стронга (с надстройкой для мобильного приложения).

Logos Bible Software (http://www.logos.com) *Logos* – это «Большой папа» цифровых программ по изучению Библии. В программе множество функций, и она может показаться сложной в техническом плане. В Logos есть всё, что вам нужно, в одном пакете. Разработанная для служителей, программа может быть адаптирована к различным уровням учебных потребностей.

Accordance Bible Software (www.accordancebible.com) Менее дорогой и более простой в использовании, нежели Logos, этот набор различных переводов Библии и инструментов для изучения очень популярен среди серьёзных исследователей Библии.

Глава 17. Последний вопрос учеников

Calvin, John, *Commentary Upon the Acts of the Apostles*

Volume First. Edited from the original English translation of Christopher Fetherstone by Henry Beveridge, Esq. (Grand Rapids: Christian Classics Ethereal Library Lord.ccel.org, first translation from original Latin in 1585). Chapter 1. Kindle edition, location 432.

Глава 18. Вера + Дела = Спасение

Pawson, David, Once Saved Always Saved? A study in Perseverance and Inheritance (London: Hodder & Stoughton, 1996), page 124.

Глава 19. Евангелие для евреев

Kolatch, Alfred J., *The Jewish Book of Why* (Middle Village: Jonathan David Publishers, Inc., 1981), page 58.

Глава 27. Свобода от стремления к успеху

Bruce, F. F., *Paul: Apostle of the Heart Set Free* (Grand Rapids: William B. Eerdmans Publishing Company, reprinted 1996), page 21.

Глава 28. Ключи в руках других людей

Цитаты Махатмы Ганди взяты из Интернета и из статьи Паскаля Алана Назарета (Pascal Alan Nazareth) «Ганди, Христос и христианство», где он приводит ссылку на Deshpande, M. S. (ed.) *Light of India or Message of Mahatmaji,* 3rd ed. (Ahmedabad: Navajivan Publishing House, 1978).

Gandhi, M. K. (1948): *Non-Violence in Peace and War*, Volume I, page 181.

King, Martin Luther, "*I Have a Dream*" – речь, произнесённая 28 августа 1963 г. во время марша на Вашингтон за рабочие места и свободу. (https://www.americanrhetoric.com/speeches/mlkihaveadream.htm)

Глава 29. Ценность закона

Bragg, Melvyn, *12 Books That Changed the World* (London: Hodder & Stoughton, 2006).

Глава 32. Удивительная Благодать

Yancey, Philip, *What's So Amazing About Grace?* (Grand Rapids: Zondervan, 1997), page 13.

Глава 33. Закон и свобода

Bonhoeffer, Dietrich, *The Cost of Discipleship.* Translated from German in 1937. (New York: Collier Books, Macmillan Publishing Company, 1963).

Глава 40. Свобода Павла

Smith, Martin, "*I Could Sing of Your Love Forever*," Band: Delirious? Album: Cutting Edge 2, 1995.

Lewis, C. S., *Surprised by Joy: The Shape of My Early Life*. Date of first publication 1955. Ebook produced by: Marcia Brooks, Mark Akrigg, Stephen Hutcheson, and the online Distributed Proofreaders Canada team at http://www.pgdpcanada.net. Kindle edition, location 211.

Глава 46. Учимся на примере Израиля

Keener, Craig S., *IVP Bible Background Commentary – New Testament* (Downers Grove: Intervarsity Press, 1993), page 447.

Глава 49: Маленький значит мощный

Simson, Wolfgang, *Houses that Change the World – The*

Return of the House Churches (Carlisle: OM Publishing – an imprint of Paternoster Publishing, 1998), page xvii.

Глава 50. Люби своего соседа

Chan, Edmund, A Certain Kind – Intentional Disciplemaking that Redefines Success in Ministry (Singapore: Evangelical Free Church, 2013), pages 223-224.

Стив Джобс, цитата из телевизионного интервью в программе «60 минут», 2003. https://youtu.be/pGvnJJxBAlc

Цитаты на обложке

Bonhoeffer, Dietrich, *The Cost of Discipleship.* Переведено с немецкого языка на английский в 1937 году (New York: Collier Books, Macmillan Publishing Company, 1963), page 47.

Lewis, C. S., *A Mind Awake An Anthology of C. S. Lewis.* Edited by Clide S. Kilby. (San Diego: A Harvest Book, Harcourt Inc., 1968), page 30.

Graham, Billy, "*What's the Cost of Following Jesus Christ?*" Аудиоклип из программы *Billy Graham Minute*, https://billygraham.org/audio/billy-graham-whats-the-cost-of-following-jesus-christ/

www.ingramcontent.com/pod-product-compliance
Lightning Source LLC
LaVergne TN
LVHW012037160826
845678LV00014B/2620

* 9 7 8 9 6 5 5 9 8 6 6 6 2 *